Steven Helmis | Robert Hollmann

Webbasierte Datenintegration

VIEWEG+TEUBNER RESEARCH

Ausgezeichnete Arbeiten zur Informationsqualität

Herausgeber:
Dr. Marcus Gebauer

Bewertungskomission des
Information Quality Best Master Degree Award 2008:

Prof. Dr. Holger Hinrichs, FH Lübeck (Kommissionsvorsitz)
Dr. Marcus Gebauer, WestLB AG und Vorsitzender der DGIQ
Prof. Dr. Knut Hildebrand, HS Darmstadt
Bernhard Kurpicz, OrgaTech GmbH
Prof. Dr. Jens Lüssem, FH Kiel
Michael Mielke, Deutsche Bahn AG und Präsident der DGIQ
Prof. Dr. Felix Naumann, HPI, Uni Potsdam
Prof. Dr. Ines Rossak, FH Erfurt

Die Deutsche Gesellschaft für Informations- und Datenqualität e.V. (DGIQ) fördert und unterstützt alle Aktivitäten zur Verbesserung der Informationsqualität in Gesellschaft, Wirtschaft, Wissenschaft und Verwaltung. Zu diesem Zweck befasst sie sich mit den Voraussetzungen und Folgen der Daten- und Informationsqualität. Sie fördert zudem durch Innovation und Ausbildung die Wettbewerbsfähigkeit der Unternehmen sowie die des unternehmerischen und akademischen Nachwuchses in Deutschland.

Die vorliegende Schriftenreihe präsentiert ausgezeichnete studentische Abschlussarbeiten in der Daten- und Informationsqualität. Veröffentlicht werden hierin die Siegerarbeiten des jährlich stattfindenden „Information Quality Best Master Degree Award".

Steven Helmis | Robert Hollmann

Webbasierte Datenintegration

Ansätze zur Messung und Sicherung
der Informationsqualität in heterogenen
Datenbeständen unter Verwendung
eines vollständig webbasierten Werkzeuges

Mit einem Geleitwort von Dr. Marcus Gebauer

VIEWEG+TEUBNER RESEARCH

Bibliografische Information der Deutschen Nationalbibliothek
Die Deutsche Nationalbibliothek verzeichnet diese Publikation in der
Deutschen Nationalbibliografie; detaillierte bibliografische Daten sind im Internet über
<http://dnb.d-nb.de> abrufbar.

 Gedruckt mit freundlicher Unterstützung
der Information Quality Management Group

1. Auflage 2009

Alle Rechte vorbehalten
© Vieweg+Teubner | GWV Fachverlage GmbH, Wiesbaden 2009

Lektorat: Christel A. Roß

Vieweg+Teubner ist Teil der Fachverlagsgruppe Springer Science+Business Media.
www.viewegteubner.de

 Das Werk einschließlich aller seiner Teile ist urheberrechtlich geschützt.
Jede Verwertung außerhalb der engen Grenzen des Urheberrechtsgesetzes ist ohne Zustimmung des Verlags unzulässig und strafbar. Das gilt insbesondere für Vervielfältigungen, Übersetzungen, Mikroverfilmungen und die Einspeicherung und Verarbeitung in elektronischen Systemen.

Die Wiedergabe von Gebrauchsnamen, Handelsnamen, Warenbezeichnungen usw. in diesem Werk berechtigt auch ohne besondere Kennzeichnung nicht zu der Annahme, dass solche Namen im Sinne der Warenzeichen- und Markenschutz-Gesetzgebung als frei zu betrachten wären und daher von jedermann benutzt werden dürften.

Umschlaggestaltung: KünkelLopka Medienentwicklung, Heidelberg
Gedruckt auf säurefreiem und chlorfrei gebleichtem Papier.
Printed in Germany

ISBN 978-3-8348-0723-6

Geleitwort

Als Vorsitzender der Deutschen Gesellschaft für Informations- und Datenqualität (DGIQ e.V.) bin ich glücklich darüber, dass Sie dieses Buch in Ihren Händen halten. Das vorliegende Buch ist Ausdruck unseres Bestrebens, dem wissenschaftlichen Nachwuchs die Möglichkeit zu eröffnen, ihre Arbeiten einem breiten Publikum darstellen zu können.

Dass Sie gerade diese Arbeit vorfinden, ist Ergebnis eines strengen Auswahlprozesses, den die DGIQ mit dem zum ersten Mal ausgeschriebenen „Information Quality Best Master Degree Award 2008" durchgeführt hat. Studenten waren aufgefordert, ihre Abschlussarbeiten zum Thema Informationsqualität in diesem Wettbewerb durch ihre begutachtenden Professoren einreichen zu lassen. Vertreter aus Wissenschaft, Forschung und Industrie haben diese akademischen Abschlussarbeiten begutachtet.

Die vorliegende „Doppel"-Arbeit von Robert Hollmann und Steven Helmis zeichnet sich insbesondere durch das geschlossene Bild ihrer Forschung aus. Neben der Betrachtung der Datenqualität in der heutigen typischen heterogenen Systemlandschaft, bei gleichzeitig komplizierter werdenden Systemarchitekturen, stehen auch die semantischen Herausforderungen für die Datenqualität im Fokus. Die Darstellung, wie Daten zu konsolidieren, zu bereinigen, und der Kunde dabei auch noch konstruktiv mit Hilfe eines Werkzeuges in diesen Prozess einzubinden ist, ist den Kandidaten herausragend gelungen.

Besonders freue ich mich, dass wir mit dem Verlag Vieweg+Teubner nun die Siegerarbeiten in einer Schriftenreihe jährlich veröffentlichen können. Für die Initiative des Verlages möchte ich mich recht herzlich bedanken.

Offenbach, 27. August 2008

Dr. Marcus Gebauer

Vorwort

Jeder Prozess ist mit der Erzeugung von Daten verbunden. So generieren unzählige heterogene IT-Systeme in immer globaler werdenden Wirtschaftsunternehmen Tag für Tag Millionen von Datensätze, die in richtigen Zusammenhang gebracht, wertvolle Informationen für das Unternehmen und die Entscheidungsfindung in Selbigem von existentieller Bedeutung sein können. Ganzheitliche Sichten auf die Gesamtinformationen sind von großem Wert für Entscheidungsprozesse. Hinzu kommt die überwältigende Informationsflut diverser Internetquellen, die eine Bereicherung für einen Datenbestand bedeuten kann, aber auch Probleme erzeugt und so die Daten(-qualität) in einem Bestand nachhaltig schädigen kann. Diese Heraus- und Anforderungen an Informationssysteme sind nur unter Beachtung von ausreichender Informationsqualität zu erreichen und zu bewältigen. Bei der Integration der heterogenen Datenquellen für eine ganzheitliche Sicht spielt die Qualität der Daten vor- und nach der Integration eine bedeutende Rolle. Datenqualitätsmängel, wie z.B. Duplikate, mangelnde Reputation oder Überalterung bzw. Inkonsistenz können den Informationsgewinn eines integrierten Systems empfindlich stören. Das führt zu falschen bzw. nicht zielgerichteten Entscheidungen deren Grundlage diese „schlechten" Daten bildeten. Jedes Informationssystem kämpft mit solchen Problemen, die schon im jeweiligen System selbst entstehen, die ihre Manifestation oft jedoch bei der Integration zeigen. Nach und nach werden von Softwareherstellern und Unternehmen diese Probleme und die Vorteile von hoher Datenqualität erkannt. Jedoch besteht auf diesem Gebiet enormer Handlungsbedarf bei Benutzern wie auch Systemherstellern. Vorreiter hier sind einige Unternehmen und Experten, die in einem Zusammenschluss der Deutschen Gesellschaft für Informations- und Datenqualität (DGIQ) diese Probleme offensiv thematisieren, Lösungen vorstellen und für die Problematik sensibilisieren.

Auch die Autoren der vorliegenden Arbeiten konnten so, an einer immer lebendiger agierenden „IQ-Society" partizipieren. Im Rahmen ihres Studiums und ihren Masterarbeiten befassten sich die Autoren eingehend mit dem Thema Datenqualität und der Analyse und Beseitigung von Datenqualitätsmängeln. Im Ergebnis konnten sie einen Überblick über IST-Stand, Vorgehensweisen und Chancen der Datenqualitässicherung erarbeiten. Gemeinsam entstanden Ansätze zur Umsetzung sowie die prototypische Implementierung eines Datenqualitätswerkzeuges, das ausschließlich auf aktuellen Webtechnologien aufbaut. Mit diesen Ideen konnte der erste Platz des „DGIQ Best Master Degree Award", der im Jahre 2007 ausgeschrieben wurde, erreicht werden. Mit dieser Veröffentlichung wollen die Autoren zur weiteren Sensibilisierung für gute bzw. schlechte Informationsqualität beitragen und konkrete Lösungen für die Sicherung einer solchen Qualität aufzeigen. Denn nur valide Information schaffen einen Vorteil, den jedes Unternehmen auf einem globalen Markt für sich in Anspruch nehmen möchte. Wir wollen Sie mit unseren Arbeiten dazu motivieren sich aktiv an der Diskussion zum Thema zu beteiligen. Vorteile für sich und Ihr Unternehmen zu erkennen und vielleicht auch Teil der „IQ-Society" zu werden.

Die Autoren

Steven Helmis, Robert Hollmann

Inhaltsverzeichnis

Abbildungsverzeichnis   XIII

Tabellenverzeichnis   XVII

Abkürzungsverzeichnis   XIX

I Datenbereinigung und Konsolidierung von heterogenen Datenbeständen
— Steven Helmis —   1

1 Einleitung   3
1.1 Motivation 4
1.2 Zielsetzung der Arbeit 5
1.3 Aufbau der Arbeit 5

2 Datenqualität   7
2.1 Datenqualität definieren 7
2.2 Datenfehler 8
2.3 Qualitätskriterien 11
2.4 Methoden zur Einstufung der Qualität 14

3 Dimensionen und Architektur der Informationsintegration   25
3.1 Verteilung 25
3.2 Heterogenität 26
3.3 Autonomie 28
3.4 Integrationsarchitektur 29

4 Data Cleaning   35
4.1 Datenanalyse 36
4.2 Normalisierung und Validierung 39
4.3 Record Matching 40

	4.4 Record Merging	42
5	**Konzeption des Data Cleaning Toolkits**	**49**
	5.1 Bewertung und Analyse exisitierender Systeme	49
	5.2 Anforderungsanalyse	52
	5.3 Architektur Data Cleaning Toolkit	54
	5.4 Funktionsumfang	55
6	**Implementierung**	**63**
	6.1 Datenbankentwicklung	63
	6.2 Webentwicklung	71
	6.3 Probleme während der Implementierungsphase	77
7	**Zusammenfassung und Ausblick**	**79**
	Literaturverzeichnis	**81**

II Auffinden und Bereinigen von Duplikaten in heterogenen Datenbeständen
— Robert Hollmann —   89

8 Einleitung   **91**
   8.1 Motivation   92
   8.2 Zielstellungen dieser Arbeit   93
   8.3 Gliederung dieser Arbeit   94

9 Informationen, Daten und Wissen- ein Definitionsversuch   **95**
   9.1 Begriffsdefinitionen   96
   9.2 Herkunft von Daten und Informationen   98
   9.3 Beschaffenheit von Daten und Zugriff auf Informationen   98

10 Informationsintegration im Fokus der Datenqualität   **103**
   10.1 Ist-Stand in Unternehmen- Notwendigkeit der Integration   103
   10.2 Informations- und Datenqualität   105
   10.3 Sicherung der Datenqualität   114
   10.4 Kosten der Datenqualität   115

11 Duplikate in Datenbeständen   **117**
   11.1 Dubletten und deren Identifikation   117

11.2 Ein Framework zur Objektidentifikation 118
11.3 Das Dilemma der Dublettensuche 120

12 Konkrete Verfahren zur Dublettenauffindung und Klassifikation 125
12.1 Ähnlichkeitsmessungen und Klassifikation 125
12.2 Ähnlichkeitsbestimmung bei Tupeln in einem Datenbestand . . . 126
12.3 Vorselektion für die Dublettensuche 142

13 Konzept der Datenqualitätsanwendung „DCT" 147
13.1 Zielstellung der Applikation 147
13.2 Anforderungsanalyse 148
13.3 Technologiemodell 157
13.4 Datenbankmodell 160
13.5 Applikationsarchitektur 164
13.6 Applikationsstruktur 166
13.7 Entwicklung einer Benutzeroberfläche 169

14 Implementierung, ausgewählte Algorithmen- und Datenstrukturen 173
14.1 „DCT"- Der Verbindungsmanager 173
14.2 „DCT"- Der Workspace-Table Manager 176
14.3 „DCT- Data Profiling" 177
14.4 „DCT"-Plausibilitätskontrolle 180
14.5 „DCT"- Auffinden von Duplikaten 182

15 Fazit und Ausblick 187

Literaturverzeichnis 189

16 Anhang 195

Abbildungsverzeichnis

2.1	Klassifikation von Daten-Qualitäts-Problemen	8
2.2	Konzeptionelles Gerüst der Datenqualität	12
2.3	Qualitäts-Dimensionen	13
2.4	Allgemeine Hierarchie	22
3.1	Orthogonale Dimensionen der Informationsintegration	30
3.2	Mediator-Wrapper-Architekturen	33
5.1	Drei-Schichten-Architektur des DCT	54
5.2	Modulabschnitte des DCT	56
5.3	Funktionsübersicht im Detail	56
5.4	Informationen zum Laden der Daten	58
5.5	Qualitätsmerkmale der WST	59
5.6	Spaltenzuordnung für den Vergleich mit Referenz	60
5.7	Standardisierung von Attributen	61
5.8	Ergebnis eines Vergleichs mit Referenzdaten	61
6.1	ER-Modell Metadaten	64
6.2	Übersicht der implementierten Prozeduren und Funktionen	65
8.1	Allgemeine Architektur einer Integrationslösung	92
9.1	Daten, Information und Wissen	95
9.2	Semiotisches Dreieck	98
9.3	Übersicht über mögliche Datenquellen	99
9.4	Einteilung der Datenbeschaffenheit	99
9.5	Schlüsselbeziehung zweier relationaler Tabellen	101
10.1	Heterogene IT-Landschaft als weitverbreiteter IST-Stand in Unternehmen	105
10.2	Datenqualität in Analogie zur industriellen Fertigung	106
10.3	Qualitätsdimensionen	108
10.4	Bewertung der Qualität von Daten aus verschiedene Sichten	110

10.5 Datenqualitätsprobleme im Kontext der Integration 111
10.6 Zyklus des TDQM 115

11.1 Generisches Modell zur Identifizierung von Objekten 119
11.2 Konflikt zwischen den Zielen der Dublettensuche 121
11.3 Zusammenhang zwischen relevanten und gefundenen Datensätzen 122

12.1 Übersicht über die Duplikaterkennung abgeändert 126
12.2 Vektorraummodell für die Ähnlichkeitsbestimmung 133
12.3 Dublettenidentifizierung mit Hilfe externer Daten 135
12.4 Aufbau einer Hashspeicherstruktur 137
12.5 Mögliche Klassifikation von Clusterverfahren 138
12.6 Gegenüberstellung von hierarchischen und partitionierenden Clusterverfahren 139
12.7 Hierarchische Clustering Verfahren in der Übersicht 140
12.8 DBSCAN Algorithmus zur dichtebasierten Erzeugung von Clustern 142
12.9 Ablauf der Sorted Neighborhood Methode 144

13.1 DCT-UseCases in UML-Notation 151
13.2 Funktionsübersicht „DCT" 152
13.3 Übersicht über die anfallenden Daten des „DCT" 156
13.4 Client-Server-Architektur von Webanwendungen 158
13.5 Technologiemodell des „DCT" 160
13.6 Entity-Relationship-Modell des „DCT" 163
13.7 Architektur der Anwendung „DCT" 166
13.8 Struktur einer „MVC" Webanwendung 167
13.9 MVC-Struktur des „DCT" 167
13.10 Klassendiagramm der Anwendung „DCT" 169
13.11 Screendesign des „DCT" 170
13.12 Frei positionierbare Fenster des „DCT" 171
13.13 Tooltip zur visuellen Unterstützung der Bedienung 171

14.1 Verbindungsmanager Übersicht des „DCT" 174
14.2 „DCT- Verbindung bearbeiten" 174
14.3 Auswahl zu importierender Tabellenattribute 175
14.4 Benennung der Zielattribute und Datentypendefinition 176
14.5 Zusammenfassung vor dem Laden in den Workspace 176
14.6 Zugriff auf die DQ-Funktionen des „DCT" via WST-Manager . . 177
14.7 Datenqualitätsübersicht des „DCT" 178

14.8 Musterermittlung im „DCT" 180
14.9 Anzeigen aller Datensätze mit nicht belegten Werten in einer definierten Spalte 180
14.10 Mapping zwischen Referenz- und Workspacetabelle 181
14.11 Gefundene Inkonsistenzen beim Referenzdatenvergleich 182
14.12 Auswahl der Attribute für den Test auf Dubletten 183
14.13 Anzeige aller potentiellen Duplikate im „DCT" 184

16.1 DCT Klassendiagramm 197

Tabellenverzeichnis

1.1	Statistische Kennzahlen	4
2.1	Bsp. single-source Problem auf Daten-Ebene	9
2.2	Bsp. single-source Problem auf Schema-Ebene	10
2.3	Bsp. multi-source Probleme auf Schema- und Datenebene	11
2.4	Werte zweier Suchmaschinen	16
2.5	Bsp. Simple Additive Weighting Methode	19
2.6	Bsp. Simple Additive Weighting Methode mit Idealen	20
2.7	Bsp. Rangfolge mit TOPSIS	21
2.8	AHP Vergleichsskala	23
4.1	Ergebnis einer Dublettensuche bei Adressen	43
4.2	Beispieltabelle 1 (t1)	44
4.3	Beispieltabelle 2 (t2)	44
4.4	Ergebnis INNER JOIN	45
4.5	Ergebnis aus Kombination OUTER JOIN mit UNION	46
4.6	Resultset - INTERSECT	47
4.7	Resultset - EXCEPT	47
6.1	Transformation von Straßennamen	67
6.2	Transformation von Telefonnummern	69
9.1	Beispiel für relationale Datenspeicherung- Tabelle Kunden	100
9.2	Beispiel für relationale Datenspeicherung- Tabelle Kontakt	100
10.1	Kostenarten bei der DQ- Sicherung	116
11.1	Mögliche Ergebnisse einer Dublettenerkennung	121
12.1	Mögliche Operationen für die Berechnung der Levenshtein-Distanz	127
12.2	Levenshteindistanz zwischen „Maik" und „Mike"	128
12.3	Übersicht über die Soundex kodierten Laute	130
12.4	Laute nach der „Kölner Phonetik" kodiert	131

12.5 Beispiel für mögliche Tokenbewertung 132

13.1 Datenbanktabelle „meta_connection" 161
13.2 Datenbanktabelle „meta_ws_table" 162
13.3 Datenbanktabelle „meta_mapping" 162
13.4 Datenbanktabelle „Entwickelte Prozeduren und Funktionen" . . . 165

16.1 Kölner Phonetik Ersetzungsregeln 195

Abkürzungsverzeichnis

AHP	Analytic Hierarchy Process
Ajax	Asynchronous JavaScript and XML
ASCII	American Standard Code for Information Interchange
ASP	Application Service Provider
BI	Business Intelligence
BNF	Backus-Naur-Form
CRM	Customer Relationship Management
CSS	Cascading Style Sheets
CSV	Comma Separated Values
CWM	Common Warehouse Metamodel
DB	Datenbank
DBMS	Datenbank Management System
DBS	Datenbank System
DCT	Data Cleaning Toolkit
DD	Data Dictionary
DDL	Data Definition Language
DEA	Data Envelopment Analysis
DGIQ	Deutsche Gesellschaft für Informations- und Datenqualität
DIN	Deutsches Institut für Normung
DML	Data Manipulation Language
DQ	Datenqualität
ER	Entity-Relationship
ERP	Enterprise Resource Planning
ETL	Extraktion, Transformation, Laden

FDH	Free Disposable Hull
GD	gefundene Datensätze die als Duplikat markiert wurden
HTML	Hypertext Markup Language
HTTP	Hypertext Transfer Protocol
HTTPS	Hypertext Transfer Protocol Secure
IDs	Identifikationen
IQC	Information Quality Criterion
IQS	Information Quality Scores
IR	Information Retrival
IT	Informationstechnologie
JMS	Java Message Service
KMU	kleine und mittelständige Unternehmen
LDAP	Lightweight Directory Access Protocol
MADM	Multi-Attribute Decision-Making
MDBS	Multidatenbanksystem
MVC	Model-View-Controller
OCRA	Operational Competitiveness Rating
ODBC	Open Database Connectivity
OLEDB	Object Linking and Embedding Database
PDMS	Peer Daten Management System
PK	Primary Key
RAID	Redundant Array of Inexpensive Disks
RD	relevante Datensätze, die in der Realität Duplikate darstellen
ROI	Return on Investment

SAW	Simple Additive Weighting
SFA	Stochastic Frontier Analysis
SNMP	Simple Network Management Protocol
SQL	Structured Query Language
SSIS	SQL Server Integration Services
TOPSIS	Technique for Order Preference by Similarity to Ideal Solution
Web 2.0	populärer Sammelbegriff für Server- und Client-basierte Internettechnologie
WHIRL	Word-based Heterogenous Information Retrieval Logic
WS	Work-Space
WST	Work-Space-Table
XML	Extensible Markup Language
XQuery	XML Query Language

Teil I

Datenbereinigung und Konsolidierung von heterogenen Datenbeständen

– Steven Helmis –

1 Einleitung

Technischer Fortschritt und Globalisierung führten in den vergangenen Jahren zu einem expandierenden Datenaufkommen. Durch den Einsatz von modernen Datenbanktechnologien wird die effektive Verwaltung und Speicherung der Daten mit verschiedenartigen Strukturen im Giga- und Terabyte-Bereich jedoch beherrschbar. Durch das Kommunikationsmedium Internet beispielsweise erfolgt ein weltweiter Zugriff auf verteilte Informationen. Die Folge ist eine Informationsflut, die neben relevanten auch redundante und inkonsistente Fakten beinhaltet. Möchte man solche Daten in unternehmensinternen Informationssystemen einsetzen, stellen Angaben zur Aktualität oder der Vertrauenswürdigkeit einen relevanten Faktor zur Entscheidungsfindung dar.

Dabei ist die mangelnde Datenqualität der immer wiederkehrende Auslöser, der Customer Relationship Management (CRM) Projekte oder Enterprise Resource Planning (ERP) Systeme versagen lässt oder nicht den zu erwartenden Vorteil erbringt. Falsche, fehlende oder veraltete postalische Informationen sind in vielen Fällen die Ursache von Beeinträchtigungen, die schwerwiegende Konsequenzen nach sich ziehen. Inkorrekte Adressen sind verantwortlich für das Scheitern von internen und externen Kommunikationsprozessen in Unternehmen [UNI03]. Aber nicht nur personengebundene Daten können Mängel aufweisen. Auch bei der Präsentation naturwissenschaftlicher Daten sind Konflikte, die auf Grund von differenzierenden Erfassungsmethoden und diversen syntaktischen und semantischen Heterogenitäten zu einer verminderten Qualität des Datenbestandes führen nicht auszuschließen [MaJBL05].

Betrachtet man die zunehmende Globalisierung in mittelständischen Unternehmen, wächst die Nachfrage an Business Intelligence (BI) Produkten zum Sammeln und Aufbereiten von Daten. Das zeitnahe Darstellen von geschäftsrelevanten Informationen, wie z.B. den Ablauf oder die Ergebnisse laufender bzw. abgeschlossener Geschäftsprozesse fördert strategische Unternehmensentscheidungen. Liegen hier fehlerhafte Informationen vor, sind die Konsequenzen oft mit erhöhten Kosten verbunden. Dieser Aspekt erfordert eine stringente Datenqualitätssicherung während des *ETL-Prozesses*.

1.1 Motivation

Die durch ein BI-Werkzeug erzeugten Informationen bilden den Schlüssel für geschäftliche Innovationen. Kei Shen behauptet in [She06]: *„Unternehmen, die Informationsintegration mit maximaler Effizienz vorantreiben, erzielen mit fünf Mal höherer Wahrscheinlichkeit mehr Wertschöpfung."* Diese Aussage wird bekräftigt durch die Studie „Business Intelligence im Mittelstand" von Dirk Fridrich und Dr. Carsten Bange vom Business Application Research Center [FB07]. In dieser Untersuchung wurden mittelständische deutsche Unternehmen mit einem Jahresumsatz zwischen 50 Millionen und einer Milliarde Euro und einer Mitarbeiteranzahl zwischen 100 und 10000 befragt. 279 ausgefüllte Fragebögen konnten zur Auswertung herangezogen werden. Es zeigte sich, dass bereits 48 % der Befragten Firmen Software zur Unternehmenssteuerung einsetzen und 40 % eine Anschaffung planen. Weiterhin stellte sich heraus, dass Datenqualität die wichtigste Eigenschaft als auch der bedeutendste Kritikpunkt an der Business-Intelligence-Software ist. Durch diese Studie wird ersichtlich, dass Lösungen in den Bereichen Berichtswesen, Planung, Datenanalyse, Budgetierung oder Konsolidierung in Unternehmen betreut bzw. noch benötigt werden. Für eine erfolgreiche Realisierung ist jedoch ein aktueller und qualitativ hochwertiger Datenbestand Voraussetzung.

2006	gesamt	pro Stunde
Geborene:	672.724	78
Gestorbene:	821.627	95
Eheschließung:	373.681	43
Ehescheidungen (2005):	201.693	23
Zuzüge über die Grenzen Deutschlands:	707.352	82
Fortzüge über die Grenzen Deutschlands:	628.399	73
Gewerbeanmeldungen:	895.144	104

Tabelle 1.1: Statistische Kennzahlen [SÄD07, Bund06]

Anhand der Tabelle 1.1 mit statistischen Kennzahlen der Bundesrepublik Deutschland (vgl. [SÄD07], [Bun06]) wird die Änderungsgeschwindigkeit von adressbezogenen Daten dargestellt. Betrachtet man die rapiden Veränderungen in den verschiedenen Sektoren, ist davon auszugehen, dass Adressdatenbanken keine 100-prozentigen aktuellen Anschriften enthalten. Der momentane Zustand der Daten kann nur über diverse Software, wie sie in Abschnitt 5.1 vorgestellt wird ermittelt und gegebenenfalls modifiziert werden.

1.2 Zielsetzung der Arbeit

Das Ziel dieser Arbeit besteht darin, eine webbasierende Applikation zu entwickeln, mit deren Hilfe sich Aussagen über die Qualität, Validität, die Zeitnähe und die Korrektheit von Daten einer operativen Datenquelle treffen lassen. Hierzu sollen benötigte theoretische Grundlagen und Verfahrensweisen vorgestellt und erörtert werden. Durch die Verwendung von verschiedenen Algorithmen und Methoden aus den Bereichen des *Data Cleaning* sind Anforderungen umzusetzen, die zur Beantwortung der folgenden Fragen dienen.

- Wo sind meine Informationen?
- Was bedeuten die Informationen?
- Wie bekomme ich die Informationen bei Bedarf?
- Wie aktuell und zuverlässig sind die Informationen?
- Wie wertvoll sind die Informationen?
- Wie leite ich die Informationen dorthin, wo sie gebraucht werden?
- Wo treten Redundanzen auf?
- Wie bekomme ich zusätzliche Informationen zu den Daten?

Die daraus entstehenden, differenzierenden Prozesse sollen mit einem hohen Grad an Bedienbarkeit, Beutzerfreundlichkeit, Brauchbarkeit, Nutzbarkeit und Verwendbarkeit dem Benutzer zur Verfügung stehen. Es soll eine optisch ansprechende und zugleich intuitiv benutzbare Oberfläche erstellt werden, die dem Anwender das Arbeiten mit den entsprechenden integrierten Werkzeugen ermöglicht. Die Umsetzung der resultierenden Ideen erfolgt mit dem Projektpartner Robert Hollmann, der seine Ausführungen zum Thema in [Hol07] beschreibt.

1.3 Aufbau der Arbeit

Auf Grund der Problematik der Entwicklung einer webbasierenden Datenintegrationslösung wird in dieser Arbeit ein analytischer sowie ein deskriptiver Ansatz verfolgt. Dabei spiegelt der Inhalt einen aufeinander folgenden allgemein theoretischen und konkret praktischen Aufbau wider. Im Kapitel *„Datenqualität"* werden grundlegende Begrifflichkeiten, die zur Thematik gehören näher erläutert. Es erfolgt eine Unterscheidung von Datenfehlern in *Single-Source-* und *Multi-Source-Probleme*. Des Weiteren werden Qualitätskriterien genannt und Methoden zur Einstufung von Datenqualität vorgestellt.

Im dritten Kapitel „*Dimensionen und Architektur der Informationsintegration*" wird zunächst näher auf die Probleme der Verteilung, Heterogenität und Autonomie von operativen Daten eingegangen. Darauf folgt die Nennung von Integrationsvarianten, wobei mediatorbasierte Systeme im Vordergrund stehen. Im anschließenden Kapitel „*Data Cleaning*" werden Verfahren, zur Analyse von Datenbeständen vorgestellt. Als Vorbereitungstechnik wird die Normalisierung und die Validierung von Daten anhand von konkreten Beispielen veranschaulicht. Danach werden Techniken für einen Abgleich von Datensätzen zur Identifikation möglicher Dubletten (*Record Matching*) und einer daraus resultierenden *Deduplication* sowie der Datenfusion vorgestellt (*Record Merging*).

Nach dem theoretischen Teil der Arbeit folgen zwei Kapitel zur *Konzeption* und zur *Implementierung* des *Data Cleaning Toolkits*. Im Anschluss an die Bewertung und Analyse existierender Datenintegrations- und Profiling-Werkzeuge werden funktionale und nichtfunktionale Anforderungen sowie die Architektur und der Funktionsumfang vorgestellt. Anschließend wird auf Aspekte der Datenbank- und Webentwicklung näher eingegangen.

2 Datenqualität

> „Qualität ist niemals Zufall; sie ist immer das Ergebnis hoher Ziele, aufrichtiger Bemühung, intelligenter Vorgehensweise und geschickter Ausführung."
>
> (Will A. Foster)

In einem Unternehmen stellt die Qualität eines Produkts oder einer Dienstleistung einen allgemeinen Wertmaßstab dar. Je höher die Bewertung ausfällt, desto lukrativer das Geschäft. Zingel definiert in [Zin07] Qualität als: „Charakterisierung einer Sache oder einer Leistung hinsichtlich relevanter Größen." Man spricht von einer Art Gebrauchstauglichkeit der Daten. In der ISO 9000:2000 werden grundlegende Begriffe für Qualitätssicherungsmaßnahmen in Unternehmen erörtert. Unter anderem ist ein „Fehler" definiert als eine Nichterfüllung (Nichtkonformität) von Qualitäts- und Zuverlässigkeitsmerkmalen (vgl. [KB02]). Betrachtet man in diesem Zusammenhang die Qualität der vorhandenen Daten in Informationssystemen, wird diese oft zu hoch eingeschätzt. Nicht selten kommt es in Unternehmen vor, dass bei dem Erfassen von Kundendaten am Telefon Tippfehler entstehen. Durch weiteres Einpflegen von Informationen aus anderen Quellen, wie aus einem Briefverkehr oder Web-Formular, können somit unterschiedliche Daten für ein und dieselbe Person entstehen. Solche fehlerhaften und doppelten Eingaben haben in einem Customer-Relationship Management verheerende Folgen. Als einfaches Beispiel soll hier das doppelte Versenden von Dokumenten oder das Nichterreichen eines Kunden dienen. Um solche Kosten für das Unternehmen so gering wie möglich zu halten, ist eine hohe Datenqualität unabdingbar.

2.1 Datenqualität definieren

Für den Begriff *Datenqualität* oder auch *Informationsqualität* gibt es in der Literatur viele Definitionen. Jack E. Olson schreibt in [Ols03]: „data has quality if it satisfies the requirements of its intended use. It lacks quality to the extent that it does not satisfy the requirement." Mit anderen Worten, bei der Datenqualität kommt es auf den eigentlichen Verwendungszweck der Daten an, diese müssen fehlerfrei, zeitgemäß, relevant, vollständig, selbstverständlich und zuverlässig sein. In

[LN07] bezeichnet man die Datenqualität mit „fitness of use", also der Eignung von Informationen für einen bestimmten Zweck. In [BG01] wird die Qualität als das Verhältnis zwischen erreichter und erwarteter Leistung betrachtet, in der alle Eigenschaften von Daten in Bezug auf die Eignung die Anforderungen des Anwenders erfüllen. Trotz verschiedener Beschreibungen des Qualitätsbegriffes gibt es noch keine allgemeingültige Definition.

2.2 Datenfehler

Daten von minderwertiger Qualität implizieren unzulässige Werte, Schreibfehler, Duplikate, fehlerhafte Formatierungen usw. Solche Qualitätsprobleme müssen analysiert und anschließend durch eine Daten-Transformation und einer Datenbereinigung behoben werden. Erhard Rahm und Hong Hai Do klassifizieren in [RD00] mögliche Daten-Qualitäts-Probleme, wie sie in unterschiedlichen Datenquellen zu finden sind. Rahm und Do unterscheiden grob zwischen den *single-source* und den *multi-source* und in der nächst kleineren Ebene zwischen den *schema-* und *instance-related* Problemen. Abbildung 2.1 zeigt eine Klassifikation von Datenfehlern.

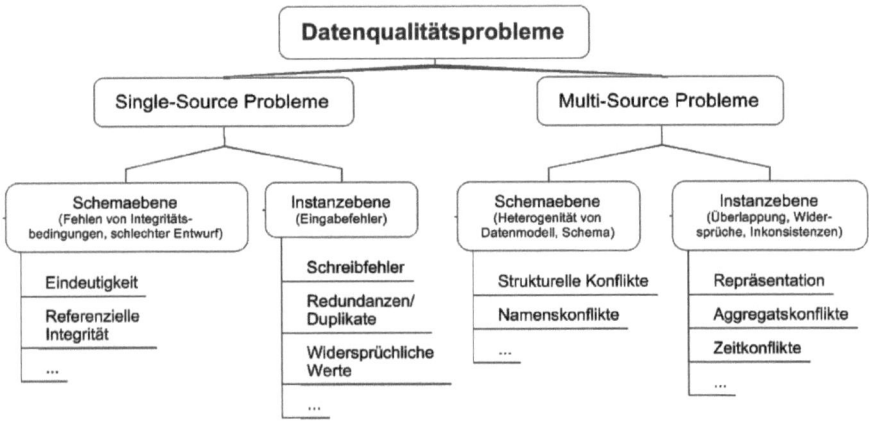

Abbildung 2.1: Klassifikation von Daten-Qualitäts-Problemen nach [RD00]

2.2.1 Single-Source Probleme

Single-source Probleme sind häufig die Ursache einer fehlerhaften Datenerfassung oder Datenstruktur. Man unterscheidet schema- und instanzbezogene Problematiken. Die Schwierigkeiten, denen man auf der Instanz- bzw. Datenebene entgegen wirken muss, sind häufig auf manuelle Dateneingaben zurück zu führen. Hierzu zählen unter anderem das Eingeben von Dummy- oder falschen Werten, Rechtschreibfehlern, das Erfassen mehrerer Werte für ein Attribut oder von unstimmigen bzw. widersprüchlichen Daten (Tab. 2.1).

Bereich	Problem	fehlerhafte Daten	Grund
Attribut	fehlender Wert	tel=9999-9999999	fehlende oder Dummy-Werte bei der Eingabe
	Rechtschreibfehler	stadt="Erfurd"	Tippfehler, phonetischer Fehler
	eingeschlossene Werte	name="M. Schmidt, Gotha"	mehrere Werte sind einem Attribut zugewiesen
	falsche Werte für Feld	stadt="Deutschland"	Wert in falscher Spalte
Datensatz	unstimmige Werte	stadt="Erfurt", plz=22222	Stadt und PLZ passen nicht zusammen
Datensatztyp	Wortumstellung	name1="S. Meier", name2="Schmidt T."	typisch in freiem Stringfeld
	Duplikate	d1=(name="Steffen Meier"), d2=(name="St. Meier")	für eine Personen existieren zwei Datensätze d1 und d2
	widersprüchliche Werte	d1=(name="Meier", gdate=12.02.70 d1=(name="Meier", gdate=12.12.70	zwei gleich reale Einträge beschreiben unterschiedliche Werte
Quelle	falsche Referenz	d1=(name="Michael Meier", nnumber=120)	die Niederlassung mit der ID 120 gibt es in der DB, ist aber falsch zugewiesen

Tabelle 2.1: Bsp. single-source Problem auf Daten-Ebene (vgl. [RD00])

Im Gegensatz zu der Instanzebene findet man die Problemfälle, die sich auf die Schemaebene beziehen in der Datenstruktur selbst. Auch hier können Unstimmigkeiten aus den unterschiedlichen Problembereichen Attribut, Datensatz, Datensatztyp und Quelle herauskristallisiert werden. Typische Fehler, die sich in einer relationalen Datenbank durch gutes Design und Integritätsbedingungen (*NOT NULL, UNIQUE, PRIMARY KEY, FOREIGN KEY*) vermeiden lassen, sind beispielsweise Daten außerhalb des definierten Wertebereichs, nicht eindeutige Referenzen oder keine Eingaben (Tab. 2.2). Weitere Probleme treten bei Datenquellen ohne definiertes Schema (American Standard Code for Information Interchange (ASCII) -Datei) auf. In diesem Fall können keine Einschränkungen, wie sie bei relationalen Datenbanken (semantische- und referenzielle Integrität) möglich sind, getroffen werden.

Bereich	Problem	fehlerhafte Daten	Grund
Attribut	falscher Wert	datum=25.13.70	Wert außerhalb des Wertebereichs
Datensatz	Werte unstimmig	alter=20, gdatum=13.02.70	Alter ergibt sich aus aktuellem Datum - geb. Datum
Datensatztyp	Verletzung der Eindeutigkeit	d1=(name="Michael Meier", ID="12345") d2=(name="Peter Schmidt", ID="12345")	nicht eindeutige ID
Quelle	Verletzung der referenziellen Integrität	d1=(name="Michael Meier", nnumber=0815)	der Verweis auf die Niederlassung 0815 ist nicht zulässig, da diese nicht existiert

Tabelle 2.2: Bsp. single-source Problem auf Schema-Ebene (vgl. [RD00])

2.2.2 Multi-Source Probleme

Die Ursache von Multi-Source Problemen sind widersprüchliche bzw. inkonsistente Daten, die unabhängig voneinander in unterschiedlichen operativen Datenbanken erfasst wurden. Das eigentliche Problem, in Bezug auf die Schema-Ebene, sind die Namens- und Strukturkonflikte. Namenskonflikte entstehen, wenn ein identischer Name für unterschiedliche Objekte (Homonym) oder unterschiedliche Namen für ein und dasselbe Objekt (Synonym) verwendet werden. Strukturelle Konflikte treten in verschiedenen Variationen und Darstellungen auf. Beispiele sind Attribut vs. Tabellenrepräsentation, unterschiedliche Teilstrukturen, unterschiedliche Datentypen, unterschiedliche Einschränkungen usw. Weiterhin treten viele Konflikte auf der Instanzebene (Datenkonflikte) auf. Die Repräsentationsformen der Operativdaten (Geschlecht = 1,2 vs. Genus=m,w), die Einheiten (Verkauf in EUR/DM) oder die Genauigkeit können verschieden sein. Das größte Problem beim Bereinigen von mehreren Quellen stellt aber das Identifizieren von interferierenden Daten dar. Selten sind Datensätze völlig identisch. Häufiger existieren nur redundante Informationsteile (Attribute) in einem Tupel. Diese Datensätze gilt es zu finden und zu fusionieren.

Die beiden Datenquellen A und B aus Tabelle 2.3 weisen ein ungleiches Datenschema mit Datenkonflikten auf. Auf der Schema-Ebene gibt es Namens- (Kunde/Klient, KID/KNr, Gattung/Geschlecht) und strukturelle Konflikte (unterschied-

2.3 Qualitätskriterien

Kunde (Datenquelle A)

KID	Name	Strasse	Stadt	Gattung
11	Kerstin Schmidt	Blumenstr. 18	99092 Erfurt	0
17	Christian Schmidt	Blumenstraße 18	Erfurt	1

Klient (Datenquelle B)

KNr	vorname	nachname	Adresse	Geschlecht	Tel/Fax
17	Christoph	Schmidt	99084 Erfurt Berliner Str. 13	m	0361-7754258 0361-7754259
218	Kerstin P.	Schmidt	Blumenstraße 18 Erfurt, D-99092	f	0361-5558899

Kunde (Daten aus A und B integriert und bereinigt)

id	vname	nname	m/f	strasse	stadt	plz	tel	fax
1	Kerstin P.	Schmidt	f	Blumenstraße 18	Erfurt	99092	0361-5558899	
2	Christian	Schmidt	m	Blumenstraße 18	Erfurt	99092		
3	Christoph	Schmidt	m	Berliner Straße 13	Erfurt	99084	0361-7754258	0361-7754259

Tabelle 2.3: Bsp. multi-source Probleme auf Schema- und Datenebene

liche Darstellung von Namen und Adresse). Auf der Instanz-Ebene werden verschiedene Präsentationsformen des Geschlechts verwendet und vermutlich liegt ein redundanter Datensatz (Kerstin P. Schmidt) vor. Weiterhin kann man annehmen, dass es sich bei *KID* und *KNr* um eindeutige Primärschlüssel handelt, die aber nicht gleich sind. Unterschiedliche Identifikationen (IDs) (11/218) gehören zu ein und derselben Person, hingegen die ID 17 unterschiedlichen Personen zugewiesen ist. Bei der Lösung solcher Probleme integriert man als erstes beide Schemata in ein neues (siehe Tabelle 3 „Kunde") und bereinigt anschließend die Daten.

2.3 Qualitätskriterien

In einer Studie von Wang und Strong [WS96] wurden von 137 Personen 179 Qualitätskriterien zusammen getragen. Die Autoren selektierten 15 Merkmale und ordneten sie den folgenden vier Datenqualitäts-Klassen zu (Abb. 2.2).

Intrinsische Datenqualität (DQ) beinhaltet Kriterien wie etwa Glaubwürdigkeit, Genauigkeit, Objektivität oder Reputation, mit deren Hilfe sich der Eigenwert von Informationen näher beschreiben lässt.

Kontextuelle DQ definiert den Informationszusammenhang. Hier geht es um die Fragen: Welchen Mehrwert bringen die Daten? Wie relevant sind die Daten bezogen auf eine konkrete Situation? Wie aktuell ist der Informationsgehalt? Sind die Daten vollständig?

Repräsentationelle DQ schließt Aspekte wie das Format (kurze, konsequente Darstellung) und die Bedeutung der Daten (Interpretation, Verständlichkeit) ein.

Zugriffsqualität bezieht sich auf die Verfügbarkeit und die Sicherheit der Daten.

Aufgrund einer individuellen Sichtweise lassen sich jedoch keine einheitlichen Konkretisierungen vornehmen. Dennoch ist es möglich, mit Hilfe einer solchen Übersicht eine gewisse Teilmenge an Informationen für eine bestimmte Anwendung zusammen zu tragen.

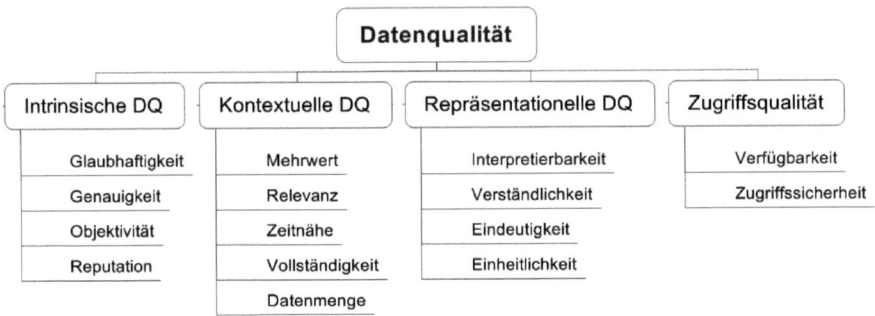

Abbildung 2.2: Konzeptionelles Gerüst der Datenqualität nach [WS96]

Nimmt man an, dass Führungskräfte eines Unternehmens Entscheidungen anhand von Kennzahlen auf Basis von Data Warehouse Daten fällen, können auf Grund dieser vier Klassen die folgenden Aussagen getroffen werden.

- Wurde in einem Onlineshop bei jeder gültigen Bestellung nur das Bestelldatum erfasst, kann keine genaue Aussage über die Kaufzeit getroffen werden.
- Sind Kundendaten nicht vollständig oder fehlerhaft im System gepflegt, sind auf Grund von fehlenden Informationen unterschiedliche Interaktionen (Telefon, Mail, Brief) nicht möglich.
- Sind Daten im Data Warehouse Prozess manipulierbar, werden die Kennzahlen bei der Analyse unglaubwürdig.

2.3 Qualitätskriterien

In [JJQV99] wurden typische Benutzerrollen in einem Data Warehouse betrachtet und mit Hilfe dieser unterschiedliche Qualitätsdimensionen erstellt. Man unterscheidet zwischen den Personenkreisen, die für das Design und die Administration sowie die Softwareimplementation zuständig sind. Des Weiteren werden die Führungskräfte, die mit Hilfe von Data Warehouse-Informationen Entscheidungen treffen (Datenverwendung), betrachtet.

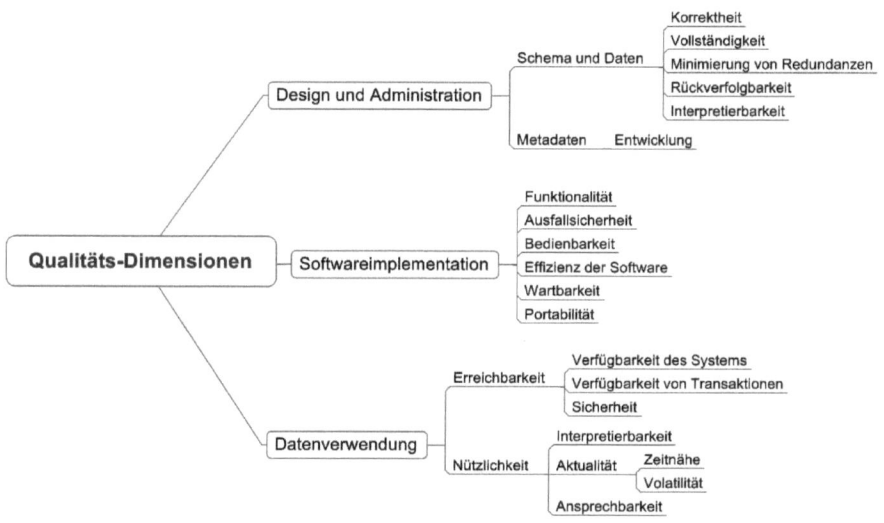

Abbildung 2.3: Qualitäts-Dimensionen nach [JJQV99]

Wie aus Abbildung 2.3 ersichtlich, können diese drei Gruppen (Design/Administration, Softwareimplementation, Datenverwendung) in weitere Dimensionen unterteilt werden. Unter der Schema- und Datenqualität werden adäquate und effiziente Informationen verstanden, mit deren Hilfe sich Schemata oder Modelle darstellen lassen. Die Qualitätseigenschaft *Korrektheit* steht für einen Sachverhalt in der realen Welt, wenn dieser in einer Datenquelle richtig dargestellt wird. Das Attribut *Vollständigkeit* steht für alle erforderlichen Attribute eines Data Warehouse Schemas. Das Merkmal für *minimale Redundanz* gibt Aufschluss über den Prozess der Datenintegration. Unter der *Rückverfolgbarkeit* ist zu verstehen, dass sämtliche Anforderungen, die an das Data Warehouse von Benutzern, Designern, Administratoren oder Managern gestellt werden, nachvollziehbar sind. Die Dimension *Interpretierbarkeit* gewährleistet, dass alle Komponenten eines Data Warehouse zu Gunsten der Administration ausreichend beschrieben sind. Unter der *Metada-*

tenentwicklung ist ein Qualitätskriterium zu verstehen, das Auskunft über die Entwicklung von Data Warehouse Operationen zur Verfügung stellt. Die Bewertung der Implementation oder Evaluation der eingesetzten Software gehört nicht zu den typischen Aufgaben, die man mit einem Data Warehouse in Verbindung setzt. Dennoch sollen die Qualitätseigenschaften, die in der ISO 9162 [91201] standardisiert wurden, nicht unerwähnt bleiben. Die Qualitätseigenschaften sind nach ISO 9162 unterteilt nach:

- Funktionalität (Angemessenheit, Richtigkeit, Interoperabilität, Sekurität, Konformität)

- Zuverlässigkeit (Reife, Fehlertoleranz, Robustheit, Wiederherstellbarkeit, Konformität)

- Benutzbarkeit (Verständlichkeit, Erlernbarkeit, Bedienbarkeit, Attraktivität, Konformität)

- Effizienz (Zeitverhalten, Verbrauchsverhalten, Konformität)

- Änderbarkeit (Analysierbarkeit, Modifizierbarkeit, Stabilität, Prüfbarkeit)

- Übertragbarkeit (Anpassbarkeit, Installierbarkeit, Koexistenz, Austauschbarkeit, Konformität)

Die dritte Gruppe, in der die Qualität der Datenverwendung behandelt wird, unterteilt sich in die Dimension der *Verfügbarkeit* und *Nützlichkeit*. Unter der *Erreichbarkeit* versteht man die Verfügbarkeit des Systems, ob autorisierte Benutzer berechtigt sind, Abfragen an das System zu senden und diese auszuwerten. Bei der *Verfügbarkeit/Gültigkeit von Transaktionen* ist nichts anderes gemeint, als die Zeit in der die Informationen eines Data Warehouse auf eine Aktualisierung (commit) warten. Die Dimension der *Brauchbarkeit* beschreibt hingegen die Aktualität der Daten sowie die Empfindlichkeit des Systems. Unter der *Empfindlichkeit* (oder auch Ansprechempfindlichkeit) ist der Interaktionsprozess mit einem Benutzer zu verstehen. Bei der *Aktualität* wird die Zeitperiode betrachtet, in die Informationen in das Data Warehouse integriert werden. Die *Interpretierbarkeit* stellt das Maß dar, wie effizient das Data Warehouse modelliert wurde um Meta-Informationen zu speichern.

2.4 Methoden zur Einstufung der Qualität

Felix Naumann beschreibt in [Nau02], wie man mit Hilfe der im vorigen Abschnitt 2.3 beschriebenen Qualitätskriterien und so genannten Qualitätsvektoren ein Qua-

2.4 Methoden zur Einstufung der Qualität

litätsmodell erstellt. Das Klassifizieren der Quellen basiert auf dessen Vektor. Auftretende Probleme werden mittels einer Skalierung der *Information Quality Scores (IQS)* und dem Einbringen einer Benutzerwertung gelöst. Die folgenden Abschnitte halten sich an [Nau02] und sollen einen Überblick über das Thema vermitteln.

2.4.1 Das Qualitäts-Modell

Das Modell sieht vor, dass für jede Datenquelle IQS mit entsprechenden Qualitätskriterien erfasst werden, die zusammen einen Vektor bilden.
Definition 1 (IQ-Vektor): S_i sei eine Datenquelle und d_{ij} der Wert, mit j IQ-Merkmalen pro Quelle $S_i (j = 1, ..., m)$, dann entspricht der IQ-Vektor von S_i gleich $IQ(S_i) := (d_{i1}, ..., d_{im})$.
Hat man einen Vektor für jede Quelle definiert, ist noch lange nicht klar, wie gewichtet wird. Nimmt man an, dass eine Datenquelle quantitativ oder qualitativ bessere Daten als eine Zweite liefert, wenn also die gemessenen Werte für diese höher liegen, wird man sie heraufstufen. Es ist jedoch zu beachten, dass nicht definiert ist, wie man die Kriterien mit einbeziehen soll, denn jeder Benutzer hat andere Vorlieben und Betrachtungsweisen. Methoden, die bei einer Entscheidungsfindung helfen sollen, nennen sich *Ranking Methods* oder *Multi-Attribute Decision-Making (MADM) Methods*. Drei Fakten stellen allerdings noch ein Problem dar:

1. Der Wertebereich und die Einheit der IQS bzw. der Merkmale variieren. Als Beispiel sind hier die Verständlichkeit der Informationen genannt, die ein Benutzer mit gut oder schlecht bewertet und im Vergleich die Verfügbarkeit, welche einen Prozentsatz darstellt. Solche Diskrepanzen müssen gelöst werden, um die Werte vergleichen zu können. Weiterhin muss eine Lösung für den Wertebereich der Daten gefunden werden. Während man in der Theorie die Verfügbarkeit einer Quelle von 0 bis 100 angeben kann, liegen die realen Werte zwischen 99% und 100%. Für eine Lösung dieser Problematik verwendet man *Scaling Methods*.

2. Die Signifikanz der Kriterien differiert. Wenn ein Benutzer die Vollständigkeit einer Quelle für wichtig erachtet, kann die Antwortzeit eine untergeordnete Rolle spielen. Hier stellen *User Weightings* eine Lösung dar.

3. Die IQS stellen die Datenquellen in einem multidimensionalen Raum mit einer Dimension pro *Information Quality Criterion (IQC)* dar. Da es keine natürliche Anordnung im multidimensionalen Raum gibt, verwendet man *Ranking Methods* zum Bestimmen einer Anordnung.

Angenommen, diese Probleme werden gelöst, lassen sich IQS von Datenquellen definieren. Die IQS legen somit die qualitative Rangfolge fest.

Definition 2 (IQ-Wert): S_i sei eine Datenquelle mit einem skaliertem und gewichtetem IQ-Vektor $IQ(S_i)$. Der IQ-Wert der Quelle ist $iq(S_i) := r(IQ(S_i))$, wobei r im Bereich zwischen 0 und 1 liegt.

2.4.2 Skalierungs-Methoden

Durch das Skalieren von IRC-Werten werden, wie oben schon erwähnt, der Wertebereich und die unterschiedlichen Einheiten angepasst. Das Ziel dieser Skalierung ist es, nicht-dimensionale Werte zwischen [0 ... 1] zu generieren, um sie vergleichbar zu machen. Bei einer solchen Größenänderung der Werte unterscheidet man zwischen positiven und negativen Kriterien. Ein Informations-Qualitäts-Merkmal wird positiv bezeichnet, wenn ein höherer Kriteriumswert geeigneter als ein niedriger ist (Genauigkeit, Vollständigkeit, Reputation) im Gegensatz zum negativen Informations-Qualitäts-Merkmal, bei dem es sich entgegengesetzt verhält (Preis, Antwortzeit).

Beispiel: Man betrachtet zwei Suchmaschinen (S_1 und S_2), die nach den Kriterien Vollständigkeit und Aktualität bewertet werden sollen. Die Suchmaschine S_1 soll viele Ergebnisse liefern, wobei die Aktualität der Informationen gering ist. Bei der Suchmaschine S_2 ist die Aktualität der Daten sehr gut, dafür werden weniger Ergebnisse gefunden. Tabelle 2.4 zeigt die entsprechenden Werte.

Suchmaschine	Vollständigkeit	Aktualität
S_1	0.8	6
S_2	0.2	2

Tabelle 2.4: Werte zweier Suchmaschinen

Mit Hilfe des Beispiels wird verdeutlicht, dass es sich bei der Aktualität, bemessen an der Häufigkeit der Aktualisierungen, um ein negatives Kriterium handelt, währenddessen die Vollständigkeit als positives zu betrachten ist. Wie zu erkennen ist, differieren Wertebereich und Einheit der Attribute. Bei der Vollständigkeit befindet sich der Wert im Bereich [0 ... 1], während die Aktualität in Tagen von [1 ... ∞] gemessen wird. Angenommen, es handelt sich um relative Werte, so ist der Suchmaschine S_1, auf Grund der viermal besseren Vollständigkeit und nur dreifach geringeren Aktualität eine höhere Priorität zuzuweisen. Im Folgenden soll näher

2.4 Methoden zur Einstufung der Qualität

auf die lineare Skalierungs-Transformation und die Normalisierung von IQS eingegangen werden.

Transformation Die Methode der lineare Skalierungs-Transformation orientiert sich am minimalen d_j^{min} oder maximalen d_j^{max} Wert eines Kriteriums j, je nach dem, ob es als positiv bzw. negativ anzusehen ist.

$$v_{ij} = \frac{d_{ij} - d_j^{min}}{d_j^{max} - d_j^{min}} \quad (2.1)$$

$$v_{ij} = \frac{d_j^{max} - d_{ij}}{d_j^{max} - d_j^{min}} \quad (2.2)$$

Eine einfache Skalierung für positive Eigenschaften wird mittels der Funktion (2.1) und für die negativen mit (2.2) erreicht, wobei gilt: $d_j^{max} := max_i[d_{ij}]$ und $d_j^{min} := min_i[d_{ij}]$. Somit ist eine Verteilung auf das gesamte Intervall $[0,1]$ gegeben. Setzt man nun in die Gleichungen die entsprechenden Werte des Beispiels ein, so ergeben sich die Qualitätsvektoren für die Suchmaschinen S_1 und S_2 wie folgt:

$$vS_1 = \left(\frac{0.8 - 0.2}{0.8 - 0.2}, \frac{6 - 6}{6 - 2} \right) = (1, 0) \quad (2.3)$$

$$vS_2 = \left(\frac{0.2 - 0.2}{0.8 - 0.2}, \frac{6 - 2}{6 - 2} \right) = (0, 1) \quad (2.4)$$

Normalisierung Die Vektor-Normalisierungs-Methode teilt jede Quelle durch den Betrag des Vektors.

$$v_{ij} = \frac{d_{ij}}{\sqrt{\sum_{i=1}^{n} d_{ij}^2}} \quad (2.5)$$

Berechnet man nun die Werte der Suchmaschinen S_1 und S_2 nach der Formel (2.5), so erhält man die folgenden Qualitätsvektoren:

$$vS_1 = \left(\frac{0.8}{\sqrt{0.8^2 + 0.2^2}}, \frac{6}{\sqrt{6^2 + 2^2}} \right) \approx (0.98, 0.95)$$

$$vS_2 = \left(\frac{0.2}{\sqrt{0.8^2 + 0.2^2}}, \frac{2}{\sqrt{6^2 + 2^2}} \right) \approx (0.24, 0.31)$$

Nachteilig zu betrachten ist, dass die transformierten Punkte immer noch unterschiedliche Wertebereiche aufweisen, was einen Vergleich der Qualitätskriterien schwierig macht. Auch lassen sich über diese Methode keine positiven oder negativen Kriterien erkennen, so dass diese Abweichungen über die Multi-Attribute Decision-Making (MADM) -Methode aufgelöst werden müssen. Als ein Vorteil lässt sich die proportionale Skalierung der Punkte nennen.

2.4.3 Bewertung durch den Benutzer

Benutzer haben unterschiedliche Präferenzen und schätzen die Wichtigkeit von Qualitäts-Kriterien dementsprechend anders ein. Gründe dafür können sein:

- Der vorhandene Informationsbedarf variiert.

- Die verfügbaren Quellen des Benutzers können wechseln.

- Ein Benutzer misstraut den berechneten Werten.

Benutzer sollten diese Bewertung der Kriterien abhängig von der Situation machen.
Definition 3 (Bewertungs-Vektor): Es sind m Qualitätskriterien gegeben. Dann ist jeder Vektor $(w_1, ..., w_m)$, $w_i \in \mathbb{R}$ ein Bewertungs-Vektor.
Die meisten MADM-Methoden erlauben es Benutzern einen Bewertungs-Vektor direkt festzulegen, setzen allerdings $\sum_{i=1}^{m} w_j = 1$ voraus. Der Benutzer kann seine Bewertung direkt innerhalb eines bestimmten Bereiches angeben. Zum Erfüllen der Bedingung $\sum_{i=1}^{m} w_j = 1$ muss der Vektor allerdings normalisiert werden (Formel (2.6)).

$$w'_j = \frac{w_j}{\sum_{i=1}^{m} w_j = 1} \qquad (2.6)$$

Eine weitere Möglichkeit stellt die Komparation eines Wertepaares dar. Der Benutzer definiert für jedes Kriteriumpaar, wie wichtig das eine gegenüber dem anderen ist. Das heißt, es gibt $\frac{m(m-1)}{2}$ Vergleiche. Daraus resultiert eine Matrix $A = (a_{ij})_{1 \leq i,j \leq m}$. Die Matrix ist konsistent, wenn $a_{ij} = \frac{1}{a_{ji}}$ und $a_{ik} * a_{kj} = a_{ij}$ für alle $1 \leq i, j, k \leq m$. Ist die Matrix einheitlich, lässt sich der Bewertungs-Vektor über $w_i = \frac{a_{ij}}{\sum_{j=1}^{m} a_{ji}}$ mit $i \leq i \leq m$ eindeutig bestimmen (siehe 2.4.4.3 AHP).

2.4.4 Klassifizierungsmethoden

Im Folgenden werden verschiedene Klassifizierungsmethoden (*ranking methods*) genannt und mit dem Problem der Einteilung von Informations-Qualität konfrontiert. Eigenschaften und Leistungsmerkmale werden dabei fokussiert.

2.4.4.1 Simple Additive Weighting (SAW)

Zu einer der einfachsten Nutzwertanalysen gehört die *Simple Additive Weighting (SAW) -Methode*. Ein Entscheider legt zu Beginn die Wichtigkeit der Attribute fest, im Anschluss bewertet er die einzelnen Merkmale der verschiedenen Möglichkeiten mit dem gleichen Maß. Danach ist er in der Lage, anhand der Summe der gewichteten Attributswerte Entscheidungen zu treffen. Präferiert wird der höchste Wert. Zum Skalieren und Transformatieren der Werte im Vorfeld verwendet man die Funktionen (2.1) und (2.2). Nachfolgend bildet man die gewichtete Summe der skalierten Werte:

$$V_i := \sum w_j v_{ij} \qquad (2.7)$$

Ein Beispiel soll die Einfachheit der *Simple Additive Weighting Methode* verdeutlichen: Ein Personalleiter möchte eine Bewertungsgrundlage für drei Bewerber definieren. Dafür stellt er fünf Kriterien auf und wichtet diese. Im Gespräch mit den Kandidaten werden Punkte für jedes Merkmal vergeben. Anhand von Gewichtung und Punkten werden nun die einzelnen Werte für die Bewerber berechnet und aufsummiert. Den größten Wert haben *Bewerber A* und *Bewerber C* mit 4,6. Sie sind somit die präferierten Kandidaten von allen drei Bewerbern. Die Tabelle 2.5 zeigt das Ergebnis nach der *Simple Additive Weighting Methode*.

Kriterium	Gewichtung	Bewerber A		Bewerber B		Bewerber C	
		Punkte	Wert	Punkte	Wert	Punkte	Wert
Fachkenntnisse	0,25	5	1,25	8	2,00	3	0,75
Berufserfahrung	0,10	8	0,80	2	0,20	4	0,40
Bildungsbereitschaft	0,10	3	0,30	6	0,60	9	0,90
Flexibilität	0,25	3	0,75	3	0,75	9	2,25
Führungskompetenz	0,30	5	1,50	1	0,30	1	0,30
			4,60		**3,85**		**4,60**

Tabelle 2.5: Bsp. Simple Additive Weighting Methode

2.4.4.2 TOPSIS

Technique for Order Preference by Similarity to Ideal Solution (TOPSIS) gehört zu den *ideal point Methoden* bei denen mithilfe der bestmöglichen Kriterienwerte ermittelt wird, welches die ideale Lösung darstellt. TOPSIS wurde von Hwang und Yoon [YH07] entwickelt und setzt auf SAW auf. Von Tabelle 2.5 ausgehend, wird zunächst das positive und negative Ideal aus den gewichteten, normalisierten Werten der Bewerber gebildet. Tabelle 2.6 stellt die Werte dar.

$$v_j^+ := \begin{cases} max_i[v_{ij}] & \text{wenn Kriterium j positiv ist} \\ min_i[v_{ij}] & \text{wenn Kriterium j negativ ist} \end{cases}$$

$$v_j^- := \begin{cases} min_i[v_{ij}] & \text{wenn Kriterium j positiv ist} \\ max_i[v_{ij}] & \text{wenn Kriterium j negativ ist} \end{cases}$$

Kriterium	Gew.	Bew. A		Bew. B		Bew. C		Ideal	
		Pkt.	Wert	Pkt.	Wert	Pkt.	Wert	positiv	negativ
Fachkenntnisse	0,25	5	1,25	8	2,00	3	0,75	2,00	0,75
Berufserfahr.	0,10	8	0,80	2	0,20	4	0,40	0,80	0,20
Bildungsbereit.	0,10	3	0,30	6	0,60	9	0,90	0,90	0,30
Flexibilität	0,25	3	0,75	3	0,75	9	2,25	2,25	0,75
Führungskomp.	0,30	5	1,50	1	0,30	1	0,30	1,50	0,30
			4,60		3,85		4,60		

Tabelle 2.6: Bsp. Simple Additive Weighting Methode mit Idealen

Im nächsten Schritt berechnet man die Distanzen zwischen den Alternativen und den positiven/negativen Idealen (Euklidisches Distanzmaß).

$$e_i^+ = \sqrt{\sum_{i=1}^{n}(v_{ij} - v_{ij}^+)^2} \tag{2.8}$$

$$e_i^- = \sqrt{\sum_{i=1}^{n}(v_{ij} - v_{ij}^-)^2} \tag{2.9}$$

Zum Schluss lässt sich die relative Nähe einer Quelle zum Ideal definieren mit:

$$e_i^* = \frac{e_i^-}{e_i^+ + e_i^-} \tag{2.10}$$

2.4 Methoden zur Einstufung der Qualität

Tabelle 2.7 zeigt die berechneten negativen, positiven und relativen Distanzen. Die höchsten relativen Abstände sind die präferierten. Aus den Werten wird ersichtlich, dass der Bewerber C favorisiert werden sollte.

	e_i^+	e_i^-	e_i^*	Rang
Bewerber A	1,576	1,432	0,476	2
Bewerber B	1,858	1,285	0,409	3
Bewerber C	1,778	1,628	0,478	1

Tabelle 2.7: Bsp. Rangfolge mit TOPSIS

2.4.4.3 Analytischer Hierarchie Prozess (AHP)

Der *Analytic Hierarchy Process (AHP)*, wie er in der Literatur [CG99], [Nau06] genannt wird, wurde von dem Mathematiker Thomas Saaty entwickelt [Saa86]. Bei dem AHP handelt es sich um eine moderne Methode der Entscheidungstheorie. Zu den Hauptzielen, die mit AHP verfolgt werden, gehören unter anderem: eine schnelle Lösungsfindung, das Aufdecken von Inkonsistenzen sowie Revision und Komplettierung von subjektiven Entscheidungen. In [BR04] werden die folgenden Schritte für den AHP herangezogen:

1. Es wird eine Hierarchie mit dem Ziel, den Kriterien, Unterkriterien und den Alternativen (Quellen) erstellt. Dies ist der kreative und wichtige Teil, um Entscheidungen treffen zu können. Die Hierarchie in Abbildung 2.4 zeigt die Beziehung zwischen den Elementen von der obersten Ebene bis hin zur niedrigsten.

2. Die Daten werden vom Entscheider in die hierarchische Struktur zusammen getragen. Es wird paarweise ein Vergleich angestellt, in dem die Wichtigkeit von jeweils zwei Unterkategorien einer Oberkategorie gegenübergestellt wird. Hierfür wird die Punkteskala aus Tabelle 2.8 verwendet.

3. Der paarweise Vergleich der verschiedenen Kriterien wird in einer Matrix dargestellt. Die diagonalen Elemente der Matrix sind eins. Die Kriterien der Zeile i sind besser als die der Spalte j wenn der Wert des Elementes (i, j) größer als eins ist. Falls dies nicht der Fall sein sollte, verhalten sich die Werte umgekehrt zueinander. Das bedeutet, das Element (j, i) der Matrix ist reziprok dem Element (i, j).

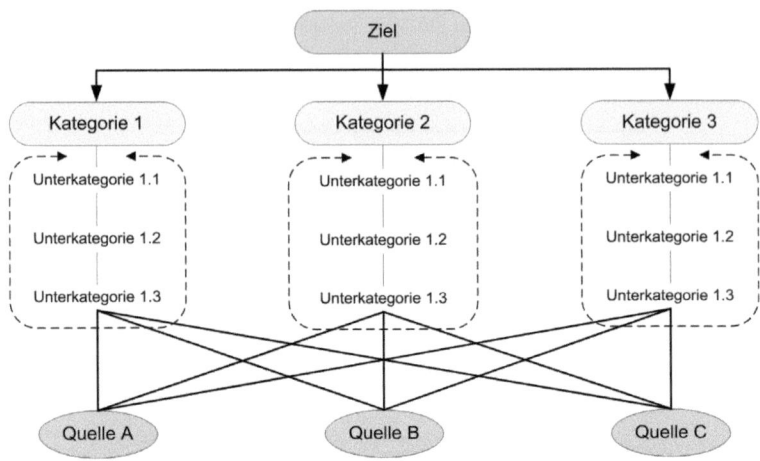

Abbildung 2.4: Allgemeine Hierarchie

4. Der Haupteigenwert und der entsprechende normalisierte Eigenvektor der Vergleichsmatrix geben die relative Wichtigkeit der verschiedenen, verglichenen Kriterien wieder. Die Elemente des normalisierten Eigenvektors werden als die Gewichte, in Bezug auf die Kriterien oder Unterkriterien und die Einschätzungen, die sich auf die Alternativen beziehen, bezeichnet.

5. Um zufällige Entscheidungen zu verhindern ist es nötig, die Konsistenz der Matrix so hoch wie möglich zu halten. Die Konsistenz wird daher als ein Maß für die Qualität einer Entscheidung betrachtet. Bis zu einem gewissen Grad kann eine Inkonsistenz vernachlässigt werden. Kommt es allerdings zu einer unverhältnismäßig hohen Widersprüchlichkeit der Matrix, muss der Entscheidungsprozess neu überdacht werden. Der Konsistenzindex CI, der mit $CI = (\lambda_{max} - n)/(n - 1)$ berechnet wird (λ_{max} gleich maximale Eigenwert der Matrix), dient zur Überprüfung.

6. Im letzten Schritt wird die Einschätzung jeder Alternative multipliziert mit den Gewichten der Unterkriterien und anschließend zusammengefasst, um eine lokale Einschätzung in Bezug auf jedes Kriterium zu erhalten. Die lokalen Einschätzungen werden mit den Gewichten der Kriterien multipliziert und im Anschluss zu globalen Einschätzungen zusammengefasst.

Mit Hilfe dieser drei vorgestellten Methoden (SAW, TOPSIS, AHP) lassen sich auf verschiedene Art Qualitätswerte der unterschiedlichen Datenquellen bestimmen

2.4 Methoden zur Einstufung der Qualität

Wert	relative Bedeutung von Kriterien
1	gleiche Bedeutung der Kriterien i und j
3	etwas höhere Bedeutung von Kriterium i
5	deutlich höhere Bedeutung des Kriteriums i
7	viel höhere Bedeutung des Kriteriums i
9	sehr viel höhere Bedeutung des Kriteriums i
2, 4, 6, 8	Zwischenwerte

Tabelle 2.8: AHP Vergleichsskala

und beurteilen. Weitere Analysetechniken wie u.a. Data Envelopment Analysis (DEA), Operational Competitiveness Rating (OCRA), Stochastic Frontier Analysis (SFA) und Free Disposable Hull (FDH), die einen alternativen Weg zur Bestimmung der Informations-Effizienz vorschlagen, sollen hier nur erwähnt aber nicht weiter beschrieben werden.

3 Dimensionen und Architektur der Informationsintegration

Ein wichtiger Schritt bei der Integration von operativen Datenbeständen besteht darin, die relevanten Informationen aus den Quellsystemen zu selektieren. Um die zuvor definierten Ziele, die aus verschiedenen Bereichen konkretisiert wurden zu erreichen, ist es unabdingbar, die Quelldaten vor dem eigentlichen Verarbeitungsprozess zu inspizieren. Angaben über Schemata wie auch über die Informationen selbst, müssen für eine erfolgreiche Umsetzung bzw. Bearbeitung vorliegen. In großen, modernen Unternehmen ist es fast unvermeidlich, dass in unterschiedlichen Bereichen verschiedene Systeme zum Erzeugen, Speichern und Suchen von kritischen Daten existieren. Die Vielfalt der Datenquellen wird durch die folgenden Faktoren verursacht: fehlende Koordination heterogener Unternehmensbereiche, differenzierende Anpassungsgeschwindigkeit an neue Technologien, Fusionen und Übernahmen, geografische Trennung zwischen kollaborierenden Gruppen, etc. (vgl. [LMHR02]). Für das Zusammentragen von verteilten Informationen sind aufwändige Prozesse in Unternehmen nötig. Bei der Betrachtung einer solchen Komplexität ist auf einen fundierenden Entwurf der Architektur eines solchen Systems besonders zu achten. Im weiteren Verlauf des Kapitels werden die Hauptprobleme, die sich bei der Informationsintegration ergeben (Verteilung von Daten, Heterogenität zwischen Datenquellen und Autonomie der Daten) sowie eine geeignete Integrationsarchitektur näher betrachtet.

3.1 Verteilung

Daten können auf mehrere Datenbanken verteilt sein. Dabei ist es gleichgültig, ob sich die Datenbanken auf einem oder auf mehreren, geografisch verteilten Computersystemen befinden. Liegen die Daten nicht auf einem System, geht man dennoch davon aus, dass sie mittels eines Kommunikationssystems miteinander verbunden sind. In [LN07] spricht man von zwei Aspekten der Verteilung:

- Der *physischen Verteilung der Daten* durch geografisch getrennte Systeme und

- der *logischen Verteilung der Daten*, wenn es für einen Wert mehrere Lokationen der Speicherung gibt.

Im Abschnitt Verteilte Datenbanksysteme 3.4.1.1 wird auf diese Problematik näher eingegangen.

3.2 Heterogenität

Auf Grund von inhomogenen Technologien der Informationssysteme, wie z.B. Hardware, Software (z.B. Betriebssystem) und Kommunikationssystem, treten verschiedene Arten von Heterogenitäten auf. In [SL90] werden die unterschiedlich dargestellten Heterogenitäten aufgrund von differenzierender *DBMS* und der geteilten Semantik der Daten in die folgenden Ebenen aufgeteilt:

- *Datenbank System (DBS)*
    - Unterschiede im *Datenbank Management System (DBMS)*
        * verschiedene Datenmodelle (Strukturen, Constraints, Abfragesprachen)
        * System Level Support (Nebenläufigkeit, Commit, Rekonstruktion)
    - semantische Unterschiede
- Betriebssystem
    - Dateisystem
    - Benennung, Datentypen, Operationen
    - Unterstützung von Transaktionen
    - Hardwarekommunikation
- Hardwaresystem
    - Befehlssatz
    - Datenformat und Repräsentation
    - Konfiguration

Eine andere Betrachtungsweise nehmen Leser und Naumann in [LN07] vor. Sie unterscheiden die folgenden Arten von Heterogenitäten zwischen Integrationssystemen und Datenquellen:

3.2 Heterogenität

Technische Heterogenität: umfasst technische Aspekte, wie Unterschiede in Hard- und Software.

Syntaktische Heterogenität: man betrachtet Unterschiede in der Darstellung gleicher Sachverhalte. Gemeint sind hier widersprüchliche Zahlenformate, Zeichenkodierungen oder Trennzeichen in Textdateien.

Datenmodellheterogenität: tritt bei einer Integration unterschiedlicher Datenmodelle auf. Als Beispiel lässt sich hier das Zusammenführen von Daten aus einem relationalen Modell, was keine Vererbung aufweist, mit einem objekt-orientierten Modell nennen.

Strukturelle Heterogenität: besteht bei Elementen selbiger Bedeutung, wo ein gleiches Datenmodell zugrunde liegt, das aber unterschiedliche Strukturen aufweist.

Schematische Heterogenität: begegnet man, wenn sich Datensätze aus einem Modell aufgrund von fehlenden Schlüsselinformationen nicht in ein anderes Modell importieren lassen.

Semantische Heterogenität: liegt vor, wenn Personen ein und denselben Sachverhalt unterschiedlich interpretieren (siehe Abschnitt Multi-Source Probleme 2.2.2).

3.2.1 Heterogenität aufgrund differenzierender DBMS

In einem Unternehmen können aufgrund unterschiedlicher Abteilungen mit verschiedenen Anforderungen auch von einander abweichende DBMS bestehen. Solche Unterschiede entstehen im Laufe des Betriebs, z.B. durch das Wechseln von Technologien (Hard- und Software). Heterogenitäten infolge von differenzierenden DBMS (DBase, MSSQL, Oracle, MySQL, PostgreSQL, ...) sind Resultate von widersprüchlichen Datenmodellen und System Levels. Jedes DBMS basiert auf einem Datenmodell mit einer definierten Datenstruktur und Tabellentypen (temporäre Tabellen, objektorientierte Tabellen, Tabellen ohne referenzielle Integrität, etc.). Die Intergration einer objektorientierten in eine relational Datenbank und umgekehrt ist schwer zu bewerkstelligen. Des Weiteren erfolgen Zugriffe über die entsprechenden Frontends der jeweiligen DBMS und nicht über eine zentrale Applikation. Betrachtet man die unterschiedliche SQL-Syntax der Systeme, tauchen weitere Inkompatibilitäten auf, die nur durch Abstraktion überwunden werden können.

3.2.1.1 Struktur-, Constraint- und Query Language Unterschiede

Unterschiedliche Datenmodelle suggerieren verschiedenartig modellierte Tabellen. Wie schon unter Abschnitt 2.2.2 erwähnt, handelt es sich um eine unterschiedliche Repräsentationsform von identischen Informationen, wie zum Beispiel einer Adresse, die einmal als Entität und einmal als zusammengesetztes Attribut in einem Schema modelliert wurde. Zwei Datenmodelle können unterschiedliche *Constraints* unterstützen. Das heißt, in einem Schema wurden Integritätsbedingungen (*Referentielle Integrität, Integrität auf Datenebene, Datenintegrität auf Datensatzebene*) modelliert, die so in einem anderen Datenbankschema nicht vorkommen. Eine *Query Language* wird verwendet, um eine Datenpräsentation in unterschiedlichen Datenmodellen zu manipulieren. Wenn beispielsweise zwei DBMS ein und dasselbe Datenbankmodell aber jedes von ihnen verschiedene Query Languages (*Structured Query Language (SQL), XML Query Language (XQuery)*) unterstützen, verursacht dies Heterogenität.

3.3 Autonomie

Die Autonomie der integrierten DBS ist in erster Linie ein organisatorisches Problem. In Anbetracht dessen, dass in Unternehmen bestehende Systeme separat wachsen und unterschiedliche Entwicklungen stattfinden, gestaltet es sich schwierig, einen einheitlichen Standard für die Unternehmensbereiche zu definieren. Im Allgemeinen müssen solche Komponentensysteme einen Teil ihrer Autonomie aufgeben, wenn sie in einem globalen System kooperieren wollen. In [VPZ88] werden drei Arten von Autonomie unterschieden: Designautonomie (*design autonomy*), Kommunikationsautonomie (*communication autonomy*) und Ausführungsautonomie (*execution autonomy*).

3.3.1 Designautonomie

Designautonomie übernimmt die Fähigkeit, in welcher Art und Weise eine DBS Komponente ihre Daten präsentiert. Jede *Design-Autonome-Organisation*, die ein *Design-Autonomes-Komponentensystem* kontrolliert, kann:

(a) eine Selektion der Daten selbst ausführen (das ist die Gesamtheit aller Daten, von denen in einer betrachteten Interpretation die Rede ist - *universe of discourse*),

(b) Konzeptualisierung oder semantische Interpretation vornehmen,

(c) Datenbanktransaktionen definieren und implementieren, um den Integritätsvorgaben zu entsprechen

(d) verschiedene Hard- und Software verwenden (inkompatible DBMS, Kommunikationssoftware, Betriebssystem), um Informationssysteme zu implementieren,

(e) eigene Informationssysteme entwickeln.

3.3.2 Kommunikationsautonomie

Kommunikationsautonomie bezieht sich auf die Fähigkeit einer DBMS-Einheit sich zu entscheiden, ob sie mit anderen kommunizieren möchte. Die Art und Weise der Kommunikation kann dabei selbst bestimmt werden.

3.3.3 Ausführungsautonomie

Ausführungsautonomie ist gegeben, wenn Operationen (Kommandos) in einem lokalen DBS, ohne Einmischung externer Befehle, ausgeführt werden. Es lassen sich Anfragen aus verschiedenen Bereichen unterschiedlich behandeln (*golden customers*, garantierte Antwortzeiten, etc.). In der Literatur sind weitere Arten von Autonomie wie: *Schnittstellenautonomie*, *Zugriffsautonomie* oder *Juristische Autonomie* erwähnt [LN07], auf die aber an dieser Stelle nicht weiter eingegangen werden soll. Basierend auf den Abschnitten Verteilung 3.1, Heterogenität 3.2 und Autonomie 3.3, lässt sich eine Klassifikation von Datenbanksystemen bzw. MDBS (*multidatabes systems*) vornehmen (siehe Abbildung 3.1).

3.4 Integrationsarchitektur

Informationsintegration ist immer ein aufwendiger Prozess, wenn es um verschiedene, heterogene Datenquellen geht. Unterschiedliche Systeme und Zielsetzungen benötigen spezielle Herangehensweisen und Strukturen bei der Umsetzung von Anforderungen. Im weiteren Verlauf dieses Abschnittes, werden klassische Integrationsarchitekturen genannt, wobei die *Mediator-Wrapper-Architektur* näher betrachtet wird.

3.4.1 Architekturvarianten

Die Datenbank-Schemaarchitektur nach *ANSI/SPARC* (*Drei-Schichten-Architektur*), wie sie in [HR01] beschrieben wird, stellt die Basisarchitektur aller zentralen

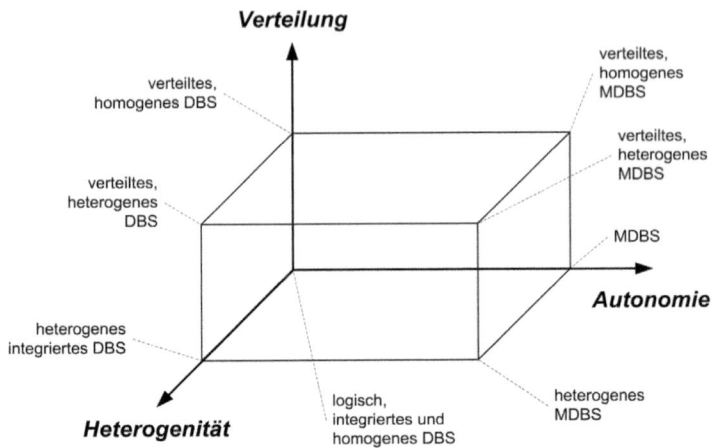

Abbildung 3.1: Orthogonale Dimensionen der Informationsintegration nach [OV94]

Datenbanken dar. Es werden drei Sichten unterschieden:

Interne Sicht oder auch Repräsentationsschicht genannt. Sie charakterisiert Aspekte der physischen Datenbank-Organisation (Speicherort, Speicherart, Zugriffsstrukturen).

Konzeptionelle Sicht (logische Sicht) umschreibt, welche Daten und Beziehungen in der Datenbank vorhanden sind.

Externe Sicht (Präsentationsschicht) definiert die Aufbereitung und visuelle Darstellung der Daten.

3.4.1.1 Verteilte Datenbanksysteme

Auf der Basis der Drei-Schichten-Architektur bauen die *Verteilten Datenbanksysteme* auf. Daten brauchen nicht mehr in einer Datenbank vorgehalten werden, sondern können physisch und logisch auf unterschiedlichen Systemen verteilt liegen. Diese Aufteilung der Daten unterliegt einer Verteilungsstrategie. Man unterscheidet zwei typische Vorgehensweisen:

- Bei der *horizontalen Partitionierung*, wird eine globale Relation R in Teilrelationen $\{R_1, R_2, ..., R_n\}$ aufgeteilt (bei $R_i \subseteq R, R_i \cap R_j = \emptyset$ und $R = \cup_i R_i$ ($1 \leq i, j \leq n$)). Mit anderen Worten, die Datensätze einer Datenbanktabelle

3.4 Integrationsarchitektur

werden in paarweise getrennte Teiltabellen zerlegt. Die Attribute der Teiltabellen und Haupttabelle bleiben identisch (vgl. [BG01]).

- Bei der *vertikalen Partitionierung* werden spezielle Attribute von der Haupttabelle abgetrennt. Ein *primary key* ist für die Eindeutigkeit der Datensätze in den Partitionen zuständig.

Weitere Verfahren stellen *Cluster-* oder *Grid-Systeme* dar. Unter einem *Cluster* versteht man eine unbestimmte Anzahl an DBMS, die über ein Hochgeschwindigkeitsnetzwerk miteinander verbunden sind (vgl. [CDK02]). Die Vorteile solcher Systeme sind unter anderem die einfache Erweiterbarkeit durch das Hinzufügen von DBS sowie die Realisierung einer hohen Skalierbarkeit und Ausfallsicherheit, in Verbindung mit einem Redundant Array of Inexpensive Disks (RAID)-Verfahren (Spiegelung, Stripe Sets). *Grid-Systeme* organisieren ihre Daten mehrdimensional. In [SHS05] spricht man von Datensätzen, die in einem mehrdimensionalen Raum angeordnet werden. Vorteile eines solchen Systems sind zum einen in der sehr hohen Zugriffsgeschwindigkeit für einzelne Anfragen und zum anderen in der großen Genauigkeit bei Bereichsanfragen zu sehen.

3.4.1.2 Multidatenbanksysteme

Ein *Multidatenbanksystem (MDBS)*, wie es in [WLR90] vorgestellt wird, besteht aus einer Reihe verbundener, autonomer Datenbanken. Dieser Architektur liegt kein globales, integriertes Schema zugrunde. Es stehen vielmehr jeder Datenbank Exportschemas zur Verfügung. Externe Anwendungen nutzen diese Schemata, um mithilfe einer Multidatenbanksprache (z.B. SchemaSQL, siehe [LSS00]) auf die benötigten Informationen zuzugreifen.

3.4.1.3 Föderierte Datenbanksysteme

In einem *föderierten Datenbanksystem (FDBS)*, wie es in [SL90] erwähnt wird, gibt es im Gegensatz zum *MDBS* ein zentrales, föderiertes Schema. Die lokalen *DBS* können in einem *FDBS* autonom, heterogen und verteilt sein. Des Weiteren unterscheidet man zwischen lose und eng gekoppelten *FDBS*. Wenn ein Benutzer die föderierte Sicht selbst erstellt spricht man von einer losen Koppelung. Im Gegensatz dazu bezeichnet man eine vorgegebene Föderation als enge Kopplung (vgl. [Les99]).

3.4.1.4 Peer Daten Management Systeme

In einem *Peer Daten Management System (PDMS)* kann ein Peer (gleichgestellte Datenquelle) sowohl die Rolle eines Mediators (siehe 3.4.2.1) einnehmen als auch Daten bereitstellen und Anfragen entgegennehmen. Das *PDMS* besteht aus einer Reihe von Peers $\mathscr{P} = \{P_1, P_2, ..., P_n\}$, die dafür ein Schema bereit stellen (vgl. [HHNR05]). Ein Datenintegrationsansatz von P2P-Systemen stellt das Piazza Projekt dar [HIST03]. Das Ziel besteht darin, eine dezentrale Architektur für die Nutzung und Verwaltung von Daten aufzubauen. Weitere Ansätze sind in [ED04] und [RN04] erwähnt.

3.4.2 Mediatorbasierte Informationssysteme

Eine weitere Möglichkeit der Datenintegration ist die Verwendung der *Mediator-Wrapper-Architektur* nach Wiederhold [Wie92]. Ein Informationssystem, das auf einem oder mehreren *Mediatoren* aufbaut, fasst unterschiedliche Datenquellen unter Zuhilfenahme von *Wrappern* zusammen. Das Gewinnen von Informationen wird in [Wie95] durch drei Layer beschrieben: dem *Foundation Layer*, der die verschiedenen Datenquellen widerspiegelt, dem *Mediaton Layer*, einer vermittelnden Schicht, die dem Benutzer Mehrwertdienste (sog. *value added services*) zur Verfügung stellt und einem *Application Layer*, der dem Benutzer die gewünschten Informationen bereitstellt. Zwei mögliche Varianten der *Mediator-Wrapper-Architektur* werden in der Abbildung 3.2 dargestellt.

Wie man bei der erweiterten Architektur erkennen kann, ist es möglich, Mediatoren in mehreren Ebenen zu verschachteln. Eine Integration bzw. Anreicherung von Daten erfolgt in jeder Phase. Es besteht die Möglichkeit, einen Wrapper für mehrere Datenquellen gleichen Typs zu verwenden. Ein Beispiel für eine Mediator-Wrapper-basierte Abfolge stellt ein ETL-Prozess (Extraktion, Transformation, Laden (ETL)) dar, der aus zwei operativen Datenbeständen Informationen extrahiert und aufbereitet. Dies kann die Eliminierung von Duplikaten, eine Auswertung der Ergebnisse, ein Ranking etc. beinhalten.

3.4.2.1 Mediator

Gio Wiederhold definiert in [Wie92]: „A mediator is a software module that exploits encoded knowledge about certain sets or subsets of data to create information for a higher layer of applications.". Es handelt sich also um eine Middleware zwischen Informationsquelle und Anwendung. In [Sch06] wird von einem Produkt gesprochen, das zwischen zwei oder mehreren Objekten als Vermittler wirkt.

3.4 Integrationsarchitektur

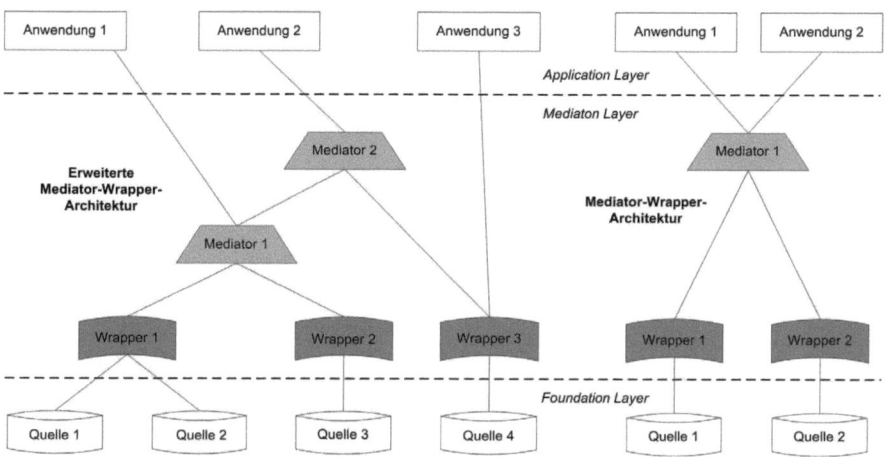

Abbildung 3.2: Mediator-Wrapper-Architekturen

Die folgenden Aufgaben (vgl. [Wie95]) werden üblicherweise bei einem Mediator umgesetzt:

1. Lokalisieren und Auswählen der relevanten Daten von mehreren heterogenen Quellen

2. Abstraktion und Transformation von Daten auf ein gemeinsames Modell und Stufe für die Integration

3. Integration der transformierten Daten entsprechend den passenden Schlüsseln

4. Reduzierung der integrierten Daten durch Aggregation, um die Informationsdichte zu erhöhen

Diese vier Hauptpunkte lassen sich noch mehrfach unterteilen, reichen aber im Grunde aus, um die Vermittlung zwischen dem *Foundation Layer* und dem *Application Layer* zu beschreiben. Mediatoren sollten so klein und einfach wie möglich entwickelt werden, d.h. ein einfaches Schema besitzen und eine eingeschränkte Domäne umfassen.

3.4.2.2 Wrapper

Ein Wrapper kann als eine Art Prozedur verstanden werden, die für das Extrahieren von Content einer bestimmten Informationsquelle bereit steht. Im Datenbankumfeld spricht man bei einem Wrapper von einer Softwarekomponente, die Daten und Anfragen von einem Modell in ein anderes konvertiert (vgl. [Eik99]). Trachtenberg schreibt: „Eine Erweiterung, die einer neuen Datenquelle eine Stream-Schnittstelle zur Verfügung stellt, nennt man Wrapper." [Tra05]. Sie vereinheitlichen Schnittstellen, indem sie von bestimmten Technologien (MSSQL, ORACLE, MYSQL, HTTP, XML, etc.) abstrahieren. In [RS97] werden die folgenden Eigenschaften definiert, die beim Erstellen eines Wrappers von Bedeutung sind.

- Die Entwicklungskosten sollten so gering wie möglich gehalten werden. Das Ziel ist es, einen einfachen Wrapper mit Grundfunktionalitäten in kürzester Zeit zu implementieren.

- Ein Wrapper sollte erweiterbar sein, um eventuelle Änderungen, die im Verlaufe eines Projektes entstehen können, mit geringem Aufwand umzusetzen.

- Die Architektur ist flexibel zu halten, so dass man einen Wrapper leicht wiederverwenden kann. Somit lassen sich verschiedene Klassen, für unterschiedliche Informationssysteme, einfacher transformieren.

- Die Struktur lässt Optimierungen zu.

In der Praxis lässt sich aufgrund verschiedener Implementierungen eine genaue Grenze zwischen Mediator und Wrapper nicht immer definieren. Zu sehr fließt individuelles Design bei der Entwicklung mit ein. Ein weiterer Grund sind die unterschiedlichen Anforderungen, die es zu erfüllen gilt. Betrachtet man die differenzierenden Integrationsarchitekturen wird deutlich, mit welchem Aufwand den Problemen der Verteilung, Heterogenität und Autonomie (siehe Abschnitt 3.1 bis 3.3) entgegengewirkt werden kann. Expertenwissen, Zeit und Projektumfang sind bei der Umsetzung solcher Architekturen entscheidende Faktoren, mit denen man sich für eine erfolgreiche Implementation näher auseinander setzen muss.

4 Data Cleaning

„Stellen Sie sicher, dass Sie durch Ihren Wissensdurst nicht in der Flut von Informationen ertrinken."

(Anthony J.D'Angelo)

Auf Grund der Integration großer heterogener Datenmengen sind Probleme, wie sie in Kapitel 2 im Abschnitt Datenfehler 2.2 aufgeführt wurden, zu bewältigen. Der Prozess der Identifikation und Berichtigung von Fehlern und Inkonsistenzen mit dem Ziel, die Qualität einer vorgegebenen Datenmenge zu erhöhen wird als *Data Cleaning* (in der Literatur auch *data scrubbing* oder *data cleansing* [LN07]) bezeichnet. Der *Data Cleaning Prozess* lässt sich grob wie folgt gliedern:

1. Definieren und Bestimmen des eigentlichen Problems
2. Suchen und Identifizieren von fehlerhaften Instanzen
3. Korrektur der gefundenen Fehler

Jeder dieser drei Bereiche (vgl. [MM00]) konstituiert ein komplexes Problem in sich selbst. Eine große Vielfalt an speziellen Methoden und Technologien, wie zum Beispiel das *Record Matching* zum Erkennen identischer Datensätze oder das *Record Merging*, welches für das Zusammenführen von Informationen eingesetzt wird, nimmt sich dieser Problematik an. Rahm und Do unterteilen den Prozess der Datenbereinigung (vgl. [RD00]) in die folgenden Phasen:

Datenanalyse: Um die Art des Fehlers zu erkennen und Inkonsistenzen zu beseitigen ist eine detaillierte Datenanalyse erforderlich. Eine manuelle Sicht auf die Daten wie auch das Einsetzen von Analyseprogrammen zum Gewinnen von Metadaten und Datenqualitätsproblemen ist notwendig.

Definieren von Transformation Workflow/Mapping Rules: Je nach Menge der Datenquellen, der Art der Heterogenität und der Inkorrektheit der implizierten Informationen muss eine Anzahl an Transformations- und Bereinigungsschritten durchgeführt werden.

Verifikation: Die Korrektheit und Effektivität des Transformations-Workflow sowie der Transformationsdefinition sind zu prüfen und zu bewerten. Hierfür analysiert man das Ergebnis aus der Transformation einer Stichprobe oder Kopie der Quelldaten. Mehrere Iterationen der bisherigen Punkte können für ein zufrieden stellendes Ergebnis nötig sein.

Transformation: Ausführung der Transformationsschritte entweder durch Starten eines ETL-Prozesses zum Laden oder Auffrischen eines Data Warehouse oder während einer Abfrage von mehreren Quellen. (*Record Matching, Record Merging*)

Backflow der bereinigten Daten: Nachdem Single-Source-Probleme (s. Abschnitt 2.2.1) entfernt wurden, ist eine Rückführung dieser Daten in die Orginalquelle vorzunehmen. Dies vermeidet, den Bereinigungsprozess für zukünftige Datenextraktionen erneut durchführen zu müssen.

4.1 Datenanalyse

Bei der *Datenanalyse* von operativen Datenbeständen muss man zwei Vorgehensweisen unterscheiden. Zum Einen lassen sich bestimmte Analysetechniken willkürlich auf Tabellen einer relationalen Datenbank anwenden. Hierbei steht das Ermitteln von Metadaten oder das Bestimmen der Informationsquantität im Vordergrund. Als Zweites ist es relevant, was und wie Tupel oder Spalten inspiziert werden sollen. Man möchte also ein bestimmtes Ziel oder ein Ergebnis erhalten, um Aussagen über die Qualität der vorliegenden Daten treffen zu können. Hierbei macht man sich häufig die Metadaten, die zuvor ermittelt wurden zunutze. Werden bei diesen Verfahren Datenobjekte, die nicht dem allgemeinen Erwartungen oder Schemata entsprechen gefunden, handelt es sich in vielen Fällen um so genannte *Ausreißerwerte* (*outliers*) oder um solche Datenfehler wie sie in Abschnitt 2.2 beschrieben wurden. Oft ist es nötig eine Kombination aus verschiedenen Outlier-Funktionen anzuwenden, um auf das gewünschte Ergebnis zu gelangen und weitere Metadaten zusammen zu tragen [MM00][MF03]. Im Folgenden sollen mögliche Methoden vorgestellt werden.

4.1.1 Statistische Outlier-Erkennung

Ausreißerwerte von bestimmten Attributen werden auf der Grundlage von automatisch berechneten Statistiken identifiziert. Hierbei lassen sich die unterschiedlichsten Größen wie Durchschnitt, Minimum, Maximum, Mittelwerte etc. von Attribu-

4.1 Datenanalyse

ten berechnen und anschließend mit gegebenen Toleranzgrößen vergleichen. Oft verwendet man statistische Methoden zum Berechnen von Wahrscheinlichkeiten. Mit Hilfe der Tschebyschowschen Ungleichung (4.1) lassen sich beispielsweise die Wahrscheinlichkeiten für die verschiedenen Abweichungen vom Mittelwert abschätzen [GKHK68].

$$P\{|x-\mu| \geq \varepsilon\} \leq \frac{\sigma}{\varepsilon^2} \qquad (4.1)$$

Die Ungleichung gilt für jede Zufallsvariable x mit einem Erwartungswert μ und der Varianz σ und jeder positiven Zahl ε [DKR93]. Zum Beispiel bei einer durchschnittlichen Besucheranzahl einer Webseite von 2500 pro Tag und mit einer Varianz von 250 ergibt sich die Wahrscheinlichkeit dafür, dass Abweichungen von mehr als 75 Besucher auftreten wie folgt:

$$P\{|x-2500| \geq 75\} \leq \frac{250}{75^2} = 0,04\bar{4}$$

4.1.2 Clustering

Beim *Clustering* werden Gruppen analoger Werte anhand von Distanzberechnungen zwischen Datensätzen auf Basis von Ähnlichkeitsmetriken gebildet, wie z.B. *Levenshtein-Distanz* (siehe [Hyy02]) oder einem phonetischen Algorithmus wie *Soundex/Kölner Phonetik*, *Phonix* oder *Metaphone* (vgl. [Wil05], [ZD96]). Man spricht auch von einem distanzbasierten Verfahren, das zum Erkennen von verwandten Datenobjekten dient (siehe Abschnitt 4.3). Datensätze, die einen großen Abstand zu einem Cluster oder anderen Datenwerten aufweisen, bezeichnet man dabei als *outlier* [MM00]. Weitere Ähnlichkeits- bzw. Abstandsmethoden, die in diesem Zusammenhang zur Berechnung herangezogen werden können, sind der *Euklidische-Abstand* (4.2), der einen Differenzvektor über zwei Vektoren berechnet, der *Cosinus-Abstand*, der *Manhatten (city-block) Abstand* und der *Pearson-Abstand*, um nur einige zu nennen.

$$d(x,y) = |x-y| = \sqrt{(x_1-y_1)^2 + \ldots + (x_n-y_n)^2} = \sqrt{\sum_{i=1}^{n}(x_i-y_i)^2} \qquad (4.2)$$

In der Literatur findet man noch weitere Ansätze zum Bestimmen von Ähnlichkeiten unter Datensätzen. Mit Metriken zur Berücksichtigung von Abkürzungen beschäftigten sich Monge und Elkan. Sie stellen in [ME96] den *Field-Matching Algorithmus* vor, der einen Abgleich zwischen Strings trotz dem Existieren von

Akronymen erlaubt. Cohen beschreibt in [Coh98] eine Abfragensprache *Word-based Heterogenous Information Retrieval Logic (WHIRL)*, mit der er durch Darstellung in Dokumenten in Dokumentenvektoren Ähnlichkeiten feststellt. Weitere interessante Ansätze stellen *Ontologie-basierte Metriken* und *Value Mapping Methoden* dar, die in [WHB05] und [KHLM05] gezeigt werden.

4.1.3 Musterbasierende Erkennung

Bei der Mustererkennung unterscheidet man zwischen gerichteten und ungerichteten Analysetechniken. Ungerichtete Analysen beschreiben Verfahren, mit deren Hilfe ohne vorherige Fragestellungen bisher unentdeckte Relationen aus den Daten gewonnen und visualisiert werden [BG01]. Zu den bekannten *Data-Mining-Verfahren* zählen die Clusteranalyse, die Bayes-Klassifikation, induktives Lernen und künstliche neuronale Netze. Bei gerichteten Analysetechniken geht man davon aus, dass Muster (engl. Pattern) im System definiert sind. Muster lassen sich automatisch generieren, indem man beispielsweise nach bestimmten Zeichen sucht und diese durch ein zuvor definiertes Symbol ersetzt. Durch die Aneinanderreihung von Symbolen werden komplexe Muster generiert. Anhand dieser kann man Datensätze eindeutig identifizieren und darstellen.

4.1.4 Assoziationsanalyse

Unter der *Assoziationsanalyse* versteht man das Entdecken von Verknüpfungs-Regeln, bezogen auf Beziehungen von Elementen, die häufig in einem Datenbestand auftreten. Oft handelt es sich dabei um Prinzipien, die Zusammenhänge zwischen Attributen eines Datensatzes beschreiben. Dieses Verfahren wird oft für die Warenkorb- oder Transaktions-Analyse herangezogen [HK01]. Man bezeichnet ein *Itemset* $I = \{i_1, i_2, ..., i_n\}$ als eine Menge von *Items* (Elemente, deren Beziehungen zueinander analysiert werden sollen). Eine *Transaktion T* besteht aus einem *Itemset* $t \subseteq I$, wobei die Menge aller *Transaktionen* wiederum den gesamten *Datenbestand D* bilden $D = \{t_1, t_2, ..., t_n\}$. Eine Assoziationsregel wird dargestellt durch $A \Rightarrow B$ (*A* impliziert *B*), wobei $A \subset I, B \subset I$ und $A \cap B$. Unter dem *Support s* versteht man den prozentualen Anteil an Transaktionen, die *A* und *B* enthalten $P = A \cup B$. Die *Konfidenz c* stellt den Anteil an Transaktionen dar, die wenn sie *A* enthalten, auch *B* enthalten $P = A|B$ (bedingte Auftrittswahrscheinlichkeit) [MM04].

4.1.5 Spaltenanalyse

Bei der *Spaltenanalyse* untersucht man Werte in einzelnen Spalten, unabhängig von Werten aus anderen Spalten. Diese Analyse lässt sich schnell und einfach mit entsprechenden Werkzeugen, die in einem DBMS integriert sind, durchführen. Es handelt sich hierbei um die Eigenschaften von Metadaten, die besagen welche Werte zulässig sind. Solche Metadaten sind unter anderem: Name, Datentyp, Character Set, Längenrestriktionen, Null-Einschränkungen, Eindeutigkeitseinschränkungen, Wert-Einschränkungen. Man vergleicht einen Spaltenwert mit den entsprechenden Spalteneigenschaften, also den festgelegten Metadaten, die auch als Merkmal in einer externen Dokumentation vorliegen können. Ist der Wert stimmig, so kann er den Erwartungen entsprechen.

4.2 Normalisierung und Validierung

Die *Normalisierung* bzw. *Validierung* sind als Vorbereitungstechniken für spätere Auswertungsverfahren zu sehen. Sie korrigieren Datenfehler wie sie unter Abschnitt 2.2 erwähnt wurden. Um einen Einblick in die Vielfalt von solchen Techniken zu erhalten, wird im Folgenden näher darauf eingegangen.

4.2.1 Normalisierung

Beim Normalisieren von Datensätzen steht das Beseitigen von Multi-Source Problemen, wie sie in Abschnitt 2.2.2 beschrieben wurden, im Vordergrund. Des Weiteren lassen sich Werte durch Transformationsregeln in ein festgelegtes Standardformat überführen. Beispiele für solche Regeln sind:

Formatierungsvorschriften: Bestimmte Regeln wandeln Werte wie etwa Telefonnummern, Datumsangaben, Straßennamen oder ähnliches in ein einheitliches Format um. Somit kann beispielsweise aus der Telefonnummer '+49 0361-7763524' der Wert '+49 361 7763524' und aus dem Datum '03/17/07' das formatierte Datum '17.03.2007' generiert werden.

Elementizing: Ist ein Vorgang, der Attribute zerlegt. Die oft auch als *Attribute Split* bezeichnete Methode trennt z.B. die Hausnummer von der Straße oder die PLZ vom dazugehörigen Ort.

Standardisierungen: Umfasst das Angleichen von Strings, Entfernen von Leerzeichen, Ersetzen von Abkürzungen (FH → Fachhochschule) oder Tauschen der Reihenfolge von Zeichenketten (Helmis, Steven → Steven Helmis).

Oft ist es möglich eine Vielzahl solcher und ähnlicher Regeln in einer entsprechenden Software zu definieren. Die Probleme, die aus einer automatischen Normalisierung resultieren, sind dass die Regel Werte falsch interpretiert und somit den eigentlichen Sinn verfälscht.

4.2.2 Validierung

Unter dem Validieren von Daten versteht man das Erkennen bzw. Identifizieren von Single-Source Problemen (siehe Abschnitt 2.2.1). Einige Fehler wie z.B. Ausreißerwerte, lassen sich mit Hilfe von Metadaten oder anhand von Clusteranalysen, wie sie unter Abschnitt 4.1.2 beschrieben wurden, lokalisieren. Bei typografischen Fehlern müssen Wörter und Phrasen mit einem Wörterbuch auf Übereinstimmung geprüft werden. Die Rechtschreibprüfung nimmt externe Daten zur Hilfe, in der die relevanten Zeichenketten enthalten sind. Zum Auffinden von widersprüchlichen Werten (Stimmen PLZ und Ort überein? Gibt es die Straße unter der PLZ?) sind spezielle Referenzdaten erforderlich. Durch eine hohe Qualität dieser Daten, lassen sich zuverlässige Aussagen über den Zustand der inspizierten Informationen treffen. Da für viele Verfahren der Validierung externe Datenquellen heranzuziehen sind, bedarf es in solchen Fällen weiterer Methoden, die im Folgenden vorgestellt werden.

4.3 Record Matching

Unter dem Begriff *Record Matching* ist ein Abgleich von Datensätzen zur Identifikation möglicher Duplikate zu verstehen. Dabei ist es irrelevant ob es sich um Tupel einer oder inhomogener Tabellen handelt. In der Literatur verwendet man oft *Record Linkage*, *Object Identification*, *instance indentication* oder *entity reconciliation* synonym [GBVR03].

4.3.1 Die Problematik

A. Monge formuliert in [Mon00]: „[...] two records are equivalent if they are equal semantically, that is if they both designate the same real-world entity." Also zwei Datensätze werden als equivalent betrachtet wenn sie die gleiche, semantische Bedeutung haben, d.h. wenn sie dasselbe Objekt in der realen Welt repräsentieren. Jedoch definieren heterogene Quellen dieses so genannte *Real-World Objekt* oft verschieden. Weiterhin kommt hinzu, dass bei einer großen Anzahl an Records die Rechenzeit zum Auffinden eines Duplikats expandiert. Betrachtet man eine

4.3 Record Matching

Datenquelle A mit n Tupel so wird im ungünstigsten Fall jeder Tupel mit jedem verglichen. Die Beziehungen der zu vergleichenden Datensätze sind symmetrisch (es gilt $(n_i, n_j) \equiv (n_j, n_i)$) und somit nicht reflexiv. Das heißt, ein Tupel kann kein Duplikat von sich selbst sein. Verschiedene *Record Matching Algorithmen* können zum Lösen dieser Problematik herangezogen werden.

Auf Grund der Master Thesis [Hol07], die sich ausführlich mit Algorithmen der Dubletten-Suche befasst, soll im Folgenden nur rudimentär auf das Thema *Matchingverfahren* eingegangen werden.

4.3.2 Matchingverfahren

In der Literatur werden unterschiedliche Modelle und Methoden zur Objektidentifikation, wie zum Beispiel das *Fellegi-Sunter-Modell* [FS69] oder die *Sorted-Neighbor-hood Methode* [HS98], erörtert. Das *Fellegi-Sunter-Modell* stellt abstrahiert einen Ablauf vor, der für ein spezielles Problem durch konkrete Methoden bzw. Algorithmen erweitert werden kann. Man geht von zwei Mengen A, B und den dazugehörigen Datensätzen a bzw. b aus, die zu einer Reihe von geordneten Paaren zusammengefügt werden.

$$A \times B = \{(a,b); a \in A, b \in B\}$$

Aus der Vereinigung spalten sich zwei neue Mengen ab:

$$M = \{(a,b); a = b, a \in A, b \in B\} \tag{4.3}$$

$$U = \{(a,b); a \neq b, a \in A, b \in B\} \tag{4.4}$$

Diese beinhalten zum einen die identischen (4.3) und zum anderen widersprüchliche (4.4) Records.

Auf Grund dessen, dass die Anzahl zu vergleichender Records sehr groß werden kann, ist es sinnvoll das Datenvolumen, auf das ein Match angewendet wird zu reduzieren. So eine Partitionierung von Datensätzen lässt sich mit der *Sorted-Neighborhood Methode* vornehmen. Die Arbeitsweise lässt sich in drei Phasen unterteilen:

Bestimmen und Erzeugen eines Schlüssels. Basierend auf einer Teilmenge von relevanten Attributen oder Teilketten innerhalb der Attribute wird ein Schlüssel für jeden Datensatz gebildet. Bei der Schlüsselbildung sind eine Vielzahl von Kombinationen möglich die wiederum Einfluss auf das Ergebnis haben.

Schlüssel sortieren. Ähnliche Tupel sammeln sich in unmittelbarer Nähe. Es entstehen „Fenster" mit potenziellen Dubletten.

Duplikatbestimmung. Innerhalb eines solchen „Fensters" wird eine Prüfung auf Duplikate angewendet. Dabei kommen Algorithmen zum Einsatz, um die Editier-, Tastatur- oder phonetische Distanz zu bestimmen.

Faktoren wie Daten-Schlüssel oder Fenstergröße nehmen starken Einfluss auf das Resultat. Um die Effizienz zu erhöhen sind mehrere Durchläufe mit verschiedenen Schlüsseln ratsam. Auf dieser Basis lassen sich mit Hilfe der in Abschnitt 4.1 vorgestellten Analysetechniken Dubletten in einem Datenbestand identifizieren und klassifizieren.

4.4 Record Merging

Nachdem durch das *Record Matching* Duplikate in einer Datenquelle identifiziert wurden, ist es die Aufgabe vom *Record Merging*, die betreffenden Tupel miteinander zu kombinieren, so dass kein Objekt der realen Welt mehrfach repräsentiert wird. In diesem Kontext spricht man auch von „Datenfusion", „Datenintegration", „Deduplication" oder „Duplicate Elimination". Im folgenden Abschnitt werden die Probleme, die auftreten können und diverse Lösungsansätze beschrieben.

4.4.1 Die Problematik

Um aus einem *Record Maching* entstandene Konflikte klassifizieren zu können, ist in der Tabelle 4.1 eine beispielhafte Ergebnismenge dargestellt. Die Verhältnisse zwischen zwei Datensätzen sind nach vier Arten unterteilbar (vgl. [LN07]).

1. Man spricht von *Gleichheit* zweier Tupel, wenn sie sich in keinem Attributwert unterscheiden. (siehe DS 1 und 2 in Tab. 4.1)

2. Unter dem *Subsumieren* versteht man das Zusammenfassen von Tupel. Dabei subsumiert ein Tupel t_1 ein Tupel t_2 wenn es über identische Attribute verfügt. Demnach orden sich DS 1 und 2 den DS 3, 4 und 6 zu.

3. Von einer *Komplementierung* von Records ist dann die Rede, wenn sich zwei Datensätze ergänzen (DS 3 und DS 4).

4. Gleichen sich zwei Datensätze bis auf ein oder mehrere Attribute, so stehen sie in einer *konfliktären Beziehung* zueinander. Es bestehen Konflikte zwischen DS 5 und DS 1, 2 und 4 in der Ergebnismenge (Tab. 4.1).

4.4 Record Merging

DS	Vorname	Nachname	Straße	PLZ	Ort
1	Stephan	Schmidt	Gotthardtstr. 77	99084	Erfurt
2	Stephan	Schmidt	Gotthardtstr. 77	99084	Erfurt
3	Stephan	Schmidt	⊥	99084	Erfurt
4	Stephan	Schmidt	Gotthardtstr. 77	⊥	Erfurt
5	Stephan	Schmidt	Stadtweg 13	99099	Erfurt
6	Stephan	Schmidt	⊥	⊥	⊥

Tabelle 4.1: Ergebnis einer Dublettensuche bei Adressen

Weitere Schwierigkeiten ergeben sich durch widersprüchliche Daten wie sie unter Abschnitt 2.2.1 beschrieben wurden. Findet man anhand von Ähnlichkeits-Algorithmen (Abschnitt 4.1.2) zwei Datensätze, die sich nur in der Hausnummer unterscheiden ist nicht eindeutig, welcher von beiden der Richtige ist. Für eine Lösung solcher Problemfälle müssen Referenzdaten (z.B. Straßenverzeichnis der jeweiligen Stadt oder Ortschaft) mit einbezogen werden.

4.4.2 Datenfusion mittels Relationaler Operatoren

In diesem Abschnitt sollen anhand von konkreten Beispielen die verschiedenen Lösungen, unter Verwendung von relationalen Operatoren des MSSQL Servers 2005 vorgestellt werden. Es werden drei Arten von Grundoperatoren unterschieden:

JOIN-Operator zum Verknüpfen von Tabellen,

UNION-Opertor um eine Vereinigungsmenge zu ermitteln und

INTERSECT- EXCEPT-Operator für Schnitt- bzw. Restmengen

Die Tabellen 4.2 und 4.3 zeigen jeweils einen Ausschnitt aus zwei Musik-Datenbanken. Beide Tabellen besitzen dieselbe Struktur bis auf ein Attribut (*Jahr/Genre*). In den folgenden Beispielen sollen die Funktionsweise der oben genannten Operatoren (JOIN, UNION, INTERSECT, EXCEPT) mit Hilfe dieser Tabellen beschrieben werden.

ID	Songtitel	Interpret	Album	Jahr
1	Dumb	Nirvana	In Utero	1993
2	Sliver	Nirvana	Nirvana	2002
3	Sliver	Nirvana	⊥	2000
4	Roxanne	Sting	⊥	1981
5	Thunderstruck	ACDC	The Best	1990
6	Thunderstruck	ACDC	Thunderstruck	⊥

Tabelle 4.2: Beispieltabelle 1 (t1)

ID	Songtitel	Interpret	Album	Genre
1	Sliver	Nirvana	Nirvana	grunge
2	Sliver	Nirvana	⊥	grunge
3	Roxanne	Sting	⊥	pop
4	Thunderstruck	ACDC	The Best	⊥

Tabelle 4.3: Beispieltabelle 2 (t2)

4.4.2.1 JOIN-Operatoren

Bei der Implementierung von Verknüpfungen mittels *JOIN-Operator* wird ein Vergleich von einer oder mehreren Spalten in einer Tabelle mit einer oder mehreren Spalten einer anderen Tabelle durchgeführt [WS01]. Im Listing 4.1 sind zwei Tabellen mittels *INNER JOIN* miteinander verknüpft. Das Ergebnis zeigt nur die Einträge, bei denen sowohl in der *Tabelle 1* als auch in *Tabelle 2* derselbe Songtitel vorkommt (Tab. 4.4). Tupel kommen in der Ergebnismenge mehrfach vor, da doppelte Einträge in den Basistabellen existieren. Ein vorheriges Eliminieren von redundanten Datensätzen behebt das Problem im Vorfeld.

Listing 4.1: Beispiel mit JOIN-Operator

```
SELECT t1.songtitel, t1.interpret, t1.album, t1.jahr, t2.genre
  FROM t1
INNER JOIN t2
  ON t1.songtitel = t2.songtitel
```

Wie schon erwähnt, werden bei einem *INNER JOIN* nur Datensätze angezeigt, die mithilfe des Vergleichsoperators gefunden werden. T-SQL bietet im Vergleich zu

4.4 Record Merging

Songtitel	Interpret	Album	Jahr	Genre
Sliver	Nirvana	Nirvana	2002	grunge
Sliver	Nirvana	Nirvana	2002	grunge
Sliver	Nirvana	⊥	2000	grunge
Sliver	Nirvana	⊥	2000	grunge
Roxanne	Sting	⊥	1981	pop
Thunderstruck	ACDC	Thunderstruck	1990	⊥
Thunderstruck	ACDC	Thunderstruck	⊥	⊥

Tabelle 4.4: Ergebnis INNER JOIN

einfacheren DBMS (wie ACCESS) auch andere Verbindungs-Operatoren ($<, <=, >, >=, <>, LIKE$). Durch ein Verbinden von mehreren Spalten, mittels einem Logischen *UND*, lassen sich unterschiedliche Resultate erzielen. Wie man bei der Ergebnismenge in Tabelle 4.4 sehen kann, werden jedoch nicht alle möglichen Datensätze angezeigt. Dieses Problem lässt sich mit Hilfe des *FULL OUTER JOIN* beheben (Listing 4.2). Dieser Operator zeigt alle Tupel der einen als auch der anderen Tabelle vollständig an.

Listing 4.2: Beispiel mit FULL OUTER JOIN-Operator

```
SELECT t1.songtitel, t1.interpret, t1.album, t1.jahr, t2.genre
FROM t1
FULL OUTER JOIN t2
   ON t1.songtitel = t2.songtitel
```

Weitere JOIN-Operatoren sind *LEFT OUTER JOIN, RIGHT OUTER JOIN* und *CROSS JOIN*. *LEFT* und *RIGHT* geben die Richtung der Inklusionsverknüpfung an. Eine Linke Inklusionsverknüpfung beispielsweise, umfasst alle Datensätze aus der ersten (linken) Tabelle auch wenn keine passenden Tupel in der rechten Tabelle vorkommen. Bei dem *CROSS-JOIN-Operator* handelt es sich um eine uneingeschränkte Verknüpfung der Tabellen, d.h. eine Abfrage liefert eine Kombination sämtlicher Tupel als Ergebnismenge zurück.

4.4.2.2 UNION-Operator

Mit Hilfe des *UNION-Operators* lassen sich Ergebnisse von zwei oder mehreren Abfragen in einem Resultset zusammenfassen. Dabei werden doppelte Datensätze entfernt. Möchte man alle Zeilen der Abfrage erhalten, verwendet man das Schlüsselwort *ALL* nach dem *UNION-Operator*. Das Listing 4.3 ist eine Kombination aus zwei mit *UNION* verknüpften SELECT-Abfragen. Dieses Konstrukt lässt sich mit dem *MERGE-Operator* wie er in [Ble04] erwähnt wird vergleichen.

Listing 4.3: Beispiel OUTER JOIN/UNION Kombination

```
SELECT  t1.songtitel,  t1.interpret,  t1.album,  t1.jahr,  t2.genre
FROM  t1
   LEFT OUTER JOIN  t2
     ON  t1.songtitel = t2.songtitel
UNION
SELECT  t1.songtitel,  t1.interpret,  t1.album,  t1.jahr,  t2.genre
FROM  t1
   RIGHT OUTER JOIN  t2
     ON  t1.songtitel = t2.songtitel
```

Auf Grund des *LEFT OUTER JOIN* wird in dem Resultset (Tab. 4.5) der Tupel {*Dump, Nirvana, InUtero*, 1993, *NULL*} nun mit angezeigt. Weiterhin enthält die Ergebnismenge auf Grund des *UNION-Operators* keine eindeutigen Dubletten (keine redundanten Tupel).

Songtitel	Interpret	Album	Jahr	Genre
Dump	Nirvana	In Utero	1993	⊥
Roxanne	Sting	⊥	1981	pop
Sliver	Nirvana	⊥	2000	grunge
Sliver	Nirvana	Nirvana	2000	grunge
Thunderstruck	ACDC	The Best	1990	⊥
Thunderstruck	ACDC	Thunderstruck	⊥	⊥

Tabelle 4.5: Ergebnis aus Kombination OUTER JOIN mit UNION

4.4.2.3 INTERSECT und EXCEPT

Im SQL Server 2005 kommen zwei neue Operatoren *INTERSECT* und *EXCEPT* zum Einsatz mit denen sich Schnitt- und Differenzmengen bilden lassen [UKJ07]. Mit dem Operator *INTERSECT* wird ermittelt, ob zwei Tabellen abhängig von ihrer Spaltenanzahl vollständig übereinstimmen. Im Listing 4.4 werden aus den Tabellen 4.2 und 4.3 Spalten verwendet *{songtitel, interpret, album}*, die in beiden identisch sind. Tabelle 4.6 zeigt das Ergebnis der SQL-Abfrage aus Listing 4.4.

4.4 Record Merging

Listing 4.4: Beispiel mit INTERSECT

```
SELECT t1.songtitel, t1.interpret, t1.album FROM t1
INTERSECT
SELECT t2.songtitel, t2.interpret, t2.album FROM t2
```

Listing 4.5: Beispiel mit EXCEPT

```
SELECT t1.songtitel, t1.interpret, t1.album FROM t1
EXCEPT
SELECT t2.songtitel, t2.interpret, t2.album FROM t2
```

Verwendet man den Stern-Joker in den *SELECT*-Abfragen, lassen sich bei gleichen Spalten zwei Tabellen auf vollkommene Gleichheit überprüfen. Es werden nur diejenigen Datensätze zurück geliefert, die in beiden Tabellen exakt dieselben Werte besitzen.

Songtitel	Interpret	Album
Roxanne	Sting	⊥
Sliver	Nirvana	⊥
Sliver	Nirvana	Nirvana
Thunderstruck	ACDC	The Best

Tabelle 4.6: Resultset - INTERSECT

Songtitel	Interpret	Album
Dump	Nirvana	In Utero
Thunderstruck	ACDC	Thunderstruck

Tabelle 4.7: Resultset - EXCEPT

Durch die Verwendung des *EXCEPT*-Operators erhält man aus zwei betrachteten Tabellen die so genannte Differenz- oder Komplementärmenge. Durch den zweiten *SELECT*-Befehl im Listing 4.5 erhält man die Records zurück, die kein Gegenstück in der Tabelle 1 besitzen (siehe Tab. 4.7). Im Gegensatz zu dem *INTERSECT*-Operator ist *EXCEPT* richtungsabhängig, d.h. die Ergebnismengen unterscheiden sich in Abhängigkeit der verwendeten Reihenfolgen der angegebenen Tabellen. Vertauscht man die beiden *SELECT*-Anweisungen aus Listing 4.5 bleibt demnach das Resultset leer.

In der Literatur gibt es noch weitere Techniken, um Daten aus verschiedenen Tabellen zu fusionieren. Die relationale Algebra dient dabei als Grundlage für spezielle Erweiterungen. In [GL94] wird von einem *MINIMUM UNION* gesprochen, wo Ergebnisse eines OUTER UNION um eingeordnete Tupel ergänzt werden. Yan und Özsu stellen im Zusammenhang mit dem System „AURORA" einen *MATCH JOIN* vor [YO99]. Dieser Operator erstellt Tupel in globalen Relationen unter Verwendung von Fragmenten, die auf Schlüsselwerten basieren. Ein weiterer interessanter Operator wird in [BN04] von Bleiholder und Naumann vorgestellt. Sie sprechen von einem *FUSE BY*-Operator, der ergänzende Daten zu einem Datensatz zusammenführt und fallweise Datenkonflikte auflöst. Im Folgenden wird mehr auf die Praxis dieser Master Thesis eingegangen. Mit Bezug auf die verschiedenen vorgestellten Themen sollen Techniken und Methoden anhand des entwickelten Prototypen, der in diesem Zusammenhang mit dieser Arbeit entstand, erörtert werden.

5 Konzeption des Data Cleaning Toolkits

Im Rahmen dieser Master Thesis wurde ein Prototyp für eine webbasierende Datenintegrationslösung mit den Schwerpunkten Datenbereinigung und Konsolidierung von heterogenen Datenbeständen entwickelt. In Bezug auf die vorherigen Kapitel entstand ein Konzept zur Erarbeitung des *Data Cleaning Toolkit (DCT)* mit einer groben Festlegung der enthaltenen Komponenten. Infolge von Datenqualitätsproblemen wie sie im Alltag in verschieden Bereichen einer IT-Umgebung auftreten können und einer Recherche der aktuell am Markt verfügbaren Produkte für Datenintegration und Data Cleaning wurden diverse Anforderungen (siehe Abschnitt 5.2) an die Software definiert. Aus den gegebenen Leistungsanforderungen entstand eine Softwarearchitektur (Abschnitt 5.3) auf die sich das System stützt. Auf Basis dieser Struktur resultiert eine breite Palette an Werkzeugen zur Integration und Analyse von Daten. Eine Übersicht der Funktionen und eine Beschreibung anhand von Beispielen soll mit Abschnitt 5.4 dieses Kapitel abrunden.

5.1 Bewertung und Analyse exisitierender Systeme

Betrachtet man die Vielfalt an Integrations- und Data Profiling Tools auf dem Markt ist es verständlich, sich eingehender mit den unterschiedlichen Produkten und Leistungen, die von einigen Unternehmen angeboten werden, auseinander zu setzen. Auf Grund der Fülle an Erzeugnissen aus diesem Sektor war es in dieser Arbeit nur möglich, auf ein paar Wenige näher einzugehen und die jeweiligen Kernfunktionalitäten herauszuarbeiten.

5.1.1 Datenintegrations-Werkzeuge

In Folge von Reorganisationen oder Zusammenschlüssen von Unternehmen resultiert oft die Notwendigkeit, bestehende IT-Systeme abzulösen. Die Migration von Businessdaten in neue Produkte stellt meist eine komplexe Herausforderung dar. Mit Hilfe von *Datenintegrations-Werkzeugen* lassen sich Daten inspizieren, extrahieren, modifizieren und sicher in ein Zielsystem überführen. Somit kann sichergestellt werden, dass immer zuverlässige, konsistente und zeitgerechte Informationen an den diversen Stellen vorliegen. Die folgenden vier vorgestellten Technologien setzen diese Anforderungen alle auf ihre eigene Art und Weise um.

SQL Server Integration Services (SSIS): Microsoft stellt mit dem *SSIS* ein schnelles, skalierbares ETL-Tool als Teil des SQL Server 2005 bereit. Es stehen Verbindungsmöglichkeiten zu Text- und Extensible Markup Language (XML)-Dateien, Excel-Sheets und Analysis Services zur Verfügung. Weiterhin kann über Object Linking and Embedding Database (OLEDB) bzw. Open Database Connectivity (ODBC) beinahe auf alle anderen Datenformate zugegriffen werden [UKJ07].

Business Objects Data Integrator: Mittels der Plattform von Business Objects können Daten untersucht, extrahiert, transformiert und verteilt werden. Durch eine Metadatenintegration zu anderen BI-Plattformen von Business Objects können alle Auswirkungen von Datenänderungen verfolgt werden. Durch eine offene, Services-basierte Architektur ist die Integration von Drittanbietern sowie bekannter Standards wie XML, Hypertext Transfer Protocol (HTTP), Hypertext Transfer Protocol Secure (HTTPS), Common Warehouse Metamodel (CWM), Java Message Service (JMS), Simple Network Management Protocol (SNMP) und Web Services möglich [CO05].

Informatica PowerCenter: Ist ein Produkt mit elf Jahren Erfahrung auf dem Gebiet der Datenintegration. Es wird der Zugriff auf strukturierte (MS Word, MS, Excel, PDF, ...), halbstrukturierte (branchenspezifische Formate) unstrukturierte (Postscript) Datenformate und relationale Daten sowie Nachrichtenwarteschlangen unterstützt. Weitere Funktionen für den Support von Grid Computing, Pushdown-Optimierung und einer dynamischen Partitionierung sind ebenfalls integriert [Inf07].

Oracle Data Integrator: Oracle baut auf eine neuartige E-LT-Technologie (Extract Load and Transform), die der Verbesserung der Performance und der Senkung der Integrationskosten dienen soll. Es werden Verbindungen von ASCII- und XML-Dateien, Datenserver, Message Servern und Lightweight Directory Access Protocol (LDAP)-Verzeichnissen unterstützt [ORA06].

5.1.2 Data Profiling-Werkzeuge

Ein komplexes Datenqualitätsmanagement erfordert immer eine inhaltsreiche Analyse von unternehmenskritischen Daten. Mit Unterstützung einer Datenqualitätsprüfung lassen sich in der Regel Hinweise bzw. Ursachen von Qualitätsmängeln

5.1 Bewertung und Analyse exisitierender Systeme

aufdecken. Entsprechende Analysen werden heute mit modernen *Data Profiling-Werkzeugen* durchgeführt. Diese evaluieren nicht nur Daten und geben Auskunft über deren Qualität sondern untersuchen Abhängigkeiten und Redundanzen zwischen Datenfeldern. Bei der Recherche nach vergleichbarer Software wurden Unternehmen gesucht, die sich explizit mit der Datenqualität von Adressbeständen auseinander setzen. Im Folgenden wird ein Teil der Firmen mit der entsprechenden Softwarekomponente vorgestellt.

FUZZY! Informatik AG: entwickelt Standard-Software für Datenanalyse und unscharfe Suchen. Es stehen dem Anwender verschiedene Werkzeuge wie: FUZZY! DIME (Untersuchungs- und Messumgebung für Datenqualität), FUZZY! Analyzer (Strukturierung und Analyse von Informationen), FUZZY! Double (erkennt und gruppiert Dubletten), FUZZY! Post (Prüfung und Korrektur von Adressen), FUZZY! Move (Suche nach unbekannt verzogenen Personen), FUZZY! Bank (Überprüfung von Bankverbindungsdaten) und FUZZY! Tel (Aktuelle Informationen via ASP-Telefonauskunft) zur Verfügung [FIA07].

Human Inference Deutschland: bieten länderspezifische Lösungen in einem internationalen Portfolio. Einige Softwaremodule sind: HIquality Inspect (ermittelt Eigenschaften aus Quelldaten), HIquality Name (zur Korrektur von Abweichungen in der Struktur von Firmen- und Personennamen), HIquality Address (zur Modifizierung und Vervollständigung von Adressinformationen), HIquality Identify (für die Dedublizierung von Datenbeständen), HIquality Merge (zum Fusionieren von Informationen) sowie HIquality Enrich (für das Verifizieren und Vervollständigen von Datensätzen mit Hilfe von Referenzdaten) [HID07].

OMIKRON: ist ein Unternehmen, das sich auf die Verbesserung der Adressqualität spezialisiert hat. OMIKRON stellt sowohl einen Webservice als auch eine Standalone-Software für die Aufbereitung der Daten zur Verfügung. Schwerpunkte sind dabei: Dublettenprüfung und Adressenanreicherung, Postalische Korrektur deutsch und international, Groß- und Klein-Wandlung, Erzeugung von Anreden, Telefonnummern-Anreicherung, Sanktionslisten-Abgleich, Mail-ing-Reduktion und Altersanalyse [ODQG07].

Weitere Anbieter von Data Profiling Lösungen sind u.a. *Trillium Software (Harte-Hanks)*, *UNISERV*, *SAS Deutschland* oder *Acxiom Deutschland GmbH*.

5.2 Anforderungsanalyse

Helmut Balzert schreibt in [Bal96]: „Anforderungen an ein neues Produkt sind ihrer Natur nach vage, verschwommen, unzusammenhängend, unvollständig und widersprüchlich." In diesem Abschnitt sollen durch den Definitionsprozess eindeutige Produkt-Definitionen aufgestellt werden. Auf Grund, dass zu Beginn der Arbeit keine definierten Spezifikationen der zu erstellenden Software vorlagen, wurden aus der Notwendigkeit der in Kapitel 1 betrachteten Problematiken und der Ergebnisse der Recherche existierender Systeme, funktionale und nichtfunktionale Anforderungen an die zu entwickelnde Software ausgearbeitet.

5.2.1 Funktionale Anforderungen

Funktionale Anforderungen fixieren Aufgaben eines Produktes. Sie legen jene Dienste fest, die ein System erbringen soll. In der ersten Phase der Entwicklung stehen folgende Funktionen im Fokus:

- Aufbau und Test einer Verbindung zu einer MySQL oder MSSQL Datenbank

- Ermittlung von Datenbank- und Tabelleneigenschaften

- Rückgabe einer Stichprobe aus allen Datensätzen

- Datenimport in eine neu entworfene Tabelle

- Bestimmen von Qualitätsmerkmalen wie Muster, Dubletten (harte Duplikate), Differenzen, NULL-Werte

- Validieren von Daten nach bestimmten Kriterien wie eMail, Text, PLZ

- Überführung von Feldern wie Straße oder Telefonnummer in ein standardisiertes Format

- Dublettenidentifizierung anhand distanzbasierender Verfahren und phonetischer Algorithmen (weiche Duplikate)

- Vergleich mit Referenzdaten

- Auswertung bzw. Visualisierung der Ergebnisse tabellarisch und grafisch

5.2.2 Nichtfunktionale Anforderungen

Nichtfunktionale Anforderungen definieren bestimmte Eigenschaften des Produktes. Man unterscheidet zwischen den qualitativen, plattformbezogenen und prozessbezogenen Anforderungen.

5.2.2.1 Qualitative Websystem-Anforderungen

- Die Webapplikation soll vergleichbaren Webanwendungen entsprechen, benutzerfreundlich und intuitiv anwendbar sein.
- Eine gleichzeitige Benutzung von mindestens 10 Benutzern wird angestrebt.
- Informationen sind schnell aufzubereiten um die Antwortzeiten des Systems so gering wie möglich zu halten.
- Für die Sicherheit der importierten Daten ist zu sorgen.
- Ein modularer Aufbau des Systems wird bevorzugt um die Wartbarkeit und Wiederverwendbarkeit zu gewährleisten.
- Aus Performancegründen sollen Funktionen und Prozeduren des DBMS genutzt werden.

5.2.2.2 Plattformbezogene Websystem-Anforderungen

- Das Produkt muss plattformunabhängig sein.
- Es sind vorzugsweise PHP- und Javascript-basierte Technologien für den Webapplikationsbereich einzusetzen.
- Webinhalte sollen mit Hilfe von einem Templatesystem (SMARTY Template Engine) dargestellt werden.
- Für die Datenhaltung soll ein bekanntes DBMS zum Einsatz kommen.

5.2.2.3 Prozessbezogene Websystem-Anforderungen

- Ein Grobentwurf der Projektidee ist schriftlich zu definieren.
- Die Entwicklungszeit des Prototypen sollte in der ersten Phase nicht länger als 4 Monate in Anspruch nehmen.
- Die Projektkosten sind so gering wie möglich zu halten.

5.3 Architektur Data Cleaning Toolkit

Bei der Erstellung der Softwarearchitektur des *Data Cleaning Toolkit* werden durch ein iteratives Vorgehen die funktionalen und nichtfunktionalen Anforderungen auf Softwarekomponenten und deren Schnittstellenbeziehungen heruntergebrochen. Die DCT-Architektur baut auf dem Drei-Schichten-Architekturmodell (Präsentations-, Anwendungs- und Datenhaltungsschicht), wie es in vielen Softwaresystemen Verwendung findet, auf [LL07]. Abbildung 5.1 zeigt die Struktur, die der Entwicklung zugrunde lag. Unter der Präsentations- oder auch Darstellungsschicht versteht man die Bedienoberfläche, die zur Darstellung von Informationen und zur Interaktion mit dem Benutzer dient.

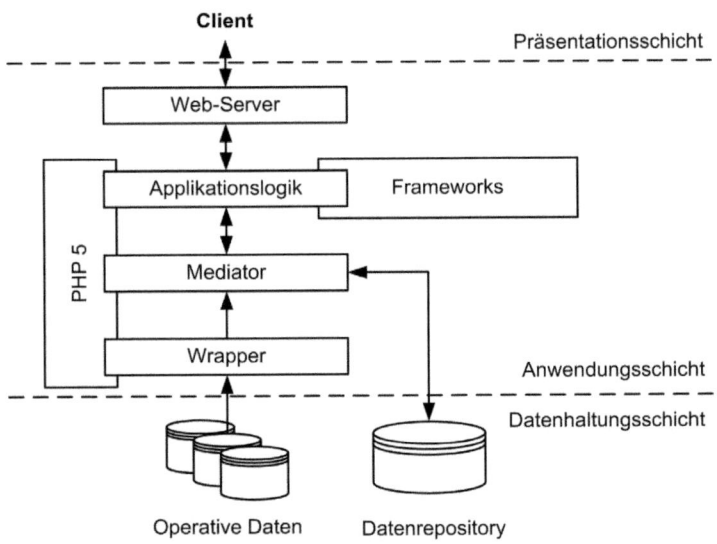

Abbildung 5.1: Drei-Schichten-Architektur des DCT

Die Anwendungsschicht impliziert den Webserver und den Applikationsserver, der die fachliche Anwendungslogik enthält. Er ist für die Verwaltung der aktuell im System zur Verfügung stehenden Daten zuständig. Durch die in Abschnitt 3.4.2 integrierte Mediator-Wrapper-Architektur sind Verbindungen zu verschiedenen DBS möglich. Die Datenhaltungs- oder auch Persistenzschicht dient der dauerhaften Datenspeicherung und wird in dieser Umsetzung durch einen Microsoft SQL Server 2005 Express repräsentiert.

5.4 Funktionsumfang

Die verwendete Architekturvariante lässt noch keine Rückschlüsse auf den eigentlichen Funktionsumfang zu. In diesem Abschnitt werden infolgedessen die funktionalen Anforderungen näher betrachtet. Dabei wird zum einen auf die modulare Vorgehensweise und zum anderen auf die einzelnen Funktionen der unterschiedlichen Applikationsbereiche genauer eingegangen.

5.4.1 Funktionsumfang auf modularer Ebene

Die entwickelte Software lässt sich in verschiedene Komponenten und Subkomponenten, wie in Abbildung 13.7 dargestellt, unterteilen. Man erhält einen Eindruck von der Kooperation einzelner Programmmodule bzw. dem eigentlichen Datenfluss im System. Beginnend mit den operativen Daten und den Referenzdaten, die in einer relationalen Datenbank existieren, kann über den *Verbindungsmanager* eine *Connection* konfiguriert werden. Dabei sind Kenntnisse wie *Host, DB-Benutzer, DB-Passwort, DB-Name* und *Port* Voraussetzung für eine erfolgreiche Verbindung. Mit Hilfe dieser Verbindungsparameter lassen sich im weiteren Verlauf nach dem Erstellen einer dazugehörigen *Work-Space-Table (WST)* (Tabelle im Repository mit zu prüfenden Datensätzen) entsprechende Daten in das System integrieren. Liegen die erforderlichen Informationen im *Work-Space (WS)* (Speicher bzw. Repository) vor, kann mittels des *Master-Data-Management* bzw. der implizierten Teilkomponenten auf unterschiedliche Analyseverfahren zurückgegriffen werden. Beim „Sondieren" von Daten einer *WST* kann man sich auf verschiedene Methoden der Datenanalyse stützen (siehe Abschnitt 4.1). In Betracht kommen allerdings nur Daten, die sich im Work-Space befinden. Dies bedeutet, Änderungen an Quelldaten haben keine automatische Modifizierung der Datensätze einer zugehörigen Work-Space-Table zur Folge. Ein Monitoring und ein automatisches Nachladen von Quelldaten wird nicht unterstützt. Sind Aktualisierungen im System nötig, leert man die entsprechende *WST* und startet anschließend den Ladevorgang erneut. Unter dem *Quality Data Reporting* versteht man die Aufbereitung und Visualisierung der Analyseergebnisse. Ein Export von bereinigten Daten wird zu diesem Zeitpunkt noch nicht unterstützt.

5.4.2 Funktionsbeschreibung

Die einzelnen Programmabschnitte des Data Cleaning Toolkits sind in die Programm-Module *Verbindungsmanager, Importmanager, WST-Manager*, den *Data Profiling*, die *Dublettenidentifizirung* sowie den *Vergleich mit Referenzdaten* un-

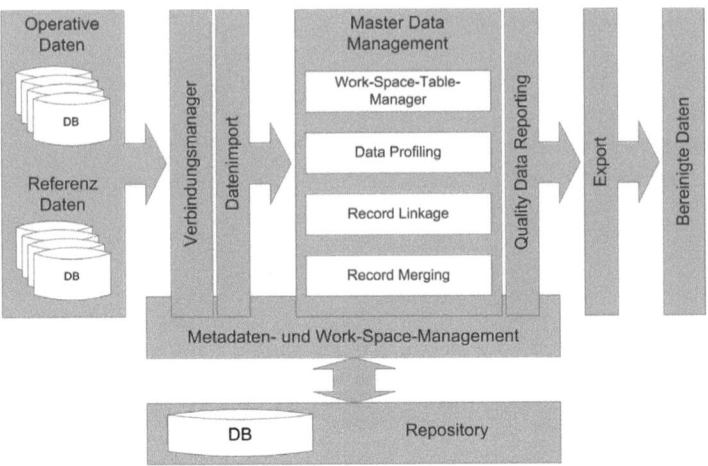

Abbildung 5.2: Modulabschnitte des DCT

terteilt (siehe Abb. 13.7). Um einen Einblick in die Funktionsweise und die Bedienung des *DCT* zu bekommen, sollen im Folgenden die benötigten Arbeitsschritte beschrieben und die implementierten Funktionen vorgestellt werden, die anhand der funktionalen Anforderungen aus Abschnitt 5.2.1 entstanden.

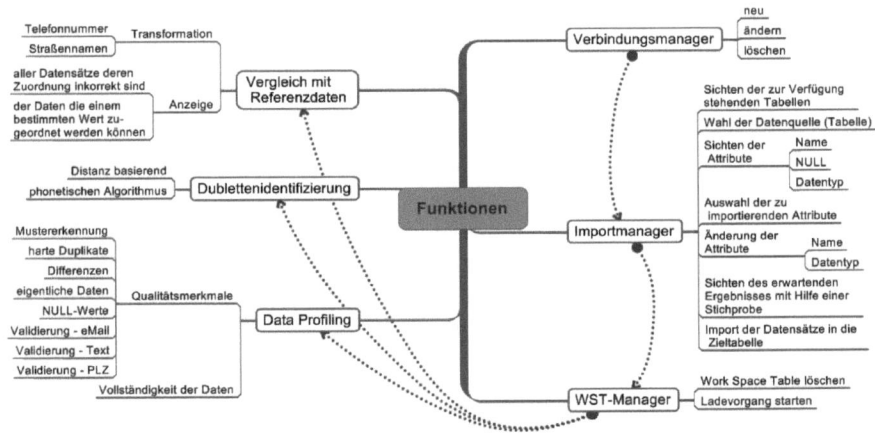

Abbildung 5.3: Funktionsübersicht im Detail

5.4 Funktionsumfang

5.4.2.1 Verbindungsmanager

Wie im vorigen Abschnitt 5.4.1 erwähnt, sind im *Verbindungsmanager* die einzelnen Datenbankverbindungen von Quell- und Referenzsystemen zu konfigurieren. Beim Herstellen einer Verbindung zu einer Referenzquelle muss der Quell-Typ von *operativ* auf *referenziell* gestellt werden. Weiterhin ist in diesem Zusammenhang der Tabellenname der Referenztabelle für den späteren Zugriff zu hinterlegen. Zum aktuellen Entwicklungsstand des Prototyps sind Verbindungen zu MySQL und MSSQL Datenbanken möglich. Unter Zuhilfenahme eines Web-Formulars können Änderungen an bestehenden Konfigurationen einer Verbindung vorgenommen werden. Weiterhin besteht die Möglichkeit, vorhandene Einträge zu löschen und neue hinzuzufügen.

5.4.2.2 Importmanager

Nachdem eine Datenbankverbindung konfiguriert worden ist, lässt sich der *Importmanager* per einfachem Mausklick darüber starten. In der neuen Ansicht sind alle Tabellen der entsprechenden Datenbank gelistet. Selektiert man aus der Liste eine Tabelle, werden sämtliche darin enthaltene Spalten mit dem dazugehörigen Datentyp und dem NULL-Constraint angezeigt. Hier wählt man nun die entsprechenden Spalten aus, deren Daten man später analysieren möchte. Im nächsten Schritt können Spaltennamen und Datentyp der Zieltabelle verändert werden. So lassen sich nichts sagende Attribute, wie zum Beispiel „CT1001", zu selbstsprechenden Spaltenbezeichnungen umbenennen. Bei dem Verändern von Datentypen ist auf die Kompatibilität zu achten. Standardmäßig sind die Felder mit den Namen und Datentypen der Originaltabelle gefüllt. Wurden gewünschte Modifikationen unter Einhaltung des existierenden Standards getätigt, lässt sich eine neue *WST* im Repository erstellen. Nachdem dieser Vorgang erfolgreich beendet wurde, erhält man Informationen des Ladeprozesses wie in Abbildung 5.4 beispielhaft dargestellt.

Zu den Informationen, die der Benutzer in einer Übersicht erhält, zählen die Bezeichnung der Quell-Verbindung, der eingestellte DB-Adapter, der Host und der Datenbankname. Darunter sind Spalten aus der Quelltabelle und aus der neu erstellten Zieltabelle gelistet. Originalbezeichnungen der Spalten und die vorgenommenen Modifikationen sind ersichtlich. Zum Abschluss wird eine Stichprobe aus allen Datensätzen mit den zuvor festgelegten Spalten dargestellt. An dieser Stelle bekommt man einen ersten Einblick auf die Daten des Quellsystems. Durch Betätigen des Lade-Buttons werden alle Datensätze in die *WST* importiert.

Tabelleninformationen für den Ladeprozess.				
Verbindung: Workspace (Testtable)	**Adapter:** PDO_MSSQL	**Host:** 192.168.189.2	**Datenbank:** workspace	
Quell-Tabelle	**Quell-Spalte**	**Ziel-Tabelle**	**Ziel-Spalte**	
address	first_name	wst90	Vorname	
address	last_name	wst90	Nachname	
address	street	wst90	Strasse	
address	zipcode	wst90	PLZ	
address	city	wst90	Stadt	
address	mail	wst90	eMail	

Stichprobe aus **101** Datensätzen der Quelltabelle.

first_name	last_name	street	zipcode	city	mail
Reinhard		Eisenacher Str.	99094	Erfurt	
Magdalena		Dischhaus Brückenstr.	50667	Köln	
Kemal		Berliner Str.	51063	Köln	
Uta					
Hans		Athener Ring	50765	Köln	
Claudia		Blaubach	50676	Köln	
Kurt		Weinsbergstr.	50825	Köln	
Angela		Heinemannstr.	53175	Bonn	

Abbildung 5.4: Informationen zum Laden der Daten (Daten unkenntlich gemacht)

5.4.2.3 Work-Space-Table Manager

Im *Work-Space-Table Manager* sind alle Arbeitstabellen (*Work-Space-Tables*), die sich im Repository befinden aufgelistet. Von hier aus können der Ladeprozess sowie die unterschiedlichen Analysen wie das *Data Profiling, das Prüfen gegen Referenzdaten* und eine *weiche Dublettensuche* gestartet werden. Ebenfalls ist das Löschen von WS-Tabellen an dieser Stelle möglich.

5.4.2.4 Profiling Übersicht

Über ein Kontextmenü gelangt man in die *Profiling Übersicht* (Abbildung 5.5). Hier sind alle Spalten der zuvor ausgewählten *WST* mit deren Datentyp, der Zeilenanzahl, der Anzahl an Null-Feldern pro Spalte, der Menge der auftretenden Differenzen und dem prozentualen Anteil an harten Duplikaten aufgelistet. Weiterhin lässt sich eine Aussage über die Vollständigkeit der Tupel treffen. Betrachtet wird hier die Gesamtheit der Datensätze in denen NULL-Felder vorhanden sind. Im unteren Bereich der Abbildung 5.5 wurden Datensätze mit 1 bis n ($n \leq \sum Spaltenanzahl$) Spalten die keinen Wert beinhalten (NULL-Werte) und die Anzahl an gefundenen Records ermittelt. Mit Hilfe dieser Angaben wird das Kontingent an vollständigen Feldern (NOT NULL Felder) bestimmt.

Über ein Kontextmenü, das für jede Spalte der *WST* existiert, können die Daten-

5.4 Funktionsumfang

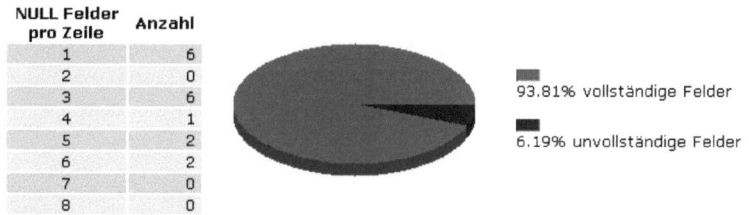

Abbildung 5.5: Qualitätsmerkmale der WST

sätze weiter erforscht werden. Das generelle Ziel besteht darin, Records, die einer Bedingung entsprechen bzw. widersprechen, zu ermitteln. Bei der weiteren Analyse helfen die folgenden Funktionen, um Aussagen über die Qualität der Daten treffen zu können.

Muster: Wählt man *Muster*, so wird der Inhalt des Feldes mit Hilfe von Symbolen (S - Großbuchstabe, s - Kleinbuchstabe, N - Zahl, C - Zeichen) dargestellt. Es entsteht ein *String-Pattern*, wonach die Tupel gruppiert werden. Im Anschluss lässt sich der prozentuale Anteil an identischen Mustern aus dem gesamten Datenbestand ermitteln. Möchte man die Datensätze, die einem Muster entsprechen angezeigen, ist lediglich ein Klick auf das entsprechende *String-Pattern* erforderlich.

alle Zeilen: Es werden alle Zeilen der Tabelle zurückgegeben.

Top 100: Es werden die ersten 100 Datensätze angezeigt.

NULL Zeilen: Es werden dem Benutzer alle Zeilen der *WST* zurückgegeben, die in genau dieser Spalte NULL-Werte haben.

Differenzen: Es werden alle unterschiedlichen Werte der entsprechenden Spalte zurückgegeben. Dabei taucht jeder Wert nur einmal in der Liste auf.

Duplikate: Es wird nach harten Duplikaten in der ausgewählten Spalte gesucht und in einer Liste dargestellt. Man kann den Wert selbst und die Häufigkeit der Dubletten in einem separaten Fenster sehen. Um auf die eigentlichen Records der Tabelle zu gelangen, klickt man mit der Maus auf das gefundene Duplikat.

5.4.2.5 Vergleich mit Referenzdaten

Unter dem Verbindungsmanager können mehrere Referenztabellen angegeben werden. Wählt man nun im *Work-Space-Table Manager* eine *WST* zum Vergleich mit Referenzdaten aus, ist es erforderlich die Referenztabelle, mit der man Spalten vergleichen möchte zu selektieren.

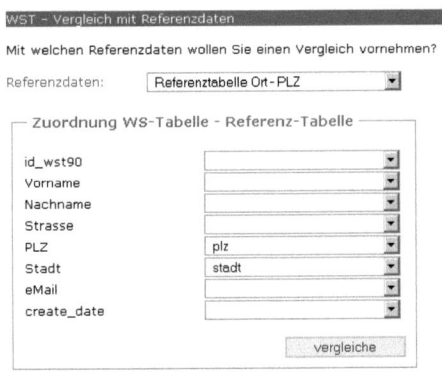

Abbildung 5.6: Spaltenzuordnung für den Vergleich mit Referenz

Wie in der Abbildung 5.6 ersichtlich, werden die Spalten der *WST* vorgegeben. Attribute der Referenztabelle lassen sich anderen zuordnen. An dieser Stelle ist Wissen über den Inhalt der Referenz und der Arbeitstabelle von Nöten. Im nächsten Schritt sind Funktionen implementiert, die für ein Standardisieren der Attribute auf ein einheitliches Format zuständig sind. Dafür lassen sich die Attribute, die miteinander verglichen werden sollen, zuvor in ein einheitliches, standardisiertes Format transformieren (siehe 6.1.2). Man selektiert für die Spalten die gewünschte Standardisierungs-Methode aus einer Dropdown-Box und führt den Vergleich mit den Referenzdaten durch (Abbildung 5.7).

5.4 Funktionsumfang

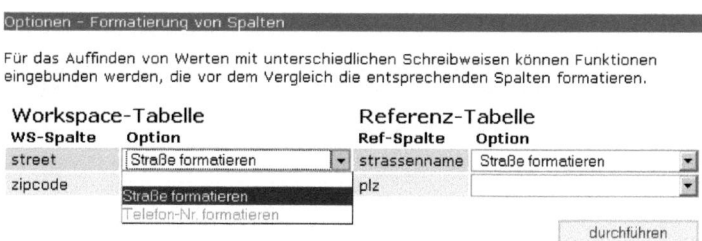

Abbildung 5.7: Standardisierung von Attributen

Abbildung 5.8 zeigt die Inkonsistenzen, die sich mit den Daten der Referenztabelle ergeben haben. Betrachtet man das Ergebnis wird deutlich, dass Straßennamen mit der dazugehörigen PLZ so nicht in der Referenztabelle vorliegen.

Nr.	id_wst95	first_name	last_name	street	zipcode	city	create_date
1	3	Kathrin	Schmidt	Pfeiffersgasse 1	9984	Erfurt	Sep 5 2007 3:35PM
2	4	Adelheid	Schmidt	Vinzentiusweg 32	44805	Bochum	Sep 5 2007 3:35PM
3	5	Alfred	Schmidt	Neptunstr. 41	26736	Pewsum Gem Krummhörn	Sep 5 2007 3:35PM
4	6	Andreas	Schmidt	Berumer Str. 2	26723	Emden	Sep 5 2007 3:35PM
5	7	Andreas	Schmidt	Odenwaldstr. 3	63322	Rödermark	Sep 5 2007 3:35PM
6	8	Steven	Schmidt	Gotthardstr. 27	99084	Erfurt	Sep 5 2007 3:35PM
7	10	Andrea	Schmidt	Marktstrasse 3	84099	Erfurt	Sep 5 2007 3:35PM
8	12	Wolfgang	Schmidt	Nelkenstr. 14	99099	Erfurt	Sep 5 2007 3:35PM
9	16	Hans	Schmidt			Erfurt	Aug 19 2008 9:14AM
10	17	Lena	Schmidt			Erfurt	Aug 19 2008 9:16AM

17 Zeilen gesamt
10 wirklich auftretende Fehler
9 gefundene Inkonsistenzen

Abbildung 5.8: Ergebnis eines Vergleichs mit Referenzdaten

Weiterhin sind auch die Datensätze gelistet, die weder Straße noch PLZ haben. Beide Spalten sind farbig hervorgehoben. Über einen Klick können die entsprechenden Werte aus der Referenztabelle abgerufen werden, Das heißt, wählt man eine PLZ werden alle dazugehörigen Straßennamen angezeigt. Im unteren Teil werden mit Hilfe eines Balkendiagramms die wirklich auftretenden Fehler und die gefundenen Inkonsistenzen zusammen visualisiert.

5.4.2.6 Weiche Dublettensuche

Über die *Weiche Dublettensuche* lassen sich doppelte Datensätze finden, die nicht völlig identisch in einer Tabelle vorliegen. Anhand verschiedener Algorithmen werden diese, wie sie unter Abschnitt 4.1.2 erwähnt sind, identifiziert und gruppiert. Für detailiertere Informationen soll hier auf die Arbeit von Robert Hollmann in [Hol07] verwiesen werden.

6 Implementierung

Auf Grund der vorgestellten Architektur und Funktionsbeschreibung im vorherigen Kapitel 5 (Konzeption des Data Cleaning Toolkit) soll in den folgenden Abschnitten die eigentliche Umsetzung von Datenbank- und Webproblematik differenzierender betrachtet werden. Auf der Basis der definierten Anforderungen unter 5.2 wurde die Implementierung einer prototypischen Anwendung durchgeführt. Informationen zu speziell umgesetzten Algorithmen werden mit Hilfe von Quell- oder Pseudocode ausführlich beschrieben. Durch die unterschiedlichen Herangehensweisen legt man zu Beginn die Programmierung der Datenbankprozeduren und Funktionen dar. Im Anschluss wird das zugrunde liegende Entwurfsmuster *Model-View-Controller (MVC)*, das bei der Webentwicklung die Basis darstellt, vorgestellt. Schwierigkeiten, die bei der Realisierung entstanden, werden am Ende des Kapitels beschrieben.

6.1 Datenbankentwicklung

Bei der Umsetzung der Anforderungen auf Datenbankebene sind zwei Schwerpunkte detaillierter zu betrachten. Zum einen ist es erforderlich, Metadaten im System vorzuhalten und zum anderen sollen aus Performancegründen Teile der Logik als gespeicherte Prozeduren oder Skalarwertfunktionen im DBMS selbst implementiert werden. Auf Grund der Notwendigkeit von *dynamischen SQL* und den Spezifikationen unter 5.2.2.3 wurde die Entwicklung auf dem *SQL Server 2005 Express Edition* realisiert. Bei dem erschaffenen Datenbankmodell liegen die Meta- und Work-Space Tabellen in einer Datenbank. Da dies jedoch keinen persitenten Zustand als Basis eines performanten und sicheren Systems darstellt ist hier eine strikte Trennung der Daten in unterschiedliche Datenbanken in Erwägung zu ziehen. Im weiteren Verlauf wird der Entwurf und das Erfordernis der Metatabellen sowie die Programmierung von Methoden mittels Transact-SQL behandelt.

6.1.1 Das Metadatenmodell

Beim *Metadatenmodell* handelt es sich um die Implementierung von Tabellen zur Speicherung von Schemadaten der dazugehörigen Datenbanken sowie von Zusatzinformationen wie Verbindungsparameter der Quellsysteme (operative und referenzielle) und Angaben über die Work-Space Tabellen. In der Abbildung 6.1 sieht man das dazugehörige *Entity-Relationship (ER)* Modell. Es dient der Beschreibung der Beziehungen unter den Tabellen.

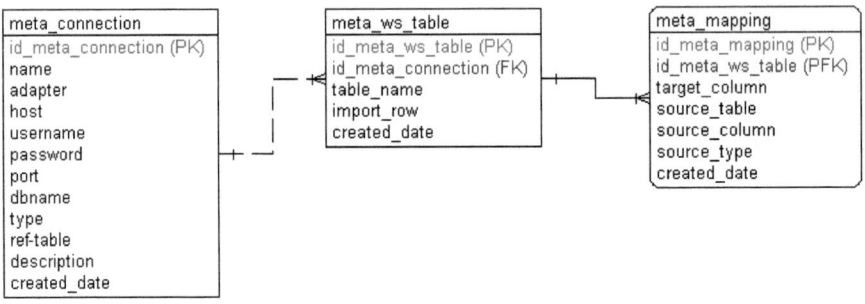

Abbildung 6.1: ER-Modell Metadaten

Anhand der Entitätsmengen (entity sets) und deren Attribute wird deutlich, dass sich die Umsetzung der Ziele in erster Linie auf den funktionellen Teil des Entwicklungsprozesses bezieht. Das umgesetzte Modell ist als Basis für die Weiterentwicklung zu betrachten und ist in seinem jetzigen Zustand keineswegs erschöpfend behandelt wurden. Da man bei der Umsetzung andere Ziele (Deduplikation, Fusion, Visualisierung) favorisierte, soll an dieser Stelle nicht weiter auf das Metadatenmodell eingegangen werden.

6.1.2 Datenbankprogrammierung mit T-SQL

Bei T-SQL (Transact-SQL) handelt es sich um eine Erweiterung der standardisierten SQL-Sprache. T-SQL besitzt die Fähigkeiten Data Definition Language (DDL) und Data Manipulation Language (DML) von Standard-SQL und weiterer Funktionen, Systemprozeduren sowie Programmkonstrukte, welche die Flexibilität der Entwicklung steigern [GRWD00]. Während der Implementierung sind gespeicherte Prozeduren und Skalarwertfunktionen entstanden die im nächsten Schritt vorgestellt werden sollen. Eine Übersicht der programmierten Konstrukte ist in Abbildung 6.2 dargestellt.

6.1 Datenbankentwicklung 65

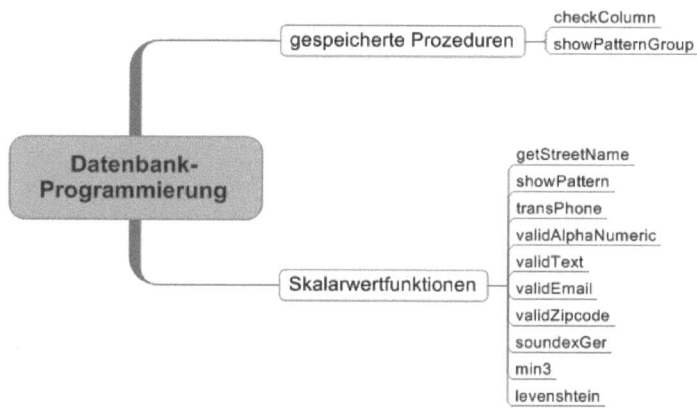

Abbildung 6.2: Übersicht der implementierten Prozeduren und Funktionen

6.1.2.1 Gespeicherte Prozedur - checkColumn

Die gespeicherte Prozedur *checkColumn* sammelt Informationen wie Spaltenname, Zeilenanzahl, Null-Felder, Differenzen sowie Duplikate und gibt die Ergebnisse übersichtlich geordnet, in Form einer Tabelle zurück. Die Prozedur erwartet als Parameter einen Tabellennamen. Da dieser aber erst zur Laufzeit der Prozedur vom System interpretiert werden kann, ist der Einsatz von *dynamischen SQL* nötig. Anhand des Pseudocode 22 soll die Funktionsweise der Prozedur näher erläutert werden. Zu Beginn sind verschiedene Variablendeklarationen nötig. Dazu gehört das Deklarieren einer temporären Tabelle, verschiedener Variablen zum Speichern der einzelnen Teilresultate sowie SQL-Statements und der daraus resultierenden Ergebnismengen. Die Logikkomponenten werden in einem *TRY-CATCH-Block* definiert, somit können logische Fehler dargestellt werden. Mit Hilfe der Schleife (Zeile 9) lassen sich alle Spalten der angegebenen Tabelle durchlaufen. Als erstes wird der aktuelle Spaltenname aus der Systemsicht *INFORMATION_SCHEMA.COLUMNS* in die zuständige Variable geschrieben. Im Anschluss daran wird in Zeile 11 ein *dynamisches Statement* definiert.
Dieses wird mittels *EXEC* ausgeführt und das Resultat in der Variable *Ergebnismenge*, die wiederum eine temporäre Tabelle mit aber nur einer Spalte darstellt, gespeichert. Danach wird der Inhalt dieser temporären Tabelle mittels *SELECT* abgefragt und das Ergebnis in der zuvor deklarierten Variablen abgelegt. Die Schritte, wie sie in Zeile 11 bis 13 beschrieben sind, wiederholen sich für alle festgelegten Ausgabevariablen (Zeilenanzahl, Differenzen, Duplikate). Sind alle Variablen be-

Input : Tabelle
Output : Id, Spalte, Zeilenanzahl, Null-Felder, Differenzen, Duplikate

1 **begin**
2   /*Variablendeklaration*/
    declare Temp-Tabelle
3   **declare** Variablen
4   **declare** dynamische Statements, Ergebnismengen
5   **set** $k \leftarrow 0$
6   **set** $i \leftarrow \sum Spaltenanzahl$
7   **begin try**
8   **while** $k < i$ **do**
            /*ermittle den Spaltennamen*/
9   **set** Spaltenname $\leftarrow$ **select** COLUMN_NAME **from** INFORMATION_SCHEMA.COLUMNS
            /*ermittle die Anzahl an Null-Feldern*/
10   **set** dynamische Statement $\leftarrow$ **select** count(*) **from** Tabelle **where** Spalte **is null**
11   **insert into** Ergebnismenge **exec** dynamisches Statement
12   **set** Null-Felder $\leftarrow$ **select** * **from** Ergebnismenge
13   ...
14   **insert** Spaltenname, Zeilenanzahl, Null-Felder, Differenzen, Dubletten **into** Temp-Tabelle
15   **delete** Ergebnismenge
16   **set** k = k + 1
        /*Ausgabe der Daten aus der temporären Tabelle*/
17   **select** * **from** Temp-Tabelle
18   **end try**
19   **begin catch**
20   **select** Fehlermeldung
21   **end catch**
22 **end**

Algorithmus 1 : checkColumn()

schrieben, erfolgt ein *INSERT* in eine temporäre Tabelle, die Variablen der Ergebnismengen werden gelöscht und die Zählschleife um eins inkrementiert (nächste Spalte wird behandelt). Sind alle Attribute der angegeben Tabelle durchgearbeitet, wird ein *SELECT* auf die temporäre Tabelle, die sämtliche Werte zwischengespeichert hat, ausgeführt. Treten während der Abarbeitung der Prozedur Fehler auf, werden diese im *CATCH-Teil* ausgegeben.

6.1.2.2 Gespeicherte Prozedur - showPatternGroup

Die Prozedur *showPatternGroup* ist für die Ausgabe der Muster wie sie in Abschnitt 5.4.2.4 beschrieben wurden zuständig. Es werden zwei Eingabeparameter (Tabelle, Spalte) erwartet. Durch diese wird das Muster des Feldes, die Anzahl der identischen Muster in der Spalte und der daraus resultierende prozentuale Anteil ermittelt und in Form einer Tabelle ausgegeben.

6.1.2.3 Skalarwertfunktion - getStreetName

Die *getStreetName-Funktion* dient der Transformation von Straßennamen. Das Ziel besteht darin, einen String in eine standardisierte Form zu überführen, mit deren Hilfe sich im Anschluss Vergleiche durchführen lassen. Tabelle 6.1 zeigt mögliche Beispiele der Schreibweise einer Straße und deren Überführung in ein einheitliches Format.

Straßenname	Ergebnis nach Transformation
Berliner Straße 22	BERLINERSTRAßE
Berlinerstraße 22	
Berlinerstrasse 22	
Berliner Strasse 22	
Berlinerstr. 22	
Berliner Str. 22	

Tabelle 6.1: Transformation von Straßennamen

Der Algorithmus 16 soll zur Veranschaulichung der Funktionsweise dienen. Die Methode erwartet als Parameter eine Zeichenfolge. Im Algorithmus wird diese der Variable *Ergebnis* zugeordnet. Eine weitere Variable *Schritt* wird deklariert und mit dem Wert 0 vorbelegt. Zu Beginn steht das Ersetzen von Teilstrings wie „str." bzw. „strasse" und „-" an (siehe Zeilen 6 bis 8). Anschließend wird ein Tausch von Kleinbuchstaben in Großbuchstaben vorgenommen. Somit lassen sich Fehler durch unterschiedliche Schreibweisen eliminieren. Im nächsten Schritt werden alle Ziffern die im String enthalten sind sowie Leerzeichen am rechten String-Ende entfernt. Als Rückgabewert erhält man einen „standardisierten Straßennamen".

Input : String
Output : String

1 **begin**
    /*Variablendeklaration*/
2   **declare** Ergebnis
3   **declare** Schritt
4   **set** Schritt = 0
5   **set** Ergebnis = Parameter (String)
    /*Ersetze Strings*/
6   **set** Ergebnis ← **replace** (Ergebnis,'str.','straße')
7   **set** Ergebnis ← **replace** (Ergebnis,'strasse','straße')
8   **set** Ergebnis ← **replace** (Ergebnis,'-',' ')
9   **set** Ergebnis ← Ergebnis in Großbuchstaben
10   **while** *Schritt < Zeichenlänge Ergebnis* **do**
11   **if** *im Ergebnis an Position eine Zahl* **then**
12   **set** Ergebnis ← Ergebnis ohne Zeichen an der Position
13   **set** Schritt++
14   **set** Ergebnis ← Ergebnis ohne Leerzeichen rechts
15   **return** Ergebnis
16 **end**

Algorithmus 2 : getStreetName()

6.1.2.4 Skalarwertfunktion - showPattern

Die Funktion *showPattern* codiert jedes Zeichen einer Zeichenkette. Definiert wurde für: Großbuchstaben ⇒ „S" (string), Kleinbuchstaben ⇒ „s" (small string), Leerzeichen ⇒ „_" (underline), Zahlen ⇒ „N" (number), Punkt ⇒ „." und Trenn- bzw. Sonderzeichen ⇒ „C" (character). Somit ergibt sich beispielsweise aus dem String „Josef Ries Str. 22" das Muster „Sssss_Ssss_Sss._NN". Die Funktion gibt von jedem String variabler Länge ein codiertes Muster zurück.

6.1.2.5 Skalarwertfunktion - trans_phone

Die Darstellung bzw. Schreibweise von Telefonnummern in einer Datenbank kann unterschiedliche Formate, wie in Tabelle 6.2 dargestellt, aufweisen.
Die Skalarwertfunktion *transphone* dient der Vereinheitlichung der Darstellungsform. Die Funktion bedient sich einer leeren Zeichenkette *ts*. Der Parameter der

Telefonnummer	Ergebnis	Telefonnummer
0049361123456789		+49 361 123456789
0361123456789	+49361123456789	0361-123456789
+49 361 12 34 56 78 9		(+49) 361 123456789
0361/123456789		(+49)36112345689

Tabelle 6.2: Transformation von Telefonnummern

Funktion stellt einen String mit der zu transformierenden Telefonnummer dar. Im weiteren Verlauf wird jedes Zeichen der original Telefonnummer nach Trennzeichen wie „-", „(" oder „/" durchsucht und entfernt. Danach erfolgt die Formatierung der Länderkennung „+49". Diese Methode dient ausschließlich der Standardisierung von deutschen Telefonnummern.

6.1.2.6 Skalarwertfunktionen zur Validierung von Werten

Eine Validierung von Text-, E-Mail- und PLZ-Feldern kann mittels der Funktionen *validAlphaNumeric*, *validText*, *validEmail* und *validZipcode* durchgeführt werden. Die Funktionsweisen sind relativ simpel. Der Übergabeparameter der Funktion wird Zeichen für Zeichen aufgeschlüsselt und nach Merkmalen untersucht. Entspricht der Wert einem vordefinierten Standard, gibt die Funktion ein *true* und bei Differenzen ein *false* zurück. Die Funktion *validAlphaNumeric* gibt demnach ein *true* wenn der übergebene Wert nur aus Buchstaben oder Zahlen besteht. Bei *validText* wird getestet, ob es sich nur um Buchstaben des deutschen Alphabets handelt. Bei der Validierung einer E-Mail-Adresse wird getestet, ob sie konform mit dem E-Mail-Standard [Res07] ist. Bei der Bewertung von deutschen Postleitzahlen wird geprüft, ob sie aus fünf nacheinander folgenden Zahlen bestehen.

6.1.2.7 Skalarwertfunktion - Levenshtein

Die Levenshtein-Funktion, die in der Applikation verwendet wurde, ist eine T-SQL Implementation von Joseph Gama [Gam07]. Er unterteilt den Algorithmus in die folgenden sieben Schritte:

1. Ermittlung der Längen der Zeichenketten A und B sowie Setzen der Distanz wenn eine Länge null ist

2. sind die Längen der beiden Zeichenketten größer als null, so wird eine leere Zeichenkette mit der entsprechenden Länge von A oder B gebildet

3. es wird eine äußere Schleife definiert, in der jedes Zeichen (Z_B) der Zeichenkette A durchlaufen wird

4. in der inneren Schleife wird jedes Zeichen (Z_A) der zweiten Zeichenkette B ermittelt

5. es wird verglichen, ob $Z_A = Z_B$

6. die Distanz zwischen Z_A und Z_B wird mit Hilfe der Matixform: $(n+1) \times (m+1)$ (n und m sind Längen der zu vergleichenden Zeichenketten) ermittelt

7. die Levenshtein-Distanz wird ausgegeben

Die Funktion *min3*, die aus drei Zahlen den kleinsten Wert ermittelt, kommt bei der Bestimmung der Distanz zum Einsatz. Zum besseren Verständnis soll hier auf den Pseudocode der Funktion im Anhang (Algorithmus 38) verwiesen werden.

6.1.2.8 Skalarwertfunktion - soundex_ger

Die Funktion *soundex_ger* ist eine T-SQL Umsetzung des *Kölner Verfahrens* (auch Kölner Phonetik)). Der Modus gleicht dem *Soundex-Verfahren* von Robert Russell [You07], ist aber auf die deutsche Sprache abgestimmt. Im Folgenden soll die Funktionsweise der implementierten Skalarwertfunktion kurz erläutert werden.

1. alle Zeichen der Zeichenkette werden in Kleinbuchstaben umgewandelt

2. im Anschluss werden doppelte, nacheinander folgende Zeichen durch jeweils ein Zeichen ersetzt

3. danach werden Zeichen nach speziellen Ersetzungsregeln (siehe Anhang 16.1) kodiert

4. anschließend werden alle Nullen (bis auf die Null an erster Stelle) aus der Zeichenkette entfernt

Das Ergebnis dieser Funktion ist ein „kryptischer Schlüssel" des Eingabeparameters, der zu weiteren Vergleichen von Datensätzen herangezogen wird.

6.2 Webentwicklung

Das *Data Cleaning Toolkit* wurde mit der serverseitigen Skriptsprache *PHP 5* entwickelt, die sowohl prozedurale als auch objektorientierte Programmierung unterstützt. Die Web-Anwendung stützt sich auf das *Zend Framework* (Open Source für die Entwicklung mit PHP) [Zen07]. Auf dessen Grundlage sind *Controller*, welche die Applikationslogik abbilden und *Module* für die Datenverarbeitung entstanden. Für eine Trennung von Quellcode und Ausgabe wird das Template/Presentations Framework *Smarty* verwendet [The07]. Dieses Framework stellt umfangreiche Hilfsmittel bei der Gestaltung der Web-Applikation zur Verfügung. Das *Zend Framework* implementiert das *Model-View-Controller (MVC)* Modell, das die Aufteilung der Systemkomponenten in drei Einheiten (Datenmodell, Präsentation, Programmsteuerung) ermöglicht [Sie03]. Durch das Einsetzen dieses Modells wird die Applikation leichter wartbar und die Wiederverwendbarkeit einzelner Systemkomponenten wird ermöglicht. Einen Teil des Modells spiegelt das Klassendiagramm (siehe Anhang 16.1) wider. Anhand dessen soll im weiteren Verlauf das verwendete *MVC* Architekturmuster näher erläutert werden.

6.2.1 Die Model-Komponente

Das Model ist für die Verarbeitung, Verwaltung und Manipulation von Daten im System verantwortlich. Dabei ist es irrelevant, woher die benötigten Informationen kommen. Die Verarbeitungskomponente arbeitet unabhängig von speziellen Ausgabeformaten oder Eingabemöglichkeiten [BMR[+]98]. Während der Entwicklungsphase des *DCT* sind die vier Modelle *MetaConnectionModel*, *MetaMappingModel*, *MetaWsTableModel* und das *DefaultModel* entstanden. Wie man bei den ersten drei genannten bemerkt, sind Ähnlichkeiten bei der Namensgebung zu den Metatabellen festzustellen. Dies dient der besseren Zuordnung und Übersichtlichkeit des Systems. Die Model-Klassen kommunizieren alle mit einem Abstraktionslayer, der die Verbindung zum jeweiligen Datenbanksystem herstellt. Im Folgenden soll mit Hilfe ausgesuchter Beispiele die Funktionsweise konkretisiert werden.

6.2.1.1 Funktion insertSourceData()

Anhand der Funktion *insertSourceData(data,target_table,target_column)* aus der Klasse *MetaMappingModel* wird der Aufbau einer dynamischen SQL-Anweisung expliziert.
Das Ziel besteht darin, mithilfe einer dynamischen Parameterliste eine Zeichenkette, die eine INSERT-Anweisung für das entsprechende DBS bereitstellt zu generie-

Input : Data, TargetTable, TargetColumn
Output : INSERT-Statement

```
 1  begin
 2  |   definiere Variable1 ← ≪ INSERT INTO TargetTable ≫;
 3  |   definiere leeren String → Variable2;
 4  |   foreach TargetColumn im Array do
 5  |   |   setze Variable2 ← TargetColumn;
 6  |   foreach Data im Array do
 7  |   |   Variable3 ← ≪ VALUES ≫;
 8  |   |   foreach im Array befindlichen Werte do
 9  |   |   |   ersetze Zeichen wie ≪ ' ≫ durch ≪ " ≫;
10  |   |   |   if die Länge des Wertes = 0 then
11  |   |   |   |   füge an Variable3 ≪ NULL ≫;
12  |   |   |   else
13  |   |   |   |   füge an Variable3 ≪ Wert ≫;
14  |   |   entferne aus Variable3 das letzte Komma und Leerzeichen;
15  |   |   setze das SQL-Statement aus Variable1, Variable2 und Variable3 zusammen;
16  |   |   begin try
17  |   |   |   führe SQL-Statement aus;
18  |   |   end try
19  |   |   begin catch
20  |   |   |   bei Fehler gebe Ereignis an das System zurück;
21  |   |   end catch
22  end
```

Algorithmus 3 : insertSourceData()

ren und auszuführen. Der Algorithmus 22 zeigt eine typische Herangehensweise. Der Funktion *insertSourceData(data,target_table,target_column)* werden drei Parameter übergeben. Zum einen sind das die eigentlichen Datensätze (*Data*), die in einem zweidimensionalen Array vorliegen. Als zweiter Parameter wird der Name der Zieltabelle angegeben und der dritte Übergabewert ist ein einfaches Array mit den Spaltennamen der Zieltabelle. In Zeile 2 des Pseudocodes beginnt man damit, den String „INSERT INTO Zieltabelle" der Variable1 zuzuweisen. Die Schleife in Zeile 4 geht das Array mit den Spaltennamen durch und fügt diese einer neuen Variable2 in Zeile 5 hinzu. In Zeile 6 bis 15 wird eine Zeile aus dem mehrdimensionalen Array *Data* hinter das „VALUES" angefügt. Dabei werden leere Felder im Array durch *NULL-Werte* im Statement ersetzt (Variable3). Wurde das State-

6.2 Webentwicklung

ment aus den drei Variablen zusammengesetzt und von der Datenbank erfolgreich ausgeführt, wird der nächste Eintrag aus dem Array „Data" verarbeitet.

6.2.1.2 Funktion getReferenceConnections()

Ein weiteres Beispiel einer typischen Model-Funktion zeigt Listing 6.1. Die Aufgabe besteht darin mit Hilfe eines Datenbankobjektes ein SQL-Statement an den Server zu schicken und die Ergebnismenge zurückzugeben.

Listing 6.1: getReferenceConnections()

```
public function getReferenceConnections()
{
  $db = Zend_Registry::get('db');
  $sql = 'SELECT * FROM meta_connection WHERE type = 2';
  try {
    $result = $db->query(sql);
    $rows = $result->fetchAll();
  } catch (Zend_Exception e) {
    echo '<b>Error-Message: </b>'.e->getMessage().'<br>';
    echo '<b>SQL: </b>'.sql.'<br>';
  }
  return $rows;
}
```

In der Funktion *getReferenceConnections()* wird in Zeile 3 das Objekt *db* bereitgestellt. Zeile 4 definiert den SQL-Abfragestring, der in Zeile 6 ausgeführt wird. Als letzter Schritt wird die Ergebnisliste (Zeile 7) ausgelesen und in Zeile 12 an das Programm zurückgegeben. Da alle implementierten Model-Methoden dem vorgestellten Funktionsablauf ähneln, sind an dieser Stelle keine weiteren Betrachtungen diesbezüglich nötig.

6.2.2 Die View-Komponente

Die relevanten Daten aus einem Model werden mit Hilfe der View-Komponente dargestellt. Durch die Template Engine *Smarty* wird die Applikations-Logik vom Layout getrennt. *Smarty* kompiliert die Templates einmal und stellt diese als neue PHP-Skripte in einem Cache bereit. Dies hat zur Folge, dass bei einem neuen Seitenaufruf keine Templatedatei neu geparst werden muss. Bei der Entwicklung sind differenzierte Templates für unterschiedliche Programmbereiche wie sie unter Abschnitt 5.4.1 erwähnt wurden entstanden. Dieses Vorgehen begünstigt eine leichte

Erweiterbarkeit und hilft bei der Fehlerkorrektur. Ein Template lässt sich in die folgenden drei Teile gliedern:

Der Header beinhaltet den 1. Teil einer *Hypertext Markup Language (HTML)*-Datei mit der *Doctypdefinition* einschließlich aller dazugehöriger *Tags* (html, head, meta, etc.). Des Weiteren wird hier das Einbinden von diversen Stylesheets und Javascripts präferiert.

Der Content beinhaltet die eigentlichen Texte, Grafiken und Tabellen. Hiermit werden anhand der übergebenen Variablen bzw. Arrays aus den *Modules* Informationen visualisiert.

Der Footer liefert die Tags zum Schließen der HTML-Seite.

Beim Designen der interaktiven Webseiten lag ein definiertes Farbschema zu Grunde. Durch die verschiedenen Primärfarben weiß, grau und blau konnte eine technische und funktionelle Stimmung geschaffen werden. Durch die Komplementärfarbe rot entstand ein passender Kontrast. Das Standardlayout besteht aus einem horizontalen Menü im oberen Bereich und einer darunter liegenden Fläche mit Content (Text, Grafiken, Tabellen).

6.2.3 Die Controller-Komponente

Der *Controller* verarbeitet Eingaben des Benutzers und führt entsprechende Aktionen wie die Validierung, Sicherung, Löschung oder Änderung von Daten aus. Er stellt das Verbindungsglied zwischen dem *Model* und der *View* dar. Die View-Komponente weiß bei einer Anfrage des Webservers, welcher Controller für die Verarbeitung zuständig ist. Der autorisierte Controller verwertet die Daten und leitet sie an das entsprechende Model weiter. Ruft ein Benutzer Informationen ab, bereitet der Controller die Daten aus einem Model auf und übergibt diese einer bestimmten View.
Der Controller ist eine Klasse, die eine unbestimmte Anzahl an öffentlichen und nicht öffentlichen Methoden enthält. Diese spiegeln die so genannten Aktionen wider. Betrachtet man beispielsweise den *ConnectionController*, so besteht dieser aus den öffentlichen Methoden *indexAction()*, *showAction()*, *newAction()*, *validateAction()*, *deleteAction()* und *noRouteAction()*. Die Funktionalitäten lassen sich dank der Namenskonvention ableiten. Die nichtöffentliche Methode *saveAction(data,id)* wird von der *validateAction()* erst am Ende aufgerufen, nachdem die Eingabedaten auf Richtigkeit überprüft wurden.
Ebenfalls werden Controller zum Bereitstellen von *Asynchronous JavaScript and XML (Ajax)*-Komponenten und für die Berechnung von Grafiken verwendet. Ein

6.2 Webentwicklung

typisches Beispiel stellt ein PopUp-Fenster dar, das weitere Informationen zu einem Vorgang liefert. Im Algorithmus 21 wird die Funktionsweise der implementierten Funktion *nullAction()* geschildert. Beim Aufruf werden der Tabellenname und der Spaltenname an die *Action* im *Controller* übergeben. Mit Hilfe dieser Informationen wird (über ein Model) eine Datenbankabfrage gestellt und die Ergebnismenge ausgewertet (Zeile 10). Ist das Array, das die betreffenden Zeilen mit den NULL-Feldern enthält nicht leer, so werden in einer ersten Schleife (Zeile 13) die Spaltennamen ermittelt. Danach erfolgt die Ausgabe der einzelnen Datensätze unter Berücksichtigung der Zeichenlänge pro Feld. Aus Designgründen werden alle Strings auf zwanzig Zeichen gekürzt.

Input : column, table
1 **begin**
2   definiere **Variable1** ← ≪ SELECT * FROM **table** WHERE **column** IS NULL ≫;
3   **begin try**
4   führe SQL-Statement aus;
5   **Array** ← Ergebnismenge;
6   **end try**
7   **begin catch**
8   bei Fehler gebe Ereignis an das System zurück;
9   **end catch**
10   **if** *Variable2 leer* **then**
11   es sind keine NULL-Werte in der Spalte;
12   **else**
13   **for** *i < Anzahl Array* **do**
14   Ausgabe der Spaltennamen;
15   **for** *i < Anzahl Array* **do**
16   **foreach** *Feld des Arrays* **do**
17   **if** *Zeichenlänge des Feldes > 20* **then**
18   kürze String auf 20 Zeichen;
19   **else**
20   original String;
21 **end**

Algorithmus 4 : nullAction()

Das Model View Controller Paradigma ist eines der bedeutendsten Entwurfsmuster auf das bei der Entwicklung von Software zurückgegriffen wird. Die vorgestellten Beispiele aus den drei Komponenten spiegeln aber nur einen geringen Teil der modular entwickelten Applikation wider. Im Folgenden sollen weitere signifikante Komponenten kurz vorgestellt werden.

6.2.4 Bootstrap Datei

Die *Bootstrap Datei (index.php)* ist die einzig ausführbare PHP-Datei im öffentlichen Verzeichnis (*htdocs*) des Projektes. Durch das Aktivieren der Option *RewriteEngine* des Apache Webservers ist sichergestellt, dass alle Anfragen auf diese Datei umgeleitet werden. Die *Bootstrap Datei* lädt die Zend Basisklasse, welche verschiedene statische Methoden bereitstellt. Somit lassen sich andere Klassen bzw. Interface laden und Objekte speichern. Weiterhin sind Informationen wie Pfadangaben zu verschiedenen Programm-Bibliotheken inkludiert.

6.2.5 Database Connect

Auf Grund der Tatsache, dass identische Abfragen an unterschiedliche DBMS gestellt werden, sind Maßnahmen zur speziellen Auswahl dieser Methoden nötig. Die Klasse *DatabaseConnect* löst diese Probleme mit Hilfe unterschiedlicher öffentlicher Funktionen. Bei der Instanziierung können Datenbankparameter in einem Array übergeben werden. Dabei dient der Datenbankadapter als ausschlaggebender Wert für die weitere Betrachtung. Das Listing 6.2 zeigt den Quellcode der Funktion *getTableName()* zum Bestimmen des Tabellennamens. Anhand des Beispiels wird deutlich, dass an dieser Stelle spezielles Fachwissen der zu implementierenden DBS nötig ist. Werden im MSSQL Server die Tabellennamen mittels „SELECT TABLE_NAME FROM INFORMATION_SCHEMA.TABLES" ermittelt, muss bei der Verwendung von einer MySQL Datenbank das SQL-Statement „SELECT TABLE_NAME FROM information_schema.TABLES WHERE TABLE_SCHEMA = '$this->dbname'" verwendet werden.

Listing 6.2: getTableName()

```
public function getTableName()
{
switch (this->adapter) {
 switch ($this->adapter) {
  case 'PDO_MSSQL':
   $db = $this->getConnection();
   $sql = 'SELECT TABLE_NAME FROM INFORMATION_SCHEMA.TABLES';
   $result = $db->query($sql);
   $table = $result->fetchAll();
   return $table;
```

```
    break;
    case 'PDO_MYSQL':
    $db = $this->getConnection();
    $sql = 'SELECT TABLE_NAME FROM information_schema.TABLES
    WHERE TABLE_SCHEMA = '$this->dbname';';
    $result = $db->query($sql);
    $table = $result->fetchAll();
    return $table;
    break;
    default:
    break;
  }
}
```

Die vorgestellten Paradigmen aus den Bereichen Datenbank- und Webprogrammierung vermitteln einen skizzenhaften Eindruck über den Implementierungszeitraum des *Data Cleaning Toolkits*. Es wurden Aspekte der Datenverarbeitung und Informationspräsentation vorgestellt und diskutiert.

6.3 Probleme während der Implementierungsphase

Während der Implementierung der Webapplikation ergaben sich unterschiedliche Probleme. Die entwickelten Prozeduren zur Identifizierung von Dubletten nehmen viel Rechenzeit in Anspruch. Dies machte Tests in diesem Bereich zu einem langwierigen Prozess. Das Experimentieren mit anderen Algorithmen ergab nur eine geringe Performancesteigerung. Zum Auffinden von Duplikaten sind deswegen weitere Tests mit unterschiedlichen Implementierungen entsprechender Algorithmen zur Steigerung der Performance zwingend nötig.
Die Entwicklung des Designs mittels *Cascading Style Sheets (CSS)* für eine benutzerfreundliche und ansprechende grafische Benutzeroberfläche nahm einen großen Teil der Implementierung ein. Das Anpassen an verschiedene Browser wie Internet Explorer, Opera oder Firefox konnten nur zum Teil mittels *CSS* gelöst werden. Ein zufrieden stellendes Ergebnis präsentiert nur der Firefox Browser.

7 Zusammenfassung und Ausblick

Ziel dieser Arbeit mit dem Titel „Webbasierende Datenintegration" mit Schwerpunkt der Datenbereinigung und Konsolidierung von heterogenen Datenbeständen war die Entwicklung einer Webapplikation zum Bewerten von Qualitätsmerkmalen operativer Daten. Die Software sollte aufgrund der Komplexität ein hohes Maß an Usability aufweisen und den funktionalen und nichtfunktionalen Anforderungen entsprechen.
Durch den Einsatz moderner Datenbank- und Web-Technologien entstand die Webapplikation *„Data Cleaning Toolkit"*, welche alle gestellten Leistungsanforderungen erfüllt. Das Model-View-Controller (MVC)Modell stellt das Softwaregerüst dar. Durch die Model-, View- und Controller-Komponenten konnte eine Trennung zwischen Datenbank- , Applikations- sowie Präsentations-Logik erfolgen. Bei der Entwicklung wurden Funktionen wie das *Data Profiling*, die *Dublettenidentifikation* und der *Vergleich mit Referenzdaten* favorisiert.
Nachdem Daten in das System übertragen wurden lassen sich unterschiedliche Analysen vornehmen. Dazu zählen das Bewerten der Vollständigkeit, die Ermittlung von Mustern, harten Duplikaten, Null-Werten, das Anzeigen von Differenzen und einer Validierung von Attributen. Um redundante Datensätze zu ermitteln, die nicht völlig äquivalent sind, wurden Methoden entwickelt, die auf Basis distanzbasierender und phonetischer Algorithmen aufbauen. Dadurch konnte eine deutlich höhere Erkennungsrate bei Testdurchläufen erzielt werden. Mit Hilfe von Referenzdaten ließ sich die Problematik von inkorrekten Werten innerhalb eines Tupels lösen. Am Beispiel von Adressdaten wurden Datensätze ermittelt, die nicht fehlerfreie Zuordnungen von Postleitzahl und Ort oder Postleitzahl und Straße aufwiesen. Fehlte ein Attribut, wurde mittels der Referenzdaten ein möglicher zugehöriger Wert angezeigt. Durch die Verwendung der GD Library (GDlib) konnten dynamisch erzeugte Grafiken zur optischen Unterstützung der Ergebnisse integriert werden.
Mit Hilfe des *Data Cleaning Toolkit* kann man einen Überblick über die Qualität von Daten erhalten. Um den Funktionsumfang auszubauen sind weitere Anforderungen zu erfüllen. Das Einlesen von XML oder Comma Separated Values (CSV)Streams und das Erstellen von Verbindungen zu weiteren DBMS würde das Spektrum an möglichen operativer Datenquellen vergrößern. Ein frei konfigurierbarer Datenfilter oder Parser lässt in diesem Zusammenhang eine eindeutigere

Auswahl zu. Eine Erweiterung und Verbesserung des *Data Profiling* durch weitere Analysemethoden wäre von Vorteil. So lassen sich noch Funktionen zum Bestimmen von Ausreißerwerten oder Größen wie Durchschnitt, Maximum, Minimum, Mittelwert etc. implementieren. Der Bereich des Clustering ist erweiterbar durch zusätzliche Analysen und Visualisierungen. Eine erweiterte Mustererkennung sowie die Umsetzung von Assoziationsanalysen kann ebenfalls in Betracht gezogen werden. Zum Normalisieren und Validieren sollten Parameter (Formatierungsvorschriften, Elementizing, Standardisierungen) dynamisch änderbar sein, um eine breite Palette an Kundenwünschen abdecken zu können. Eine Anreicherung von Datenbeständen ist im Zusammenhang mit dem Vergleich von Referenzdaten möglicherweise sinnvoll. Hier kann nach der Identifikation von Abweichungen umgehend ein fehlerhafter Eintrag korrigiert und Null-Felder mit Informationen gefüllt werden. Danach sollte es auch möglich sein, den veränderten Datenbestand in ein frei wählbares Format zu exportieren. Ein Reportingsystem rundet die Applikation mit einem Bereitstellen von Datenhistorien oder Ergebnisberichten einer Qualitätsanalyse ab.

Sollten diese Erweiterungen im *Data Cleaning Toolkit* integriert werden, verringert sich die Distanz zu kommerziellen Produkten erheblich und stellt somit eine echte Alternative dar.

Literaturverzeichnis

[91201] ISO/IEC 9126-1. *Software engineering - product quality - quality model*. INTERNATIONAL STANDARD, 06 2001.

[Bal96] Helmut Balzert. *Lehrbuch der Software-Technik: Software-Entwicklung*. Spektrum, 1996.

[BG01] Andreas Bauer and Holger Günzel. *Data Warehouse Systeme - Architektur, Entwicklung, Anwendung*. dpunkt.verlag, 2001.

[Ble04] Jens Bleiholder. *Techniken des Data Merging in Integrationssystemen*. Institut für Informatik, Humboldt-Universität zu Berlin, 2004.

[BMR$^+$98] F. Buschmann, R. Meunier, H. Rohnert, P. Sommerlad, and M. Stal. *Patternorientierte Softwarearchitektur - Ein Pattern-System*. Addison-Wesley, 1998.

[BN04] Jens Bleiholder and Felix Naumann. *FUSE BY - Syntax und Semantik zur Informationsfusion in SQL*. Humboldt-Universität zu Berlin, 2004.

[BR04] Navneet Bhushan and Kanwal Rai. *Strategic Decision Making - Applying the Analytic Hierarchy Process*. Springer-Verlag London, 2004.

[Bun06] Statistisches Bundesamt. *Statistisches Jahrbuch 2006 - Für die Bundesrepublik Deutschland*. Statistisches Bundesamt, Wiesbaden, 2006.

[CDK02] George Coulouris, Jean Dollimore, and Tim Kindberg. *Verteilte Systeme - Konzepte und Design*. Pearson Studium, 2002.

[CG99] P. Chamoni and P. Gluchowski. *Analytische Informationssysteme - Data Wharehouse, On-Line Analytical Processing, Data Mining*. Springer, 1999.

[CO05] Darren Cunningham and Philip On. *Business Objects Data Integration - A Technical Overview*. Business Objects, 2005.

[Coh98]   William W. Cohen. Integration of heterogeneous databases without common domains using queries based on textual similarity. In *ACM SIGMOD*, pages 201–212, 1998.

[DKR93]   R. Diebgen, W. Kuyper, and K. Rüdiger. *Mathematik - Stochastik.* Cornelsen, 1993.

[ED04]   Mohammad Esad-Djou. *Datenintegration in P2P-Datenverbünden.* Universität Leipzig - Institut für Informatik, 2004.

[Eik99]   Line Eikvil. *Information Extraction from World Wide Web - A Survey.* Norsk Regnesentral, 1999.

[FB07]   Dirk Friedrich and Carsten Bange. *Business Intelligence im Mittelstand - Eine Studie über Status quo von Business-Intelligence-Software in mittelständischen Unternehmen im deutschsprachigen Raum.* BARC, 2007.

[FIA07]   FUZZY!-Informatik-AG. Datenqualität als basis des unternehmenserfolgs. www.fazi.de, 24. Juli 2007.

[FS69]   Ivan P. Fellegi and Alan B. Sunter. A theory for record linkage. *Journal of the American Statistical Association*, 64:1183–1210, 1969.

[Gam07]   Joseph Gama. Levenshtein distance algorithm: Tsql implementation. http://www.merriampark.com/ldtsql.htm, 8. August 2007.

[GBVR03]   Lifang Gu, Rohan Baxter, Deanne Vickers, and Chris Rainsford. *Record Linkage: Current Practice and Future Directions.* CSIRO Mathematical and Information Sciences, Canberra, Australia, cmis technical report no. 03/83 edition, 2003.

[GKHK68]   W. Gellert, H. Küstner, M. Hellwich, and H. Kästner. *Kleine Enzyklopädie - Mathematik.* VEB Bibliografisches Institut Leipzig, 1968.

[GL94]   César A. Galindo-Legaria. Outerjoins as disjunctions. In *SIGMOD*, pages 384–358, 1994.

[GRWD00]   Marci Frohock Garcia, Jamie Reding, Edward Whalen, and Steve Adrien DeLuca. *Microsoft SQL Server 2000 - Das Handbuch.* Microsoft Press, 2000.

[HHNR05]   R. Hesse, S. Herschel, F. Naumann, and A. Roth. Self-extending peer data management. 2005.

Literaturverzeichnis

[HID07] Human-Inference-Deutschland. Optimierung von geschäftsabschlüssen durch steigerung und sicherung der datenqualität. http://www.humaninference.de/, 24. Juli 2007.

[HIST03] A. Halevy, Z. Ives, D. Suciu, and I. Tatarinov. Schema mediation in peer data management systems. In *Proc. of ICDE*, 2003.

[HK01] Jiawei Han and Micheline Kamber. *Data Mining: Concepts and Techniques*. Morgan Kaufmann Publishers, 2001.

[Hol07] Robert Hollmann. *Webbasierte Datenintegration - Auffinden und Bereinigen von Duplikaten in heterogenen Datenbeständen zur Vorbereitung auf die Informationsanreicherung*. Fachhochschule Erfurt - Angewandte Informatik, Altonaer Straße 25, 99085 Erfurt, 2007.

[HR01] Theo Härder and Erhard Rahm. *Datenbanksysteme - Konzepte und Techniken der Implementierung*, volume 2. Springer-Verlag, 2001.

[HS98] Mauricio A. Hernandez and Salvatore J. Stolfo. Real-world data is dirty: Data cleansing and the merge/purge problem. *Data Mining and Knowledge Discovery*, 2:9–37, 1998.

[Hyy02] Heikki Hyyro. *A Bit-Vector Algorithm for Computing Levenshtein and Damerau Edit Distances*. Department of Computer and Information Sciences, 33014 University of Tampere, Finland, 2002.

[Inf07] Informatica. Informatica powercenter - der neue standard der betrieblichen datenintegration. http://www.informatica.com/, 23. Juli 2007.

[JJQV99] Matthias Jarke, Manfred A. Jeusfeld, Christoph Quix, and Panos Vassiliadis. Architecture and quality in data warehouses: An extended repository approach. *Information Systems*, 24(3):229–253, 1999.

[KB02] Gerd F. Kamiske and Jörg-Peter Brauer. *ABC des Qualitätsmanagements*. HANSER, 2002.

[KHLM05] Jaewoo Kang, Tae Sik Han, Dongwon Lee, and Prasenjit Mitra. Establishing value mappings using statistical models and user feedback. In *CIKM '05: Proceedings of the 14th ACM international conference on Information and knowledge management*, pages 68–75. ACM Press, 2005.

[Les99] Ulf Leser. *Globale Anfragebearbeitung mit verteilten und heterogenen Datenquellen.* Technische Universität Berlin, Einsteinufer 17, 10587 Berlin, 1999.

[LL07] Jochen Ludewig and Horst Lichter. *Software Engineering - Grundlagen, Menschen, Prozesse, Techiken.* dpunkt.verlag, 2007.

[LMHR02] E. T. Lin L. M. Haas and M. A. Roth. Data integration through database federation. *IBM Systems Journal*, 41(4):578–596, 2002.

[LN07] Ulf Leser and Felix Naumann. *Informationsintegration: Architekturen und Methoden zur Integration verteilter und heterogener Datenquellen.* dpunkt.verlag, 2007.

[LSS00] Laks V. S. Lakshmanan, Fereidoon Sadri, and Subbu N. Subramanian. Schemasql - an extension to sql for multi-database interoperability. *Database Systems*, 26:476–519, 2000.

[MaJBL05] Heiko Müller, Melanie Weis amd Jens Bleiholder, and Ulf Leser. Erkennen und bereinigen von datenfehlern in naturwissenschaftlichen daten. *Datenbank Spektrum*, pages 1–10, 2005.

[ME96] Alvaro E. Monge and Charles P. Elkan. *The field matching problem: Algorithms and applications.* Department of Computer Science and Engineering, University of California, San Diego, 1996.

[MF03] Heiko Müller and Johann-Christoph Freytag. *Problems, Methods, and Challenges in Comprehensive Data Cleansing.* Humboldt-Universität zu Berlin, 10099 Berlin, 2003.

[MM00] Jonathan I. Maletic and Andrian Marcus. *Data Cleansing: Beyond Integrity Analysis.* Proceedings of The Conference on Information Quality (IQ2000), Massachusetts Institute of Technology, Boston, MA, USA, 2000.

[MM04] Andrian Marcus and Jonathan I. Maletic. *Utilizing Association Rules for the Identification of Errors in Data.* The Department of Mathematical Sciences, The University of Memphis, technical report cs-00-04 edition, 2004.

[Mon00] A. Monge. Matching algorithms within a duplicate detection system. *IEEE Data Engineering Bulletin*, 23(4):14–20, 2000.

Literaturverzeichnis 85

[Nau02]   Felix Naumann. *Quality-Driven Query Answering for Integrated Information Systems*. Springer-Verlag New York, Inc., New York, NY, USA, 2002.

[Nau06]   Felix Naumann. Datenqualität. *Informatik-Spektrum*, 1:27–31, 2006.

[ODQG07] OMIKRON-Data-Quality-GmbH. Bessere daten mehr erfolg. http://www.omikron.net/, 24. Juli 2007.

[Ols03]   Jack E. Olson. *Data Quality - The Accuracy Dimension*. Morgan Kaufmann Publishers, 2003.

[ORA06]   ORACLE. Data integrator user's guide, 2006.

[RD00]   Erhard Rahm and Hong-Hai Do. Data cleaning: Problems and current approaches. *IEEE Bulletin of the Technical Committee on Data Engineering*, 23:1–11, 2000.

[Res07]   P. Resnick. Rfc2822 - internet message format. http://tools.ietf.org/html/rfc2822, 8. August 2007.

[RN04]   Armin Roth and Felix Naumann. *Qualitäts- und Semantikgesteuerte Anfragebearbeitung für Peer-basierte Datenmanagementsysteme (PDMS)*. DaimlerChrysler Forschungszentrum Ulm and Humboldt-Universität zu Berlin, 2004.

[RS97]   M. Roth and P. Schwarz. *A Wrapper Architecture for Legacy Data Sources*. IBM Almaden Research Center, 1997.

[Saa86]   Thomas L. Saaty. Axiomatic foundation of the analytic hierarchy procress. *Management Science*, 32:841–855, 1986.

[Sch06]   Stephan Schmidt. *PHP Design Patterns - Entwurfmuster für die Praxis*. O'REILLY, 2006.

[SÄD07]   SÄDL. Datenangebot der einzelnen statistischen Ämter des bundes und der länder. http://www.statistik-portal.de/Statistik-Portal/home.asp, 27. August 2007.

[She06]   Kai Shen. Websphere information server - datenintegration und dataqualität. IBM Software Group Information Management, 2006.

[SHS05]   Gunter Saake, Andreas Heuer, and Kai-Uwe Sattler. *Datenbanken: Implementierungstechniken*. mitp, 2005. in Bibo : ST 207 S111 (2).

[Sie03] Johannes Siedersleben. *Softwaretechnik - Praxiswissen für Softwareingenieure.* HANSER - Verlag, 2003.

[SL90] Amit P. Sheth and James A. Larson. Federated database systems for managing distributed, heterogeneous, and autonomous databases. *ACM Computing Surveys*, 22(3):183–236, 1990.

[The07] ThePHPGroup. Smarty template engine. http://smarty.php.net/, 8. August 2007.

[Tra05] Adam Trachtenberg. *Umsteigen auf PHP 5 - Die Neuerungen praktisch umsetzen*, volume 1. O'REILLY, 2005.

[UKJ07] Georg Urban, Alexander Köller, and Bernd Jungbluth. *SQL Server 2005 - Entwicklerhandbuch.* Microsoft Press, 2007.

[UNI03] UNISERV. Data quality bei der bewirtschaftung großer adressdatenbanken. *Solutions - UNISERV Nachrichten*, pages 7–9, 2003.

[VPZ88] Jari Veijalainen and Radu Popescu-Zeletin. Map: an open multidatabase system architecture. In *EW 3: Proceedings of the 3rd workshop on ACM SIGOPS European workshop*, pages 1–4. ACM Press, 1988.

[WHB05] Xin Wang, Howard J. Hamilton, and Yashu Bither. *An Ontology-Based Approach to Data Cleaning.* Department of Computer Science, University of Regina, 2005.

[Wie92] Gido Wiederhold. Mediators in the architecture of future information systems. In *The IEEE Comuter Magazine*, 1992.

[Wie95] Gio Wiederhold. *Value-added Mediation in Large-Scale Information Systems.* Computer Science Department - Stanford University, Stanford CA 94305, USQ, 1995.

[Wil05] D. Randall Wilson. *Name Standardization for Genealogical Record Linkage.* Family & Church History Department, 2005.

[WLR90] Leo Mark Witold Litwin and Nick Roussopoulos. Interoperability of multiple autonomous databases. *ACM Comput. Surv.*, 22:267–293, 1990.

[WS96] Richard Y. Wang and Diane M. Strong. Beyond accuracy: what data quality means to data consumers. *Journal of Management Information Systems*, 12(4):5–33, 1996.

[WS01] Richard Waymire and Rick Sawtell. *MSSQL Server*. Markt + Technik Verlag, 2001.

[YH07] Taho Yang and Chih-Ching Hung. Multiple-attribute decision making methods for plant layout design problem. *Robot. Comput.-Integr. Manuf.*, 23(1):126–137, 2007.

[YO99] Ling-Ling Yan and M. Tamer Ozsu. Conflict tolerant queries in aurora. In *Conference on Cooperative Information Systems*, pages 279–290, 1999.

[You07] Susan D. Young. Soundex code conversion chart. http://www.ancestrysolutions.com/soundex.html, 8. August 2007.

[ZD96] J. Zobel and P. W. Dart. Phonetic string matching: Lessons from information retrieval. In *Proceedings of the 19th International Conference on Research and Development in Information Retrieval*, pages 166–172, Zurich, Switzerland, 1996. ACM Press.

[Zen07] ZendTechnologies. Zend framework - open source framework for developing web applications and web services with php. http://framework.zend.com/home, 8. August 2007.

[Zin07] Harry Zingel. Qualitätsmanagement und die iso9000er familie. volume 3.10, 2007.

Teil II

Auffinden und Bereinigen von Duplikaten in heterogenen Datenbeständen

– Robert Hollmann –

8 Einleitung

Über Jahrzehnte hinweg haben sich IT- basierte Systeme in Unternehmen etabliert. Diese steuern Maschinen, unterstützen den Menschen im Arbeitsablauf, stellen Informationen bereit und bilden die Basis der Kommunikation im- und zwischen Unternehmen. Solche Systeme wurden sukzessiv entwickelt und eingeführt. Oft bearbeiten Sie nur Teilprobleme und funktionieren in so genannten Insellösungen, also innerhalb eines begrenzten Aktionsraum im Unternehmen. Durch die Vielgestaltigkeit, die unterschiedlichen Anforderungen, wie auch die verschiedenen Architekturen, Zielbestimmungen und Hersteller, ist eine Kommunikation der einzelnen Systeme untereinander häufig sehr schwer zu realisieren, oder gar nicht möglich. So entstehen Architektur- und Medienbrüche, die wiederum zu Verzögerungen und Fehlern im Arbeitsablauf führen. Erst seit Anfang der 90er-Jahre (vgl. [Gad05]) etablieren sich zusehends integrierte Systeme, die versuchen auf Grund einer einheitlichen Datenbasis Informationen zur Verfügung zu stellen und den Geschäftsprozess ganzheitlich zu unterstützen. So genannte ERP-Systeme bilden den Geschäftsprozess im Rahmen der Planung und Steuerung ab. Für den Kontakt und das Verwalten von Kunden und Kommunikationsvorhaben werden heute CRM (Customer Relationship Management) Systeme benutzt. Für das Fällen von wichtigen Entscheidungen und dem zur Verfügung stellen einer ganzheitlichen Informationsbasis werden so genannte analytische Systeme, wie Data-Warehouses oder Data-Marts, herangezogen.

Ein System, das integrierte Informationen für vielfältige Anwendungsgebiete bereit stellt, zeichnet sich vor allem durch äußerste Komplexität aus. Abbildung 8.1, zeigt extrem abstrahiert, die grundlegenden Architekturmerkmale einer solchen Anwendung, die von verschiedenen Autoren ([SL90],[Wie97], [DMMW03]) in der Literatur beschrieben wurden.

Erst durch solche integrative Systeme ist es möglich, Entscheidungen auf Grundlage einer einheitlichen Informationsbasis zu treffen, Schwachstellen bei der Unternehmenskommunikation festzustellen oder Zugriff auf ganz neues Wissen von internen und externen Datenquellen zu erhalten.

Bei der Integration von IT- gestützten Systemen wird von den Autoren Naumann oder Desloch et al. ([NL07],[DMMW03]) aus Anwendungssicht in verschiedene Arten der Integrationsvorhaben unterschieden. So können z.B. Anwendungssoftware mit Hilfe von Middleware verbunden und Informationen aus verschiedenen

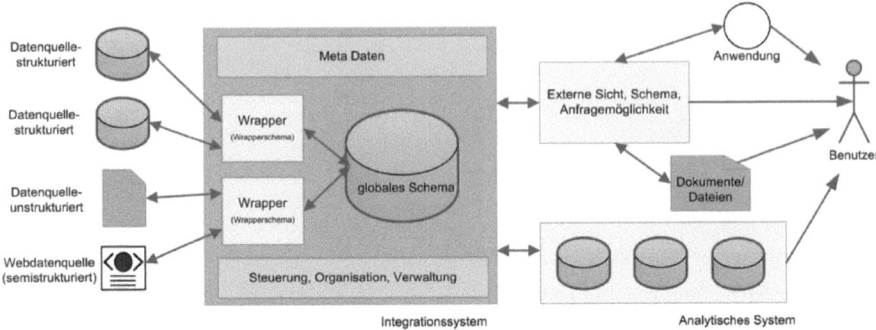

Abbildung 8.1: Allgemeine Architektur einer Integrationslösung abgeändert in Anlehnung an [NL07]

Systemen mit Hilfe eines Portals für den Benutzer zur Verfügung gestellt werden. Ein solches Portal wird von Desloch et al. [DMMW03] als:

„"...a single entry point to applications and information sources „on-the-glass"..."

bezeichnet, also als eine einzelne Informationsmöglichkeit für den Benutzer. Informationsintegration geht hier einige Schritte weiter und versucht eine einheitlich zugreifbare Datenbasis zur weiteren Benutzung zu schaffen. Informationen aus allen heterogenen Quellsystemen sollen in einer geeigneten Form für die Anwendungen und Anwender zur Verfügung stehen. Ein solches Informationssystem stellt damit eine einheitliche Sicht auf die Datenquellen zur Verfügung. (vgl. [NL07]).

Eines der wohl gravierendsten Probleme bei der Fusion von Informationen ist die Qualität der zu integrierenden Daten. Einige Schwierigkeiten vor und während des Integrationsprozesses tragen zur Verschlechterung der Qualität bei oder verhindern ein hohes Maß an zuverlässiger Information. Diese Probleme haben vielfältige Ursachen, wobei die Integration selbst, bereits vorhandene Mängel verstärkten bzw. neue Defizite mit sich bringen kann. Diesen Umstand gilt es durch konsequente Datenqualitätssicherung zu vermindern oder gänzlich zu umgehen.

8.1 Motivation

Der Umstand, dass wie eingangs erwähnt, die Datenqualität im Rahmen eines Informationsintegrationsprozesses eine der größten Herausforderungen darstellt, bildet die Notwendigkeit einer näheren Diskussion des Themas. Des Weiteren zeigten die Literatur und eigene Erfahrungen in der freien Wirtschaft, dass die Beseitigung von Datenqualitätsmängeln ein enormes Potential im Hinblick auf Kostenersparnis und Optimierung bietet. Außerdem ergibt die Einbeziehung von neuen externen Datenquellen, wie z.B. mit Hilfe des Internets, neue Chancen und Herausforderungen für IT und Wirtschaft. An dieser Stelle soll Prof. Dr. Felix Naumann, Leiter des Fachgebiets Informationssysteme am Hasso Plattner Institut, mit einer Übersetzung zitiert werden:

> „Die Integration von Daten verschiedener Quellen ist eines der anhaltendsten Probleme der Datenbankforschung. Es ist nicht nur ein Problem fast aller Unternehmen, sondern die Forschung wird auch von der Aussicht angetrieben, Daten auf das Web zu integrieren. ..."
> [NL07]

8.2 Zielstellungen dieser Arbeit

Datenqualität spielt eine Schlüsselrolle bei der Informationsintegration. Aus diesem Grund entsteht im Rahmen dieser Masterarbeit ein Softwarewerkzeug, dass die Benutzer während eines Integrationsprozesses bei der Bewertung der Datenqualität unterstützt, Verbesserungen herbeiführen kann und Empfehlungen für die Datenqualitätssicherung gibt. Hierbei sollen angewendete Verfahrensweisen und Algorithmen auch im Fokus auf etablierte Literatur und Verfahren diskutiert und erläutert werden. Das entwickelte, so genannte „Data Cleaning Toolkit- DCT", stellt eine vollständig auf Internettechnologie basierende Werkzeugsammlung für das Bewerten der Datenqualität, dem Datenprofiling, dem Datenbereinigen, wie auch dem Aufspüren von Duplikaten dar. Hierbei werden verschiedenste algorithmische, phonetische Verfahren sowie externe Datenquellen einbezogen. Mit Hilfe dieser externen Informationen, sofern diese als valide einzustufen sind, wäre es in einem weiteren Schritt möglich, den Informationsgehalt der qualitativ bewerteten und verbesserten Daten zu erhöhen. Die vorliegende Arbeit beschreibt Grundlagen der Informationsintegration im Fokus der Datenqualität, sowie die benötigten Vorgehensweisen und Architekturen für die Durchführung einer solchen. Des Weiteren wird auf die Funktionen der entwickelten Software im Hinblick auf Duplikatidentifizierung und dem Entfernen dieser Dubletten Wert gelegt. Die ebenfalls in der Software verfügbaren Profiling- und Bereinigungsfunktionen, wie auch deren technische und theoretischen Hintergründe, beschreibt Projektpartner und Mitentwickler Steven Helmis in dessen Master Thesis (vgl. [Hel07]).

8.3 Gliederung dieser Arbeit

Im folgenden Kapitel wird versucht, die für das Verständnis benötigten Grundbegriffe im Bezug auf die Datenqualität bei der Integration von Informationen zu definieren und anhand von Beispielen zu erläutern.

Im dritten Kapitel werden die Grundprinzipien von Qualität, die Besonderheiten der Qualitätssicherung von Daten, wie auch der IST-Stand in Unternehmen der Wirtschaft beleuchtet. Es wird gezeigt, wie allgemein gültige Qualitätsprinzipien auf Daten und Informationen angewendet werden können. Außerdem versucht das Kapitel eine möglichst eindeutige Einordnung und Quantifizierung von Merkmalen für die Datenqualität darzustellen.

Bevor in Kapitel Fünf auf konkret umsetzbare Aspekte der Duplettenbereinigung unter Verwendung verschiedenster Verfahren eingegangen wird, zeigt Kapitel Vier die Gründe für die Entstehung solcher Duplikate, sowie die theoretischen Grundlagen für das Suchen und Identifizieren von doppelten Einträgen.

Im sechsten und siebenten Kapitel wird eine praktische Umsetzung einer Datenqualitätslösung, das „Data Cleaning Toolkit- DCT" im Hinblick auf die Bewertung der Datenqualität allgemein und dem Auffinden von Duplikaten im Speziellen beschrieben.

Im Anschluss wird ein Resümee über die erfolgte Forschung und Entwicklung gezogen und ein Ausblick auf zukünftige Erweiterungen, mögliche Potentiale, aber auch Risiken gegeben.

9 Informationen, Daten und Wissen- ein Definitionsversuch

Einleitend soll in diesem Kapitel der Begriff „Information" geklärt, Möglichkeiten und Notwendigkeiten für eine Integration von Informationen aus ganz verschiedenen, unterschiedlich charakterisierten Datenquellen erläutert werden. Die verschiedenen Arten von Informationen bzw. die Verwendung des Begriffs „Information" in verschiedenen Kontexten wird gezeigt. Außerdem beleuchtet dieses Kapitel die Quellen sowie die Senken von Informationen, deren Charakterisierung, wie auch die Umformungsprozesse, deren eine Information im Laufe ihres Lebenszyklus unterworfen ist.

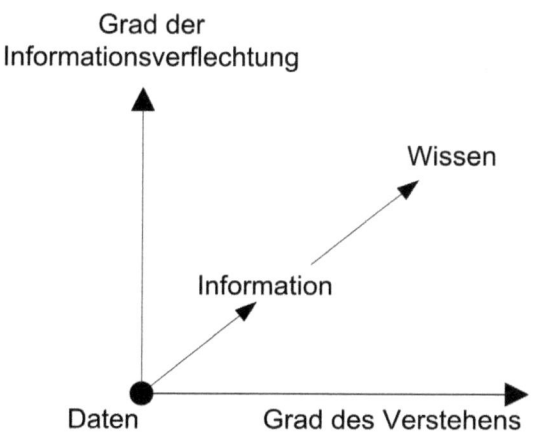

Abbildung 9.1: Daten, Information und Wissen in Anlehnung an [BCM04]

9.1 Begriffsdefinitionen

9.1.1 Daten

In allen Bereichen des Lebens fallen aufgrund der hohen Automatisierung und dem alltäglichen Einsatz von IT- gestützten Informationssystemen und Anwendungen eine Unmenge von Daten an. Diese Daten werden in verschiedenen Formaten gespeichert, weiterverarbeitet oder anderen Systemen zur Verfügung gestellt. So verbleiben Daten z.B. im Binär-Format in softwarespezifischen Dateien oder werden in universell- zugreifbaren Datenbanksystemen und Auszeichnungssprachen (so z.B. „MySQL" oder XML) abgelegt. Ein Datensatz beschreibt einen Teilausschnitt aus der als Wahrheit angenommenen Realität (Diskurswelt). Bei dieser Formulierung zeigt sich bereits, dass für eine nutzbringende Weiterverarbeitung die Richtigkeit des entsprechenden Eintrags gegeben sein muss. Eine lose Sammlung von Daten existiert, auch wenn sie noch nicht in einer nutzbaren, also weiterverarbeitbaren Zusammenfassung vorliegen. Ein Daten-Wert kann einfach und nützlich sein oder keinen verwertbaren Informationsgehalt haben. Als Beispiel könnte eine Zahl in einer Tabellenkalkulationsspalte genannt werden. Ohne weitere Beschreibung ist diese Datenspalte nutzlos. Erfolgt jedoch eine Beschriftung mit weiteren (Meta)- Informationen zur Beschreibung der Spalte, kann sich aus dem Datenwert eine nützliche Information ergeben.

9.1.2 Information

Eine Information hingegen hat das Potential als nützlich eingestuft zu werden. Sie beantwortet im Normalfall typische Fragen wie „Wer?", „Was?", „Wann?", „Wo?" und stellen somit Zusammenhänge dar. Durch das Erkennen der Beziehungen der Rohdaten untereinander, kann ein Sinn und eine Bedeutung erschlossen werden. Die Struktur eines relationalen Datenbanksystems kann am Besten dieses Beispiel aus der realen Welt darstellen. Hier werden Daten gespeichert, die über die entsprechenden Relationen in Verbindung zueinander gesetzt werden. Diese Entitäten beinhalten Daten, wie auch die Beziehungen der Entitäten untereinander und beschreiben in einem virtuellen Raum einen Ausschnitt aus der realen Welt. Eine Information stellt also die Verknüpfung von einzelnen Daten zu komplexeren Zusammenhängen dar.

9.1 Begriffsdefinitionen

9.1.3 Wissen

Die nächsthöhere Instanz in der zusammenhängenden Kette der Daten und Information ist das Wissen (siehe Abb. 9.1). Es bildet die Abstraktion der Informationen und beantwortet auch die Zusammenhänge der Informationen, die als Wahrheit angenommen werden. Das Wissen beantwortet die Frage „Warum?" und ermöglicht es, neue Fragestellungen zu erhalten, die wiederum durch Beleg mit Daten und Informationen zu neuem Wissen führen. Wissen wird im Verlaufe der Zeit erlernt und Fragestellungen werden beantwortet. Auch Informationstechnologie kann durch so genanntes „maschinelles Lernen" Wissen erlangen. In Datenbeständen wird zwischen implizitem und explizitem Wissen unterschieden. Bei explizitem Wissen kann aufgrund der gesammelten Informationen in einem Informationssystem Wissen direkt abgeleitet werden. Implizites Wissen wird erst durch die Analyse und Transformation der Daten- und Informationen entdeckt und freigelegt. Solche Erkenntnisse zu extrahieren ist die Aufgabe des Dataminings, auch hierfür ist eine angemessene Datenqualität notwendig.

Nachdem die Zusammenhänge zwischen Daten, Informationen und Wissen erläutert wurden, erfolgt die Verwendung der Begriffe Daten und Informationen im Rahmen dieser Arbeit synonym, da auch einschlägige Literatur oft keine klare Trennung vornimmt. Sollte das Thema jedoch eine Abgrenzung notwendig machen, wird entsprechend darauf verwiesen.

9.1.4 Bedeutung, Struktur, Verwendung

Diese Dreiteilung, respektive Semantik, Syntaktik, Pragmatik, beschreibt die Beziehung von Daten, Informationen und Wissen (vgl. [Hin02]) und repräsentiert gleichzeitig eine der größten Schwierigkeiten bei der Integration von Informationen. In Anlehnung an die Linguistik wird dieser Zusammenhang als Semiotisches Dreieck (Abbildung 9.2) bezeichnet (vgl. [Lew90]). Die Problematik liegt in den drei Eckpunkten des Dreiecks. Nur die Struktur und Bedeutung der Daten, die eine Information bilden, können inhaltsmäßig bewertet werden und ergeben nur im richtigen Kontext einen logisch nachvollziehbaren Inhalt. Demzufolge ist die semantische Einordnung von heterogenen Daten im Zuge einer Integration eine der wichtigsten und zugleich kompliziertesten Schritte. Werden syntaktisch richtige Informationen mit fehlerhafter Semantik belegt, kann ein totaler Informationsverlust entstehen, der ein Integrationsvorhaben gefährdet. Ein triviales Beispiel soll das verdeutlichen. Wird z.B. ein Datenbanktimestamp anstelle eines Geburtsdatums in die föderierte Datenbasis integriert, so entstehen sachlich falsche Informationen, die in den heterogenen Quelldatenbeständen noch korrekt waren.

Abbildung 9.2: Semiotisches Dreieck nach [Lew90]

9.2 Herkunft von Daten und Informationen

Um die Notwendigkeit der Datenintegration wie auch die Folgen mangelnder Datenqualität zu verstehen, ist es wichtig die Herkunft und die Entstehung von Daten zu kennen. Daten können auf ganz unterschiedliche Weise entstehen. Sie fallen beim Betrieb von Softwareprodukten an, oder werden im Verlauf eines Geschäftsprozesses eines Unternehmens erzeugt. Sie können von einem Sachbearbeiter in ein System eingepflegt werden, oder sie entstehen automatisch und ereignisdiskret durch das Erfassen von Messdaten, z.B. über Sensoren. Des Weiteren tragen Simulationen zur Entstehung von großen Datenmengen bei. Diese Daten werden immer häufiger zu Analysezwecken, aus rechtlichen Gründen, oder zum Zwecke der Datensicherung gespeichert. Dies geschieht durch die Vielzahl von unterschiedlichen, in einer Institution vorhandener Systeme, oft unter Inkaufnahme der doppelten Speicherung und der Redundanzhaltung.

Im Hinblick auf Systemressourcen wie z.B. Speicherplatz verlieren dieses Datenmengen an Relevanz, da Speicher sehr preisgünstig ist, bzw. in ausreichenden Mengen zur Verfügung steht. Auch das führt wiederum zur Vernachlässigung der Datenqualität und zu Redundanzen. Abbildung 9.3 zeigt in Anlehnung an [NL07] eine Übersicht über die mögliche Datenherkunft und gleichzeitig die wichtigsten Datenquellen für ein integriertes Informationssystem.

9.3 Beschaffenheit von Daten und Zugriff auf Informationen

Wie in Abschnitt 9.1.1 bereits angedeutet, können Daten und deren Beziehungen untereinander, also Informationen, in unterschiedlichen Strukturen gespeichert

9.3 Beschaffenheit von Daten und Zugriff auf Informationen

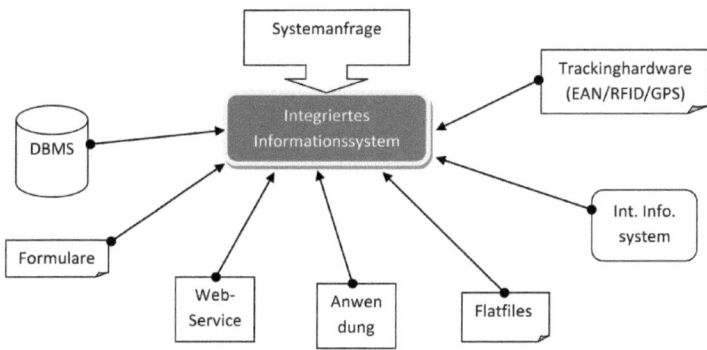

Abbildung 9.3: Übersicht über mögliche Datenquellen nach [NL07]

werden. Naumann nimmt in [NL07] eine Dreiteilung der gespeicherten Daten vor. Hier wird in strukturierte Daten (z.B. relationale Datenmodelle), semistrukturierte Daten (XML-Format ohne DTD oder XML-Schema) sowie gänzlich unstrukturierte Daten, z.B. Text, unterschieden. Diese Einteilung wird in Abbildung 9.4 ohne den Anspruch auf Vollständigkeit dargestellt.

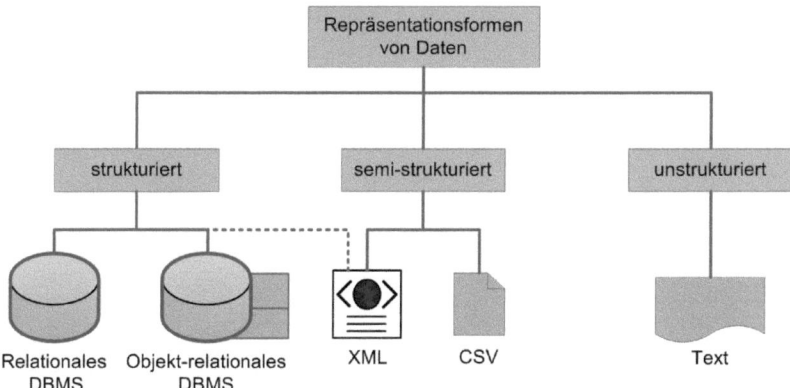

Abbildung 9.4: Einteilung der Datenbeschaffenheit

Im Kontext des Speicherns von Wissen, also Daten und deren Verbindung untereinander, (Siehe 9.1) wird deutlich, dass reale Teilausschnitte aus der Wirklichkeit am besten in einem (objekt-) relationalen Datenbanksystem vorgehalten werden. Hier bilden Tabellen, Attribute (Spalten) und Tupel (Zeilen) die Entitäten der Wirklichkeit ab. Beziehungen zu anderen Elementen, die für das Abbilden der Realität benötigt werden, werden durch Schlüssel und Constraints durchgesetzt. Diese Referenzen halten die realitätsgetreue Wiedergabe der Beziehung der Daten- und Informationen aufrecht. In Tabelle 9.1 wird die Speicherung einer möglichen Kundenentität verdeutlicht. Das von Codd [Cod83] entwickelte Modell, das auch heute noch Grundlage aller modernen DBMS bildet, strebt eine möglichst vollständig redundanzfreie Modellierung an. Daten sollen ohne Wiederholungen gehalten werden. So z.B. sollte die Adresse zu einem Kunden nicht vollständig in einem Attribut Adresse gespeichert werden, sondern für eine weitere Verwendung in eine Kontakttabelle ausgelagert sein. Die Kontaktinformationen (siehe Abbildung 9.2) werden mit Hilfe einer eindeutigen ID, den so genannten Primärschlüsseln bzw. Fremdschlüsseln mit dem richtigen Kundendatensatz verbunden. Abbildung 9.5 verdeutlicht diesen Sachverhalt.

Beispieltabelle:**Kunden**				
id_kunde	**vorname**	**nachname**	**email**	**kontakt**
1	Mike	Müller	m_mueller@web.de	11
2	Steven	Schmidt	s@schmidt.de	12
3	Mike	Glotzkowski	mon@ster.ag	13

Tabelle 9.1: Beispiel für relationale Datenspeicherung- Tabelle Kunden

Beispieltabelle:**Kontakt**				
id_kontakt	**Straße**	**Hausnummer**	**Postleitzahl**	**Ort**
11	Altonaer-Straße	8	99087	Erfurt
12	Joseph-Rieß-Straße	25a	99085	Erfurt
13	Am Stadtrand	77	99423	Weimar

Tabelle 9.2: Beispiel für relationale Datenspeicherung- Tabelle Kontakt

Über eine Anfragesprache „SQL", die auf relationaler Algebra beruht, ist es möglich die Informationen aus den Tabellen abzufragen, zu manipulieren und zu löschen. Auch auf die Struktur der Tabellen selbst kann mit Hilfe dieser Sprache zugegriffen werden. Mit Hilfe des Schlüsselworts „SELECT", der anschließenden Spezifizierung der gewünschten Attribute sowie dem Tabellenname nach dem Schlüsselwort „FROM" und der anschließenden Einschränkung der Ergebnismenge in der „WHERE"- Klausel, ist es möglich Daten abzufragen.

9.3 Beschaffenheit von Daten und Zugriff auf Informationen

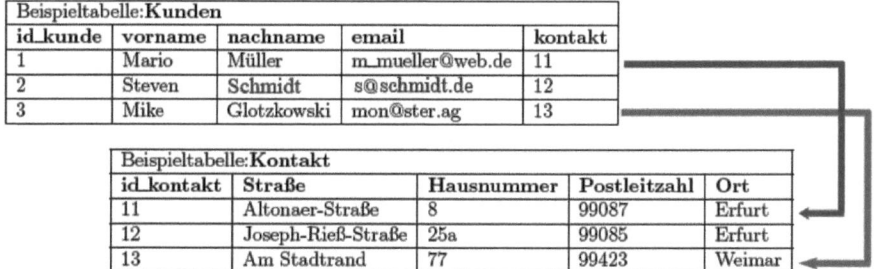

Abbildung 9.5: Schlüsselbeziehung zweier relationaler Tabellen

SELECT name,vorname,email FROM kunde WHERE vorname = 'mike';

Die im Beispiel gezeigte Abfrage wird alle Datensätze die den Vornamen „Mike"
tragen zurückgeben.
Über so genannte Joins ist es möglich die Daten über mehrere Tabellen hinweg
abzufragen, die einen Sachverhalt in der Wirklichkeit beschreiben. So z.B. die
vollständigen Kundenadressdaten eines bestimmten Kunden.
Dieser kurze Exkurs kann in keinem Fall die Mächtigkeit eines relationalen Datenbanksystems wiedergeben. Es erscheint jedoch sinnvoll, diese kurze Einführung in
die Schlüsseltechnologie der Datenintegration für das weitere Verständnis zu geben. Eine hervorragende Einführung, wie auch tiefer gehende Informationen zu
relationalen Datenbanksystemen geben Elmasri und Navathe (vgl. [EN02]) in Ihrem Standardwerk „Grundlagen von Datenbanksystemen".
Wie gezeigt wurde, erhält man durch die Benutzung von relationalen Datenbanken
eine sehr strikte und strukturierte Speicherform für Daten. Eine etwas lockerere
Möglichkeit Daten zu speichern und vor allem auszutauschen, bietet das sehr etablierte XML-Format. XML speichert die Daten maschinen- und menschenlesbar in
einer Baumstruktur mit Hilfe einer Auszeichnungssprache (vgl. [Ste05]). In einem
solchen Dokument werden Informationen unter Verwendung von „Tags" abgelegt.
Eine Definition, die so genannte DTD oder XML-Schema, gibt die Struktur des
Dokuments vor und beschreibt die Inhalte. Die Datenspeicherung für die die Kundeninformation, die schon als Beispiel angeführt wurde, könnte im XML-Format
die im *Listing 9.1* gezeigte Darstellungsform haben.

Listing 9.1: Daten im XML-Format

```
<daten>
 <kunde>
        <vorname>Maik</vorname>
        <name>Glotzkowski</name>
        <email>mon@ster.ag</email>
        <strasse>Am Stadtrand</strasse>
        <hausnummer>17</hausnummer>
        <ort>Weimar</ort>
        <postleitzahl>99423</postleitzahl>
 </kunde>
<daten>
```

Es bleibt festzuhalten, dass die Struktur eines solchen Dokuments Fluktuationen unterliegen kann. So kann die Reihenfolge der Tags unterschiedlich sein oder es können ganze Tags fehlen. Aufgrund dieser lockeren Struktur wird das XML-Format auch als semistrukturiert klassifiziert. Der Datenzugriff auf ein solches Dokument erfolgt mit einem Parser oder mit Hilfe von, an SQL angelehnten, Abfragesprachen wie z.b. „Xpath" oder „XQuery".

Die früheste Form der Datenspeicherung ist zweifelsohne die Textform, in der Informationen unstrukturiert im Text vorliegen. Diese Informationen und die gegebenen Zusammenhänge sind vom Menschen durch die Abstraktionsfähigkeit des menschlichen Gehirns nachvollziehbar. Direkt maschinell auf bestimmte Informationen in einem Text zuzugreifen gestaltet sich schwierig. Hierzu müssen inhaltliche Zusammenhänge beachtet, Spracheigenheiten berücksichtigt sowie gelerntes Wissen angewendet werden. Dies erfordert ein hohes Maß an künstlicher Intelligenz. Das so genannte „Textmining" versucht solche Zugriffe in einem IT-System zu ermöglichen. Hierbei werden umfangreiche Algorithmen zum maschinellen Lernen, phonetische und grammatikalische Ansätze, sowie Konzepte der künstlichen Intelligenz eingesetzt. Der Zugriff gestaltet sich hier also sehr schwierig und der Aufwand gebietet es, die anderen Strukturierungsvarianten für Daten vorzuziehen. Gerade aber für die Digitalisierung von Büchern, oder der marketingmäßigen Analyse von Emails bietet das Textmining interessante Anwendungsmöglichkeiten, die die Forschungsbemühungen auf diesem Gebiet weiter vorantreiben werden.

10 Informationsintegration im Fokus der Datenqualität

Dieses Kapitel diskutiert die Integration von Informationen und Daten vor dem Hintergrund der Datenqualität. Es zeigt sich, dass das Berücksichtigen der Qualität in einem zu integrierenden oder bereits integrierten Datenbestand eine Schlüsselrolle bei einem Integrationsprojekt in Bezug auf Kosten und vor allem auf Erfolg einnimmt. Der aktuelle Stand zum Thema -Datenqualität in Unternehmen- wird beleuchtet, genauso wie der Begriff Qualität im Kontext der etablierten ISO-Normen, wie auch im Zusammenhang mit Daten. Es stellt sich heraus, dass es Besonderheiten bei der Datenqualitätsmessung aufgrund des virtuellen Charakters der Datenprodukte gibt. Am Ende dieses Kapitels werden Methoden zur Erhebung und Sicherung der Datenqualität vorgestellt.

10.1 Ist-Stand in Unternehmen- Notwendigkeit der Integration

Für die Integration von Informationen kann es vielfältige Gründe für ein Unternehmen oder eine Institution geben. Im Zuge des immer schneller ablaufenden wirtschaftlichen Wandels, der schnellen Technologiealterung, wie auch der Globalisierung von Branchen und Märkten, ist Flexibilität eines Unternehmens der Schlüssel zu dessen Erfolg. Die eingangs dieser Arbeit schon erwähnten arbeitsschrittabhängigen Insellösungen, die primär die IT-Landschaft in einem Unternehmen prägen, machen die notwendige Flexibilität unmöglich. Medienbrüche und kein homogener Informationsfluss sind die Folge, was wiederum zu längeren Kommunikationswegen und verspäteten Entscheidungen führt. Einer der vornehmlichsten Gründe für die Informationsintegration ist also die Schaffung einer einheitlichen Informationsbasis über alle Prozesse und Kennzahlen in einem Unternehmen. Ein solches Informationssystem soll eine homogene Sicht auf verschiedenste Informationen und Datenquellen bieten (vgl. [NL07]). Doch nicht nur Insellösungen in einem Unternehmen zwingen zu einer Integration. Vor allem bei der Fusion von Unternehmen oder dem Zusammenlegen von Produktionsstandorten macht sich die Heterogenität der vorhandenen IT-Landschaft bemerkbar. Aber nicht nur in

Unternehmen der Wirtschaft, sondern besonders auch in Wissenschaft und Forschung werden einheitliche Informationsquellen immer wichtiger. So gibt es z.B. eine große Anzahl an biologischen und medizinischen Wissensdatenbanken. Es existieren z.B. ca. 858 Biodatenbanken, die sich teilweise in ihren Inhalten überschneiden, teilweise ergänzen (vgl. [Eck07]). Für eine effektive Forschung, die auf solchen Datenbeständen basieren soll, wäre ebenfalls eine einheitliche Sicht ohne Überschneidungen wünschenswert und sinnvoll. Gerade solche Duplikate kosten oft unnötige Rechenleistung und Zeit. Hier wird bereits deutlich, wie wichtig Qualität für die Integration ist.

Nicht nur Industrie und Wissenschaft haben den enormen Mehrwert, den eine einheitliche Informationsbasis bieten kann, erkannt, auch das Bankwesen zeigt zunehmendes Interesse an solchen Lösungen. So wird hier versucht, im Rahmen des „Basel-2" Projektes zur Risikoreduzierung, bei der Kreditvergabe auf Grundlage von förderierten Systemen, die geforderten Analysen und Bewertungen für das Einschätzen der Kreditwürdigkeit durchzuführen (vgl. [Stu06]). So wird versucht schnelle und valide Enstcheidungen für die Vergabe von Krediten auf Basis einer qualitativ hochwertigen, konsolidierten Datenbasis zu treffen. Natürlich muss an dieser Stelle auch das entscheidungsunterstützende „Data Warehousing" genannt werden. Im Rahmen des Ladeprozesses der heterogenen Daten für die anschließende Datenanalyse ist die Integration ein wesentlicher Schritt im Warehouseprozess. Auch die Standardliteratur (vgl. [Leh03]) schätzt die Bedeutung des Integrationsprozesses als hoch ein.

Aufgrund der vielen Anwendungsfälle und der enormen Vorteile eines integrierten Informationssystems, stellt sich die Frage nach dem aktuellen Ausbaustand solcher Systeme in Wirtschaftsunternehmen und Institutionen. Die Unternehmen beginnen auf Grund der Notwendigkeit von schnellen, einheitlichen und validen Informationen die Bedeutung eines förderierten Informationssystems zu begreifen. Auch die Hersteller von einschlägig bekannten ERP-Softwaresystemen reagieren und bieten entsprechende Integrationsmodule an. Auf Grund der hohen Spezialisierung in einzelnen Abschnitten eines Unternehmensprozesses und den entsprechend dort eingesetzten speziellen Software- und Hardwaresystemen, ist die Integration mit Standardlösungen nur selten zu bewältigen. Individuelle Anpassungen in Vorgehensweise und Software sind nötig. Die eigene Erfahrung zeigt, dass nur in sehr wenigen Unternehmen die Datenqualität Beachtung findet, obwohl mit Hilfe von einschlägigen ERP-Systemen versucht wird eine einheitliche Basis für betriebswirtschaftliche Entscheidungen zu treffen. Das führt zu Missverständnissen oder Fehlinformationen. Solche Fehler sind oft im Unternehmen bekannt und durch die Einführung weiterer Werkzeuge und Arbeitsschritte wird versucht, diese Defizite auszugleichen.

10.2 Informations- und Datenqualität

Eine typische IT-Struktur mit Medienbrüchen und Ineffizienzen, sowie dem Fehlen einer integrierten Datenbasis wird in Abbildung 10.1 dargestellt. Solche Strukturen sind aktuell sehr weit verbreitet. Aufgrund der eben genannten Vorteile und der notwendigen Flexibilität für Entscheidungen, ist hier in den nächsten Jahren mit Umstrukturierungen und Integrationen zu rechnen bzw. werden diese dringend notwendig.

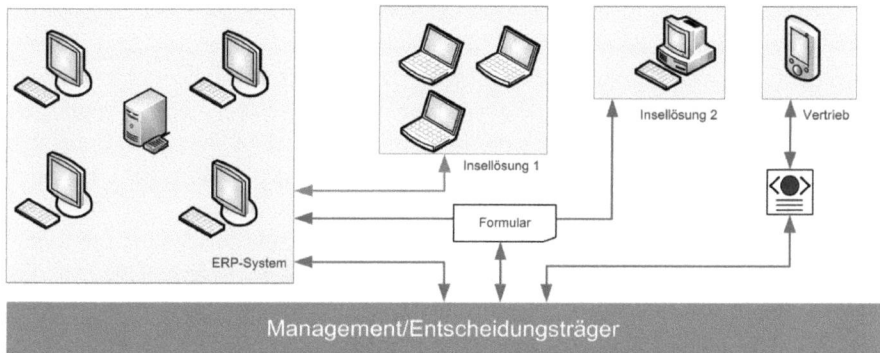

Abbildung 10.1: Heterogene IT-Landschaft als weitverbreiteter IST-Stand in Unternehmen

Eine Umfrage aus dem Jahre 2003 bestätigt diesen Ist-Stand und macht die enorme Relevanz des Themas „Integration im Fokus der Datenqualität" deutlich. Laut dieser Erhebung durch das SAS-Institute (vgl. [N.N03]) vertrauen nur 18% der 500 befragten Marketingexperten von Banken, Versicherungen und Telekommunikationsunternehmen auf die Richtigkeit und Vollständigkeit der Ihnen zur Verfügung stehenden Informationen.

Unternehmen und Institutionen sollten also für einen einheitlichen, effizient durch IT unterstützten Geschäftsprozess, auf individuelle Systeme mit hoher Affinität zur Datenqualität setzen.

10.2 Informations- und Datenqualität

Wie das Umfrageergebnis aus Abschnitt 10.1 schon verdeutlicht, spielt die Datenqualität eine wichtige Rolle für Unternehmen. Auch im Hinblick auf die Integrationsprozesse für ein einheitliches Informationssystem, anschließende Analysen und Entscheidungen ist Qualität ein primäres Thema. Im Folgenden soll der abstrakte und häufig benutzte Begriff „Qualität" definiert werden.

10.2.1 Qualität und ISO 9000

Qualität bezieht sich auf Eigenschaften und Merkmale von Produkten, Informationen und Daten. In Veröffentlichungen zum Thema (vgl. [Hil06]) umschreibt der Autor den Begriff „Qualität" treffend prägnant als „...Vision von Perfektion". Das lässt darauf schließen, dass es keinesfalls trivial ist, einem Produkt ein hohes Maß an Qualität zu verleihen.

Mit der Definition von Qualität und dem Durchsetzen von geeigneten Qualitätssicherungsmaßnahmen beschäftigt sich die internationale Standardisierungsorganisation „ISO". Nach der Norm EN ISO 8402 wird Qualität als die „...Gesamtheit von Merkmalen einer Einheit, bezüglich ihrer Eignung, festgelegte und vorausgesetzte Erfordernisse zu erfüllen.", beschrieben. Eine ähnliche Definition findet die aktuelle Qualitätssicherungsrichtlinie ISO 9000:2005: „...Grad, in dem ein Satz inhärenter Merkmale Anforderungen erfüllt..." (vgl. [Wik07]).

Diese abstrakten Definitionen erläutern Reinhart et al. sehr anschaulich mit Hilfe eines betriebswirtschaftlichen Beispiels (vgl. [RLH96]). So vergleichen sie die Qualität einer Sache mit den Kosten die anfallen würden, sollten Nachbesserungen aufgrund von Qualitätsmängeln notwendig werden.

Es erscheint logisch, dass durch das Halten einer hohen Qualität Kosten gesenkt werden können. Auch im Bezug auf Datenqualität spielt das eine wichtige Rolle. Diese Zusammenhänge werden im folgenden Abschnitt näher betrachtet.

10.2.2 Datenqualität und deren Kriterien

Die Begrifflichkeit der Qualität, die in den meisten Fällen für Produkte der industriellen Fertigung verwendet wird, lässt sich relativ unkompliziert auf das virtuelle Gut „Daten" übertragen (vgl. [Hin02]). Diese Analogie wird in Abbildung 10.2 dargestellt. In dieser Abbildung zeigt sich, dass Daten wie ein Produkt in der industriellen Fertigung im Kontext der Qualität behandelt werden sollten. Diese Sichtweise wurde von Wang et al. eingeführt und bildet heute die Grundlage der Datenqualitätsbetrachtung (vgl. [Wan00], [Hin02], [LS03]).

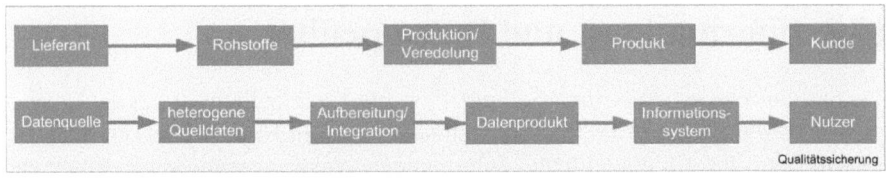

Abbildung 10.2: Datenqualität in Analogie zur industriellen Fertigung nach [Hin02]

10.2 Informations- und Datenqualität

Im Allgemeinen kann die Datenqualität als:

„fitness of use"

(vgl. [NL07]) umschrieben werden. Kurz, die Datenqualität steht in direktem Zusammenhang zu ihrer Eignung hinsichtlich ihres Zwecks, bzw. deren Zielbestimmung. Ähnlich wie bei der Definition nach EN ISO soll die Qualität der Daten ein bestimmtes Maß an vordefinierten Eigenschaften erfüllen.
Eine solche Definition macht die Einordnung und das Aufstellen von geeigneten Qualitätskriterien um die Datenqualität messbar zu erfassen und zu quantifizieren schwierig, da diese oft subjektiv durch den Nutzer, je nach aktueller Befindlichkeit festgelegt werden. Genau so schnell kann ihre Wertigkeit verändert werden oder verloren gehen. Durch eine empirische Studie konnten Wang et al. (vgl. [WS96]) multidimensionale Kriterien zur Bewertung der Datenqualität festlegen. Die Übersicht in Abbildung 10.3 stellt die Qualitätskriterien frei nach [NL07],[WS96] und [Roh06] dar.

Die Grafik zeigt die Klassifikation der Dimensionen in vier Kriterien (vgl. [NL07]):

- **technische Kriterien**, wie Zugang und Sicherheit
- **instanzbezogene Kriterien**, wie Konsistenz und Verständlichkeit
- **inhaltsbezogene Kriterien**, wie Genauigkeit und Vollständigkeit
- **intellektuelle Kriterien**, wie Objektivität und Reputation

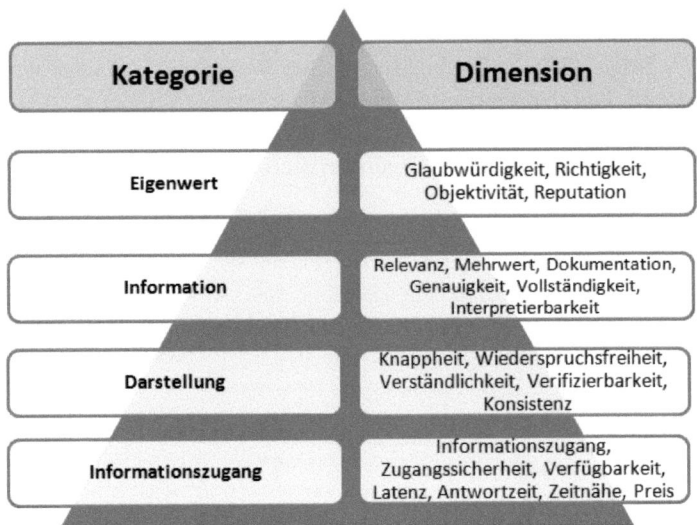

Abbildung 10.3: Qualitätsdimensionen der DQ nach [NL07], [WS96], [Roh06]

Diese Klassifizierungen tragen zur Qualitätsbestimmung und dem Messen der Datenqualität bei. Umso mehr Kriterien vollständig erfüllt sind, desto höher kann die Datenqualität eingeschätzt werden.

An dieser Stelle muss geklärt werden, wer eine solche Qualitätsbewertung nach den vorgestellten Kriterien vornimmt, ob und wie weit eine solche Bewertung IT-unterstützt erfolgen kann.

10.2.3 Erheben der Datenqualität

In Anlehnung an [NL07] werden die Rollen, der an der Qualitätsbewertung beteiligten Akteure in drei verschiedene Klassen eingeteilt. In Abbildung 10.4 wird

10.2 Informations- und Datenqualität

die Analogie zur Sprache bzw. den Komponenten einer Datenbankanwendung dargestellt. An der Klassifikation der Qualitätskriterien sind demnach das „Subjekt", also die Anwendung bzw. der Nutzer des Systems selbst beteiligt. Diese erzeugen die Anfragen an das System. Die Aufgaben und Möglichkeiten der Bewertung der Qualität liegen beim Subjekt, vor allem in den Bereichen Interpretierbarkeit, Glaubwürdigkeit, Reputation und Mehrwert.

Der zweite beteiligte Akteur ist die Anfrage selbst. Durch Testläufe und entsprechende, vorher definierte Szenarien, kann die Anfragebearbeitung Messungen zu Latenz, Verfügbarkeit und den Antwortzeiten durchführen und so vor allem Aussagen zu technischen Qualitätskriterien (vgl. Abbildung 10.3) treffen.

Das „Objekt", als letzte Informationsinstanz der Datenqualität, ist die Datenquelle selbst. Sie stellt Informationen zur Vollständigkeit, der Sicherheit oder dem Preis zur Verfügung. Diese Informationen werden oft durch Begutachtung eines Datenbankexperten in die Qualitätsbewertung mit aufgenommen da für das Treffen solcher Aussagen, z.B. für Auskünfte in Bezug auf Preis und Kosten, externe, kausale Zusammenhänge berücksichtigt werden müssen.

Wie in dieser Klassifikation schon deutlich wird, kann nur ein Teil der zur Bewertung vorgesehenen Kriterien durch eine Anwendung oder ein IT- gestütztes System selbst vorgenommen werden. Ein solches System unterstützt zwar die Anwender, die mit der Qualitätsbewertung beauftragt wurden, kann diese aber nicht vollständig ersetzten. Für eine allumfassende Bewertung wird die Sicht auf externe Informationen wie Preise für Daten, Informationsbedarf, aber auch die Gesamtkosten eines Qualitätsprojektes benötigt. Solche Informationen können von einem IT-System nur sehr schwer oder unvollständig zusammengetragen werden.

Nicht nur das Verwenden von externem Wissen für die Bewertung der Qualität, sondern auch die Fragestellungen selbst, erschweren das automatisierte Bewerten. So können z.B. Fragen nach der Glaubwürdigkeit, den realen Zusammenhängen, dem Mehrwert und der Reputation nur sehr schwer automatisiert beantwortet werden. Messbare Größen, wie Datenmenge, Genauigkeit oder Antwortzeiten sind hingegen einfach zu erfassen und zu vergleichen. Qualitätsmerkmale, die sich auf inhaltsbezogene Merkmale beziehen, so z.B. Plausibilität und Vollständigkeit, können durch Anwendungen mit Hilfe von Kreuzprüfungen, Vollständigkeitsmessungen oder durch den Vergleich mit externen Datenlieferanten erzeugt werden. Sie unterstützen solche Systeme bei der Erstellung von Qualitätsberichten für Datenbestände.

Wie sich also zeigt, gibt es ganz unterschiedliche Möglichkeiten, Datenqualität zu bewerten. Diese Möglichkeiten entstehen durch die vielfältigen Datenqualitätsmängel die auftreten können. Verschiedene Akteure sind an der Klassifizierung dieser Probleme beteiligt.

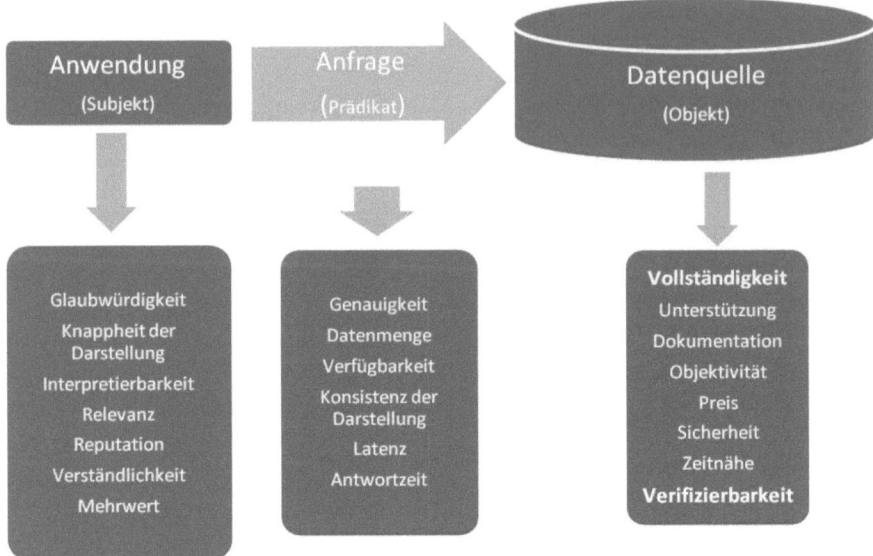

Abbildung 10.4: Bewertung der Qualität von Daten aus verschiedene Sichten nach [NL07]

10.2.4 Ursachen mangelnder Datenqualität

Um die Ursachen mangelnder Datenqualität zu identifizieren, ist es nötig, die möglichen, auftretenden Datenqualitätsprobleme einzuordnen. Rahm et al. gehen in ihren Untersuchungen von zwei unterschiedlichen Problemquellen aus (vgl. [RD00]). Diese entstehen durch die Datenquellen sowie durch das Integrationsprojekt selbst. So wird zwischen Single-Source (Herkunft der Daten aus ein und der selben Quelle) und Multi-Source (mehrere verschiedene Datenquellen) unterschieden (siehe Abbildung 10.5). Diese möglichen auftretenden Datenqualitätsprobleme werden, wiederum in Konflikte aufgrund des Datenbankdesigns (Schemaebene) und Problemen der beinhalteten Daten (Instanzebene,) gruppiert.

Ein typisches Single-Source Problem auf Schemaebene ist z.B. die fehlende oder mangelnde referentielle Integrität der gespeicherten Relationen aufgrund schlecht modellierter (Schlüssel) -beziehung. Dieses Problem führt oft zu Nichteindeutigkeit und Duplikaten in den Datensätzen. Auf Instanzebene werden Qualitätsprobleme vor allem durch falsche Werteeingabe, wie Rechtschreibfehler oder Inkonsistenzen (z.B. Anrede wird mit dem Wert „Frau" belegt, wobei das Geschlecht „männlich" lautet usw.) verursacht. Diese Fehler spielen natürlich auch bei meh-

10.2 Informations- und Datenqualität

reren Datenquellen eine Rolle, wobei sie direkt in den Quellsystemen erzeugt werden und kein spezieller Zusammenhang zwischen dem Föderieren und Integrieren mehrerer Systeme besteht.

Ein häufig auftretendes Multi-Source- Problem auf Schemaebene ergibt sich schon aus der Heterogenität der verschiedenen Quellsysteme. Völlig verschiedene Schemata, unterschiedliche Designphilosophien, wie auch unterschiedliche Schlüssel- und Constraintentwürfe tragen hier zu Problemen bei. Auf Instanzebene sind als populäre Beispiele überlappende und doppelte Daten aus den möglicherweise redundant gehaltenen Informationen der Quellsysteme zu nennen.

Es stellt sich durch die eben genannten Problembeispiele heraus, dass Qualitätsmängel aufgrund der vorhandenen Daten in Quellsystemen, wie auch der dort mangelnden Modellierung der Datenbankstruktur selbst verursacht werden. Allerdings kann auch die Integration von verschiedenen Quellen zu neuen Problemen führen, die in dem einzelnen Ausgangssystem noch nicht existent waren. Vor allem die Integration von verschiedenen Schemata und ganz unterschiedlich definierten Attributen stellt hier eine Herausforderung dar.

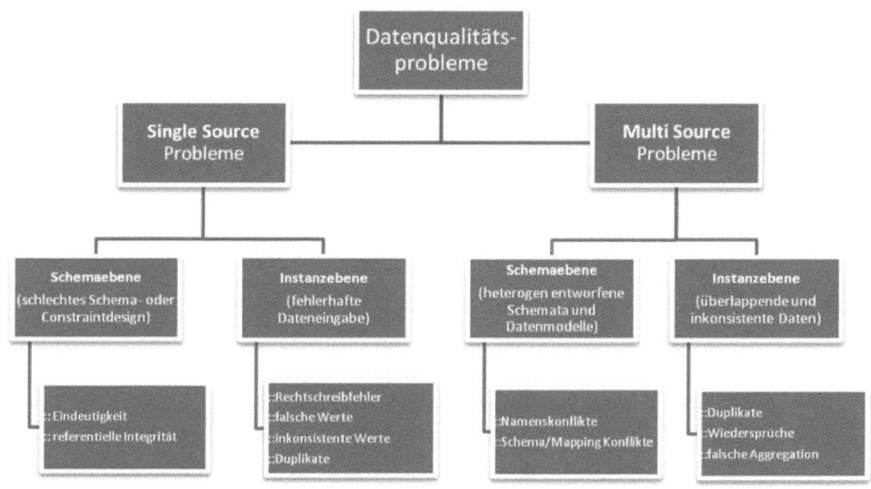

Abbildung 10.5: Datenqualitätsprobleme im Kontext der Integration nach [RD00]

Nach der eben genannten groben Klassifikation in verschiedene Problemarten sollen nun die Ursachen für die einzelnen Qualitätsmängel im Detail betrachtet werden. Hierfür werden die Untersuchungen von Hinrichs (vgl. [Hin02]) herangezogen. Diese definieren die Ursachen für Datenqualitätsmängel im Kontext der Projektphasen eines Datawarehouse Systems. Etwas modifiziert kann ein Teil davon auch zur Identifizierung der Mängel im Datenbestand, bei der Integration von Informationen dienen, da die Integrationsphase auch im Datawarehousezyklus eine primäre Rolle spielt.

Mängelentstehung bei der Datenerfassung
Bei der täglichen Arbeit mit einer Datenbank oder mit den Applikationen, die Informationen im Laufe eines Geschäftsprozess speichern, geschehen Bedien- und Eingabefehler, die verschiedenste Ursachen haben können. Neben klassischen Eingabefehlern, wie falsche Rechtschreibung und Buchstabendrehern, tragen vor allem Demotivation, falsche Interpretation der geforderten Werte, wie auch mangelnde Fertigkeiten, zur von den Eingebenden verursachten Fehlerquote bei. Es mangelt oft an der nötigen Sensibilität für das Thema Datenqualität. Jedoch sind die Ursachen für Eingabefehler nicht nur bei den Sachbearbeitern selbst zu suchen, oft unterstützen die eingesetzten Softwaresysteme das Erzeugen von falschen Eingaben. Als Beispiel wäre hier das unzureichende Überprüfen von plausiblen Werten, de, Eingabeformat, aber auch zu restriktive „Felderobligatorik" zu nennen. Sind z.B. zu viele Felder mit der Eigenschaft „NOT NULL" belegt, obwohl dem Sachbearbeiter die entsprechende Information nicht zur Verfügung steht, so wird dieser das Feld mit imaginären Werten belegen. Ebenso tritt dieser Fall bei zu genau skalierten Werten (z.B. zu viele Nachkommastellen) ein. Es zeigt sich also, dass bereits durch entsprechende Maßnahmen bei den Mitarbeitern, aber auch bei der Applikationsentwicklung erhebliche Verbesserungen der Datenqualität erreicht werden können.

Mängel bei der Entwicklung eines (Integrierten) Datenbanksystems
Nicht nur bei der Entwicklung eines Informationssystems, das Daten integriert, sondern auch bei der Entwicklung der Quelldatensysteme entstehen Fehler. Bei einem schlechten Datenbankdesign, in dem referentielle Integrität, wie auch Abhängigkeiten und Eindeutigkeit nicht genügend Beachtung gefunden haben, werden z.B. doppelte Schlüssel-ID's bei falscher Modellierung nicht berücksichtigt, was zu massiven Problemen bei der Verwendung in einem Zielinformationssystem führen, den Aufwand der Integration enorm erhöhen oder sogar die gesamte Integrität des Quellsystem gefährden kann. Auch wenn als Quelle für die Integration Daten aus so genannten Legacy-Systemen (vgl. [Hin02]) verwendet werden entstehen Probleme. Solche Software, wie z.B. Tabellenkalkulationen lassen bei der Eingabe von Attributen nahezu alle Wert/Formate zu. Im Dienste der Vollständigkeit soll noch als allgemeiner Faktor für mögliche Datenqualitätsprobleme,

10.2 Informations- und Datenqualität

mangelhafte bzw. unstrukturiert umgesetzte Entwicklungsphasen des Systems genannt sein, die das Auffinden von Fehlern bzw. das Beheben von Problemen erschweren.

Defizitentstehung bei der Durchführung der Datenintegration
Bei der Übertragung von verschiedenen hoch spezialisierten, heterogenen Systemen in eine konsolidierte Datenbasis, können ebenfalls neue Datenqualitätsprobleme entstehen. Als besonders problematisch stellt sich hier das fehlerhafte Mapping von Informationen aus den Quellen auf das Zielsystem heraus. Treten semantische Fehler auf, können Daten ihren gesamten Informationsgehalt verlieren oder einen falschen oder ungenauen Ausschnitt der Wirklichkeit im Informationssystem abbilden. Dieser Umstand stellt eine der größten Herausforderungen der Datenintegration dar. Detailliertere Ausführungen zu diesen Problemen (Mapping/Matching), der Herausforderung und der Lösung sind der Arbeit des Co-Autors (vgl. [Hel07]) zu entnehmen.

10.2.5 Folgen mangelnder Datenqualität

Mangelnde Qualität im Allgemeinen kann schwere Folgen im Bezug auf die Effizienz und damit die Existenz eines Unternehmens haben. Natürlich besteht diese Gefahr auch im Bezug auf die Qualität, der in einem Unternehmen vorhandenen Daten. Je nach Verwendung der Informationen eines Unternehmens kann mangelnde Datenqualität ganz unterschiedliche Auswirkungen auf die Prozesse im Selbigen haben. Einige Beispiele sollen respektive für alle möglichen Folgen, die Auswirkungen von mangelnder Datenqualität nach sich ziehen können, darstellen. Ein sehr akutes Beispiel ist, wie bereits erwähnt, die Datenverwendung bei den Marketing- Abteilungen verschiedener Unternehmen. Falsch geplante Postwurfsendungen sind im Rahmen von Werbeaktionen äußerst häufig. Die schlechte Qualität der Kundenstammdaten verursacht hohe Kosten bei Ausbleiben eines Werbeeffektes. Falsche Personalisierungen solcher Mailings, wie auch doppelte Versendung an den gleichen Empfänger, können empfindliche Imageschäden zur Folge haben. Aber nicht nur im Bereich Marketing gibt es negative Auswirkungen schlechter Daten auf das Unternehmen. So wird in [Hil06] vor allem auf die Störungen im gesamten Produktionsprozess und der „Supply Chain" in einem Unternehmen verwiesen. Bedarf, Bestellungen und Aufträge sowie logistische Parameter werden aufgrund einer mangelhaften Datenbasis falsch oder zu spät interpretiert. Hohe Kosten, sinkende Produktivität und schlechtere Qualität des Endproduktes können die Folge sein.
Einige spektakuläre Beispiele für mögliche Folgen aus schlechter Datenqualität

wurden im Rahmen der dritten deutschen Konferenz für Informationsqualität „GI-QMC" 2005 vorgestellt (vgl. [Blo05]).

So verrechnete sich z.b. eine Großbank bei der Ermittlung ihrer Gewinne um 200 Millionen Schweizer Franken. **Der Grund war mangelnde Datenqualität bei der Integration der Daten einer zuvor zugekauften Versicherungsgesellschaft.**

1999 geht die Weltraumsonde „Mars Climate Orbiter" verloren, da bei der Entwicklung des Navigationssystems ein Einheiten- Umrechnungsfehler übersehen wurde.

Aufgrund dieser Beispiele bleibt festzuhalten, dass Datenqualität in allen Bereichen in denen IT-Systeme eingesetzt werden eine Rolle spielen sollte.

10.3 Sicherung der Datenqualität

Nachdem die Bedeutung der Datenqualität erörtert und Datenqualität allgemein versucht wurde zu definieren, stellt sich die Frage nach der Sicherung der Qualität der Daten.

Wang et al. empfehlen für die Sicherung der Datenqualität die Einführung eines „Total Data Quality Management", kurz „TDQM" (vgl. [Wan00]). Diese Strategie basiert auf den Richtlinien des „Total Quality Management" nach Deming (vgl. [Ver98]). Beim ganzheitlichen Qualitätsmanagement erfolgt in allen Bereichen (nicht nur im Sektor der Produktion) eines Unternehmens, eine kontinuierliche Qualitätsdefinition, Messung und Bewertung der Qualitätssituation. Mit dieser ständigen Messung und Fragestellung nach Verbesserung geht eine kontinuierliche Qualitätserhöhung einher.

Wang schlägt eine ähnliche Vorgehensweise, wie in Abbildung 10.6 dargestellt, vor. Daten werden als Produkt für die Weiterverarbeitung in einem Unternehmen betrachtet. Dieses Produkt sollte dem TDQM- Lebenszyklus unterworfen sein, um ständige Verbesserung der Qualität durch Definition, Messung, Bewertung und dem anschließenden Ergreifen geeigneter Maßnahmen, im Einklang mit den definierten Anforderungen an die Daten, zu erreichen. In allen Arbeitsschritten, in denen Daten erzeugt oder verarbeitet werden, soll das „TDQM" stattfinden, um eine hohe Qualität der Daten zu sichern bzw. zu erlangen.

Ergänzend weitere, vorhandene Verfahren zur Datenqualitätssicherung wie z.B. „Potter's Wheel A-B-C", „Foundations of Data Warehouse Quality", „IntelliClean" u.v.m. genannt werden. Detailliertere Informationen sind der Arbeit von Hinrichs (vgl. [Hin02]) zu entnehmen.

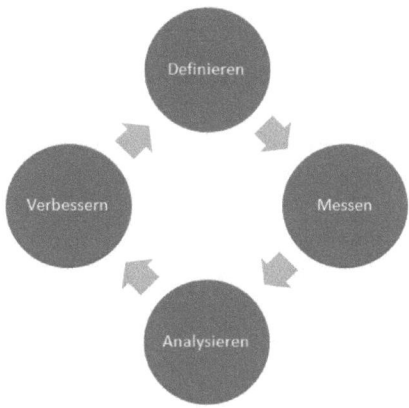

Abbildung 10.6: Zyklus des TDQM

10.4 Kosten der Datenqualität

Im Verlauf dieses Kapitels zeigte sich, dass schlechte Datenqualität einen hohen Kostenfaktor darstellt. Natürlich stellt sich ebenso die Frage nach den Kosten für die Qualitätssicherung und deren Beurteilung. In welchen Verhältnis steht die Verbesserung der Informationsqualität und die damit einhergehenden Vorteile zu dem entstehenden Kosteneinsatz?

Bei der Qualitätsbewertung einer Vielzahl von Daten und Anwendungsfällen, ist es aus Kostengründen nicht möglich, die Qualität jedes einzelnen Datensatzes zu messen und für eine Gesamtbewertung zu erheben. Das wäre zwar die sicherste und genaueste Vorgehensweise jedoch ließe sich damit kein zügiger ROI (Return of Investment) erreichen, was trotz der vielen Vorteile von qualitativ hochwertigen Daten eine konsequente Umsetzung in einem Unternehmen verhindern könnte. In einem Praxisbeispiel bei der Firma Roche Diagnostics stellt der Autor (vgl. [Roh06]) einige Konzept zur konsequenten Kosteneinsparung bei einem konkreten DQ- Projekt vor. Die Vorgehensweise basiert auf einem Schätzverfahren, dass stichprobenartige Qualitätsinformationen sammelt und diese Angaben dann auf den Gesamtdatenbestand interpoliert.

Im ersten Schritt werden die relevanten Datenfelder für die Stichprobe ausgewählt. Hierbei spielen Wichtigkeit und Befüllung des jeweiligen Feldes eine Rolle. Im nachfolgenden Schritt wird eine Stichprobe von 100 Datensätzen entnommen und entsprechend der definierten Kriterien bewertet. Im dritten Prüfschritt wird eine

weitere Stichprobe im Umfang von $n = 100$ gegen den gesamten Datenbestand auf Duplikate überprüft. So lässt sich schnell und kostengünstig die Bestandsdatenqualität ermitteln und Entscheidungen für Datenqualitässicherungsmaßnahmen treffen.
Verallgemeinert können die Kosten für DQ- Verbesserungen in die in Tabelle 10.1 gezeigten Kostenarten (vgl. [Hin02]) eingeteilt werden.

Kostenart	Beschreibung
ursachenorientiert	Kosten für den Aufbau und das Reengineering von DQ- relevanten Prozessen und deren Implementierung
symtomorientiert	Durchführungskosten der Verbesserungsmaßnahmen über die gesamte Laufzeit des DQ- Projektes
Nichtidentifikation	Folgekosten der nicht identifizierten Datenfehler, z.B. durch falsche Entscheidung auf Grundlage der Daten

Tabelle 10.1: Kostenarten bei der DQ- Sicherung nach [Hin02]

Zusammenfassend lässt sich anmerken, dass die Ergreifung von geeigneten Qualitätssicherungsmaßnahmen sich lohnt, so lange die Vorteile und der Nutzen der qualitativ hochwertigen Daten, den Kosten der DQ- Sicherung selbst überwiegen, sich also ein schneller ROI des DQ- Projektes einstellt (siehe [Hin02],[Mün95]). Oft fällt es jedoch schwer im Rahmen des ROI- Begriffs eine genau differenzierte Kostenanalyse zu erstellen, da vor allem langfristige Entwicklungen, Kundenreaktionen oder auch Imageschaden, durch mangelhafte Daten nur sehr schwer berücksichtigt werden können. So kann z.B. gegen ein DQ- Projekt aus Kostengründen entschieden werden, da der reale Nutzen zum Entscheidungszeitpunkt den Kosten noch nicht überwog. Langfristig würde sich aber aufgrund der ausbleibenden Kosten durch die mangelnde DQ ein ROI einstellen und das Projekt hätte sich amortisiert. Unter Beachtung dieser Umstände sollte sorgfältig geprüft werden, ob eine unterlassene Qualitätsverbesserung im Unternehmen wirklich eine Kostenersparnis bedeutet. Die oben genannten Verfahren zur Kostenminimierung können für die Analyse herangezogen werden und als Entscheidungsgrundlage dienen.

11 Duplikate in Datenbeständen

Duplikate sind eines der prominentesten Beispiele für Datenqualitätsprobleme in einem Datenbestand und spielen vor allem bei der Integration von sich überlappenden Informationsbeständen eine wichtige Rolle. Das folgende Kapitel gibt Aufschluss über die Entstehung und die Folgen von Dubletten, stellt ein allgemein gültiges Modell zur Vorgehensweise der Duplikatidentifizierung vor und geht im Anschluss auf die größten Schwierigkeiten bei der Dublettensuche ein.

11.1 Dubletten und deren Identifikation

Wie eingangs bereits erwähnt, stellen Dubletten die bedeutendsten Datenqualitätsprobleme in einem Datenbestand dar und sind zugleich die größte Herausforderung der Datenqualitätssicherung. Ein doppelt vorhandener Datensatz zeichnet sich durch die Repräsentation der gleichen Entität der realen Welt aus. Mengenmäßig ausgedrückt kann dieser Sachverhalt wie in 11.1 dargestellt werden.

$$Obj_1 \in Realworld \equiv Obj_2 \in Realworld \qquad (11.1)$$

Ein- oder mehrere Duplikate beschreiben also eine reelle Sache, einen Sachverhalt oder eine Person. Sie halten eine Information redundant in einem Datenbestand. Dabei ist genau diese Definition im Bezug auf die Beschreibung der Diskurswelt zu beachten. Auch augenscheinlich unterschiedliche Datensätze können eine potentielle Dublette darstellen und das gleiche Realweltobjekt beschreiben. Ebenso können zu 100% übereinstimmende Datensätze (so genannte „harte Dubletten") in einer Datenbank vorhanden sein. Diese sind wiederum relativ einfach unter Verwendung von entsprechenden Abfragen im DBMS zu identifizeren und zu beseitigen.

Solche Duplikate entstehen, ähnlich allen Datenqualitätsproblemen, wie in 10.2.4 beschrieben. Verschiedene Sachbearbeiter mit unterschiedlichen Datenpflegegewohnheiten, die Integration von sich informatorisch überlappenden Datenbeständen, mangelnde referentielle Integrität oder Eindeutigkeits-Constraints oder ganz einfache Eingabefehler führen zu Duplikaten in Datenbanken.

Die Folgen können wie bei den meisten DQ-Problemen zum Teil dramatische Auswirkungen auf den Datenbestand und die Entscheidungen haben, die auf dessen

Grundlage getroffen werden. Auch Kennzahlen und Statistiken, die auf solchen Daten beruhen werden verfälscht. So könnten z.b. Umsätze oder Lagerstückzahlen völlig falsch interpretiert werden, was zu Produktionsengpässen und nicht validen Berichten in einem Unternehmen führen kann.

Im Bereich der Dublettenerkennung und Eliminierung wird in der Literatur von ganz unterschiedlichen Begriffen Gebrauch gemacht (vgl. [NL07]). Diese synonym verwendeten Begriffe sollen hier eingeführt werden. So wird z.b. von „Record Linkage", „Merge/Purge" oder „Object Identification" gesprochen.

11.2 Ein Framework zur Objektidentifikation

Aufgrund der vielen verschieden Verfahren und Herangehensweisen, Duplikate in Datenbeständen zu identifizieren und diesen auch im Rahmen eines Integrationsprojektes zu begegnen, haben die Autoren Neiling et al. ein generisches Modell zur Vorgehensweise bei der Objektidentifizierung und Bewertung der Übereinstimmungen entwickelt (vgl. [NJ03]). Das vor allem für die Integration aus verschiedenen homogenen Datenquellen und der sich daraus ergebenden Überlappung der Informationen geeignete Framework, lässt sich auch auf die Identifizierung von Duplikaten und der damit verbundenen Qualitätsmessung in einem Datenbestand übertragen. Das Rahmenwerk für diese strukturierte Vorgehensweise lässt die Anwendung verschiedener Algorithmen für den Vergleich von Recordsets zu und soll aus diesem Grund hier vorgestellt werden. Es stellt die mathematische Grundlage für eine strukutierte Dublettenauffindung dar (vgl. [Nei04]). Das Framework soll zur Veranschaulichung der Vorgehensweise bei der Duplikatefindung dienen.
Die Umsetzung im Rahmen dieser Definition wird von den Autoren in drei verschiedene Schritte untergliedert (vgl. [NL00]).

11.2.1 Konversion

Im Rahmen des ersten Schrittes, der Konversion, wird versucht, aus dem Wertebereich einer Attributmenge u.a. auch aus zwei verschiedenen Datenbeständen D_x, D_y, Attribute abzuleiten. Diese werden später für einen Vergleich und die Prüfung auf die Repräsentation der möglicherweise gleichen Realweltobjekte herangezogen. Dies geschieht abstrakt betrachtet mit Hilfe einer Transformationsfunktion h_x für die Attribute von D_x bzw. h_y für die Attribute D_y. Die Ableitung solcher Attribute spielt vor allem bei heterogenen Datenquellen eine Rolle, um einheitliche Klassifikationsschlüssel für ähnliche Informationen zu erhalten. Ein kurzes Beispiel soll das verdeutlichen. So kann z.B. aus einer Datenquelle D_x durch ein-

11.2 Ein Framework zur Objektidentifikation

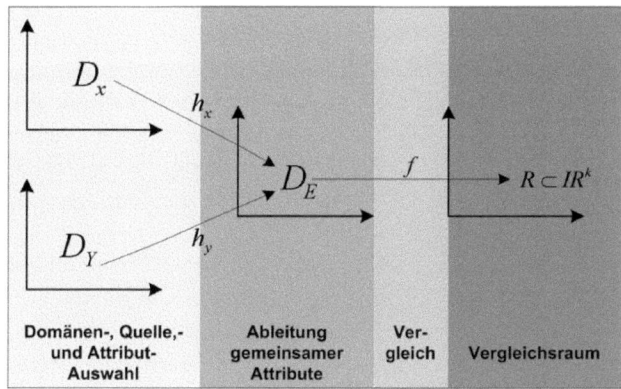

Abbildung 11.1: Generisches Modell zur Identifizierung von Objekten nach [Nei04]

fache Abfrage der Spalte Postleitzahl der entsprechende Wert ermittelt werden ($h_x \rightarrow PLZ$). Im Datenbestand D_y steht diese Information nur indirekt zur Verfügung. Hier muss über eine Abfrage von zusätzlichen Referenzinformationen R_i unter Berücksichtigung der in D_y hinterlegten Adressattribute, wie Ort, Straße und Hausnummer, die Postleitzahl ermittelt werden:

$$PLZ = h_y(R_i, 'Ort', 'Strasse', 'Hausnummer')$$

Die sonach erfolgte Transformation der abgeleiteten Attribute zur Erzeugung von Schlüsseln und Integration verschiedener Daten für die anschließende Duplikatauffindung sind vor allem Aufgaben des Schema-Matching, auf das der Co-Autor dieser Masterthesis in [Hel07] detailliert eingeht und das hier nicht weiter konkretisiert werden soll. Das Bereinigen von Daten und die Überführung in einheitliche Formate (Wärungen, Datumskonvertierungen usw.), das so genannte „Scrubbing" (was auch vom Autor (vgl. [Nei04]) des hier vorgestellten Frameworks als elementar für den Erfolg der Dublettensuche eingestuft wird) findet in [Hel07] ebenfalls ausführlichere Beachtung.

11.2.2 Vergleich

Auf Basis der abgeleiteten und homogenisierten Attribute können mit Hilfe der Vergleichsfunktion f unter Verwendung eines beliebigen Vergleichsalgorithmus' oder -verfahrens für die Datensätze Metriken (z.B. Ähnlichkeitsmaße) gebildet werden, die die Grundlage für die Klassifikation darstellen. Es entsteht der Vergleichsraum R.

11.2.3 Klassifikation

In R kann dann die endgültige Klassifikation nach definierten Entscheidungsregeln δ festgelegt werden. Es wird geprüft, ob es sich bei einem identifizierten Tupel tatsächlich um ein Duplikat handelt oder nicht. Hierfür werden unter anderem Entscheidungsbaumverfahren, Clustering, Partitionierung, Fuzzy-Verfahren verwendet. Schwellenwerte, die je nach Verfahren definiert werden, geben die endgültige Einordnung vor.

In den kommenden Abschnitten sollen einige konkrete Verfahren zum Vergleich, der Klassifikation und somit der Identifizierung von Duplikaten vorgestellt werden. Es zeigt sich jedoch, dass sich alle diese Verfahren mit einem zum Teil erheblichen Problem konfrontiert sehen, dem Kompromiss zwischen Performance und Genauigkeit.

11.3 Das Dilemma der Dublettensuche

Die konventionelle Suche nach Duplikaten in einem Datenbestand läuft im trivialsten Fall darauf hinaus, dem Datensatz Eigenschaften zuzuweisen und den Datensatz selbst, bzw. die Eigenschaften/Attribute zu vergleichen. Hierbei wird jeder Datensatz mit jedem Anderen im Datenbestand verglichen. Es erscheint logisch, dass gerade bei großen Datenbeständen die Abfragezeiten extrem lang werden können, was ein DQ- Projekt nur unnötig verlängert und somit höhere Kosten verursacht.

Auf der anderen Seite kann es bei falsch ausgewählten Teilmengen der Ausgangsdatenmenge für die Dublettenidentifikation zu falschen Aussagen, wie auch zum Auslassen relevanter Datensätze kommen. Mit diesem Zielkonflikt und der damit verbundenen Problematik aus Geschwindigkeit der Anwendung, Effizienz und Effektivität, beschäftigt sich eine Teildisziplin der Informatik, dass Information Retrival (IR). Die Aufgabe von IR ist es Realweltobjekte in einem Datenbestand zu identifizieren, klassifizieren und zuzuordnen, wobei kein Schlüssel für die Identifizierung vorhanden ist. Entsprechend findet IR bei der Dublettensuche, wie auch dem Textmining Anwendung. Der Zielkonflikt bei der Suche nach Duplikaten, wie auch dem IR, wird in Abbildung 11.2 dargestellt.

Die abstrakten Begriffe Effizienz und Effektivität, die eine wichtige Rolle im Fokus der Datenqualität und der Qualität von Informationssystemen einnehmen, sollen in diesem Zusammenhang erläutert werden.

Allgemein kann wie in Formel 11.2 nach [Fuh06]), die Effektivität als Verhältnis zwischen der Qualität des Ergebnisses und dem Aufwand durch die Bedienung des Systems, bzw. den Arbeitsaufwand des Benutzers ausgedrückt werden.

11.3 Das Dilemma der Dublettensuche

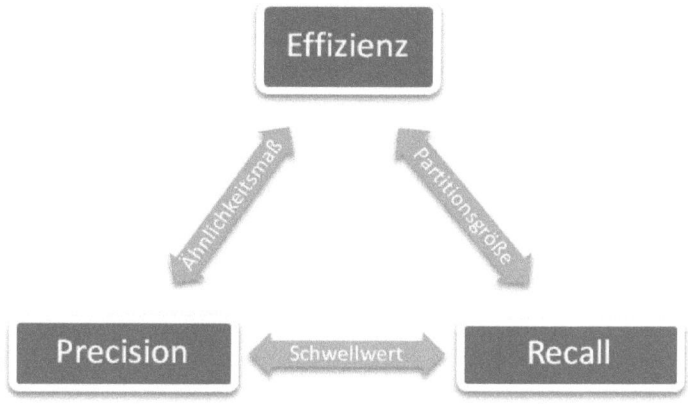

Abbildung 11.2: Konflikt zwischen den Zielen der Dublettensuche [NL07]

$$\text{Effektivität} \approx \frac{\text{Qualität der Lösung}}{\text{Aufwand des Benutzers}} \quad (11.2)$$

Bei der automatisierten Erkennung von Realweltentitäten, die keinen eindeutigen Schlüssel für Zusammenhänge untereinander besitzen, kommt es zu Fehlern. So können Duplikate fälschlicherweise als solche angenommen werden, bzw. werden Dubletten nicht als solche erkannt. Ebenso stellt sich der Sachverhalt mit den nicht als Duplikat erkannten Datensätzen dar (siehe Tabelle 11.1 nach [NL07]).

	Diskurswelt	
	Duplikat	**kein Duplikat**
Duplikat erkannt	true-positive	false-positive
Kein Duplikat erkannt	false-negative	true-negative

Tabelle 11.1: Mögliche Ergebnisse einer Dublettenerkennung nach [NL07]

Die durch ein IR-System/Dublettensuche erhaltene Ergebnismenge kann entweder nicht korrekt sein, d.h. nicht alle gefundenen Datensätze sind relevant, also also als Duplikat zu betrachten, oder es mangelt der Ergebnismenge an Vollständigkeit, d.h. nicht alle Duplikate wurden als solche identifiziert.
Anhand der in Tabelle 11.1 dargestellten Ergebnismöglichkeiten bei einer Duplikatsuche kann die Effektivität einer solchen gemessen werden. Hierfür verwendet

die Literatur (vgl. [Fuh06]) die Begriffe „precision" und „recall". Diese beschreiben das Verhältnis zwischen gefundenen und relevanten, also den tatsächlichen, Duplikaten. Dieser Zusammenhang wird in Abbildung 11.3 dargestellt.

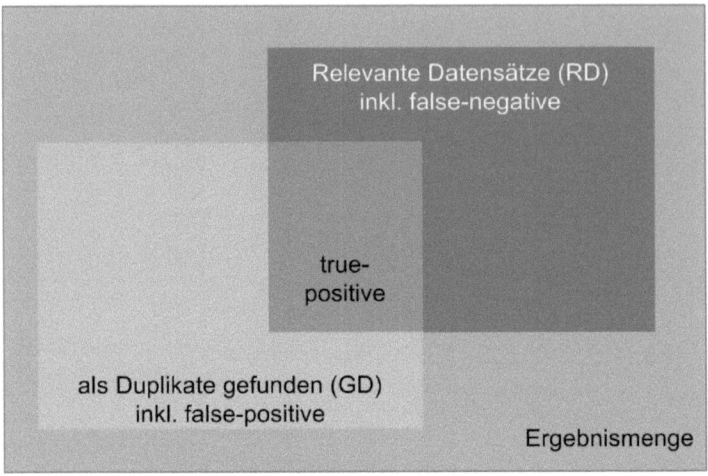

Abbildung 11.3: Zusammenhang zwischen relevanten und gefundenen Datensätzen nach [Fuh06]

Die „precision" kann als Schnittmenge zwischen allen, als richtig identifizierten Duplikaten (true-positives) und allen relevanten Datensätzen (false-negatives) im Verhältnis zu allen gefundenen Datensätzen bezeichnet werden (siehe 11.3).

$$\text{precision} = \frac{|RD \cap GD|}{|GD|} \qquad (11.3)$$

Wird eine hohe „precision" erzielt, so kann davon ausgegangen werden, dass die erkannten Duplikate auch wirklich doppelt im Datenbestand vorhanden sind. Solche Ergebnismengen werden durch sehr restriktive Filterverfahren und Schwellenwerte erreicht. So werden z.B. zwei Datensätze nur als Duplikate gekennzeichnet, wenn deren Ähnlichkeit sehr hoch einzustufen ist. Allerdings erhöht sich dadurch die Anzahl der „false-negatives", also der relevanten Datensätze, die aufgrund des zu hohen Schwellenwertes nicht als Dublette gekennzeichnet werden. Bei den gekennzeichneten Datensätzen ist jedoch mit hoher Wahrscheinlichkeit davon auszugehen, dass es sich um einen doppelten Datenbankeintrag (true-positives) handelt. Das Zweite, zur Effektivitätsmessung verwendete Instrument, wird als „recall" bezeichnet und gibt den Anteil aller richtig identifizierten Duplikate (true-positives)

11.3 Das Dilemma der Dublettensuche

an allen relevanten Daten wieder (siehe 11.4).

$$\text{recall} = \frac{|RD \cap GD|}{|RD|} \quad (11.4)$$

Ein großer „recall" ergibt sich aus weniger restriktiven Filtermethoden. Das führt dazu, dass ein hoher Anteil der vorhandenen Duplikate auch tatsächlich als solcher identifiziert wird. Jedoch erhöht sich durch solche durchlässigen Schwellenwerte auch der Anteil, der fälschlicherweise als Duplikat gekennzeichneten Datensätze, also der „false-positives".
Es zeigt sich, dass sich beide Maße direkt aufeinander auswirken. Steigt der „recall", sinkt die „precision" und umgekehrt. Als harmonisches Mittel aus den beiden Werten kann der so genannte „f-measure" für eine zusammenfassende Bewertung herangezogen werden (siehe 11.5 nach [NL07]).

$$\text{f-measure} = \frac{2 \cdot recall \cdot precision}{recall + precision} \quad (11.5)$$

Die eben genannten Effektivitätsparameter einer Duplikatsuche stehen zusätzlich im Konflikt mit der Effizienz ihrer Durchführung. Mit Effizienz soll in diesem Fall die zu bewältigende Aufgabe, im Verhältnis zum Systemaufwand, wie Rechenleistung und Durchlaufzeit, für ein ausgewähltes Verfahren beschrieben werden (siehe 11.6 nach [Fuh06]).

$$Effizienz \approx \frac{\text{Größe der Aufgabe}}{\text{Aufwand des Systems}} \quad (11.6)$$

Bei der Durchführung einer Duplikatsuche müssen im schlechtesten Fall alle Tupel miteinander verglichen und bewertet werden. D.h. es wird ein Ähnlichkeitswert (Metrik) für jeden Datensatz erzeugt. Diese Metriken werden jeweils untereinander verglichen und anhand eines Schwellenwertes als Duplikat gekennzeichnet. Daraus ergibt sich eine Vergleichsaufwand von $Datenanzahl^2$. So werden bei einem Datenbestand von nur 5000 Datensätzen im ungünstigsten Fall 250 Mio. Vergleiche benötigt. Es muss also oberstes Ziel sein, die benötigte Anzahl von Vergleichen niedrig zu halten. Dies kann durch verschiedene Vorselektionsverfahren, wie die schon erwähnten Ähnlichkeitsmaße, aber auch durch Cluster- und Partitionierungsverfahren erreicht werden.
Nur durch ein gutes Verhältnis zwischen Effektivität und Effizienz kann eine Anwendung in einer angemessenen Zeit eine Dublettenerkennung durchführen. Hierbei ist der Kompromiss zwischen „precision" und „recall", wie auch die Abarbeitungszeit zu beachten.

Verschiedene Verfahren zur Ähnlichkeitsmessung von Tupeln, deren Vergleich und die Einschränkung der zu vergleichenden Anzahl von Datensätzen, sollen im folgenden Kapitel vorgestellt werden. Domänen,- und Schema- spezifische Auswahlverfahren sollen hier nicht berücksichtigt werden. Diese werden in [Hel07] erläutert.

12 Konkrete Verfahren zur Dublettenauffindung und Klassifikation

Nachdem in Kapitel 11 die allgemeinen Verfahrensweisen für die Erkennung von Duplikaten in Datenbeständen, sowie ein allgemein gültiges Framework für das Vorgehen, wie auch die Schwierigkeiten und Herausforderungen beschrieben wurden, geht der vorliegende Abschnitt auf einige konkrete, etablierte Verfahren und Algorithmen zur Identifikation von Duplikaten in heterogenen Datenbeständen ein.

12.1 Ähnlichkeitsmessungen und Klassifikation

Übersicht 12.1 zeigt die verschiedenen Arten und Möglichkeiten des Vorgehens im Rahmen eines Duplikatauffindungsprozesses. Im ersten Schritt muss die Ähnlichkeit eines Tupels mit Hilfe von einem, für den Anwendungsfall konkret ausgewählten, Verfahren bestimmt werden. Hierbei wird eine Metrik erzeugt, die für den Vergleich herangezogen werden kann. Dies entspricht im Wesentlichen dem Vorgang des „Vergleichs", des allgemeinen Frameworks (siehe 11.2 nach [Nei04]). Solche Metriken, bestimmen durch die Anwendung verschiedener Verfahren und Algorithmen, die Ähnlichkeit eines Datensatzes oder einer Zeichenkette. Sie basieren auf statistischen Verfahren, oder aber nehmen die Phonetik der jeweiligen Strings als Maß für die Ähnlichkeit des Tupels an. Solche phonetischen Verfahren sind jedoch sehr speziell und vor allem nur für einen bestimmten Sprachstamm einsetzbar. Hier muss das entsprechende Verfahren gründlich ausgesucht und dem Sprachraum, aus dem die zu vergleichenden Daten stammen, angepasst sein. Wie sich im Verlauf dieses Kapitels noch herausstellen wird, erscheint eine Kombination verschiedener Verfahren sinnvoll, um optimale Ergebnisse für die Ähnlichkeitsmessung zu erhalten. Jedoch sei noch einmal darauf hingewiesen, dass jedes Verfahren aufgrund der Komplexität von Zusammenhängen und Begrifflichkeiten, Fehler verursachen kann und eine vollständig automatisierte und korrekte Bestimmung von Duplikaten nicht möglich ist.

Um die Vergleiche der erzeugten Metriken effizient zu gestalten müssen diese vorselektiert also klassifiziert (siehe 11.2) werden, um eine Suche über den Ge-

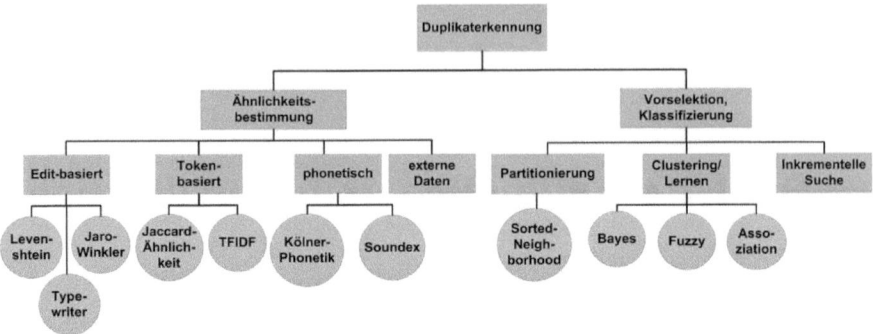

Abbildung 12.1: Übersicht über die Duplikaterkennung abgeändert in Anlehnung an [Nau06]

samtdatenbestand zu verhindern. Nach diesem Schritt der z.B. durch Clustering oder Partitionierung erfolgt, kann der Vergleich mit einer Teilmenge oder auch mit überlappenden Datensatzgruppen erfolgen.

12.2 Ähnlichkeitsbestimmung bei Tupeln in einem Datenbestand

Dieser Abschnitt stellt typische und häufig verwendete Vorgehensweisen für das Erzeugen von Ähnlichkeitsmetriken zweier Zeichenketten oder Datensätze vor. Es ist zu beachten, dass es je nach Art des zu bewertenden Attributes günstig erscheint, angepasste Verfahren zum Erzeugen einer Ähnlichkeitsmetrik zu verwenden. Es spielen vor allem die Sprache, in der ein Datensatztupel gespeichert ist, oder aber auch die Verwendung von festen Kürzeln eine Rolle (vgl. [NL07]). Als Beispiel für solche Besonderheiten oder die Auswirkungen von Kürzeln kann die Abkürzung „Fa." für „Firma" genannt werden. So stellt der Datensatz „Fa. Müller" genau die gleiche Entität in der Wirklichkeit, wie die Bezeichnung „Firma Müller" dar. Ähnlichkeitsmaße und deren Implementierung reagieren auf solche Unterschiede sehr empfindlich, sofern dieser Umstand keine Berücksichtigung bei der Umsetzung und Anwendung im Dublettenfindungsprozess findet.

12.2.1 Edit-basierte Ähnlichkeitsmaße

Die am häufigsten verbreiteten Maße zur Ähnlichkeitsbestimmung zweier Zeichenketten sind die so genannten „Edit-Distanzen" oder nach Ihrem Erfinder, dem russ. Mathematiker Vladimir Levenshtein, benannten „Levenshtein-Distanzen". Hierbei werden zwei Strings Zeichen für Zeichen verglichen, wobei für jedes Zeichen ein Wert für die Überführung von einem sich unterscheidenden Zeichen in das andere aufsummiert wird. Es entsteht also ein hoher Wert bei sehr unterschiedlichen Zeichenketten. Mit Hilfe des Levenshtein Algorithmus, werden also die „Kosten" (Bezeichnung für die virtuellen minimalen Änderungsschritte die sich inkrementell pro Schritt erhöhen) für das Überführen von einem Zeichen in das nächste dargestellt. Aus diesem Grund wird das Verfahren auch „Edit-Distanz" genannt. Nach Durchführung dieses Verfahrens zur Ähnlichkeitsbemessung, wird die minimale Anzahl der Operationen zur Überführung der ersten in die zweite Zeichenkette angegeben. Im Rahmen dieses Verfahrens gibt es vier Arten von Operationen die zur Überführung von einem String in den anderen, durchgeführt werden können. Tabelle 12.1 verdeutlicht die vier verschiedenen Aktionen.

Operation	Beschreibung	Kosten
Einfügen (Insert)	Einfügen eines Zeichens an einer bestimmten Stelle des Strings	1
Löschen (Delete)	Entfernen eines Zeichens an einer bestimmten Stelle des Strings	1
Ersetzung (Replace)	Ersetzen eines Zeichens an einer bestimmten Stelle durch ein Anderes	1
Übereinstimmung (Match)	Übereinstimmung des Zeichens an einer bestimmten Stelle	0

Tabelle 12.1: Mögliche Operationen für die Berechnung der Levenshtein-Distanz

So können, um eine Zeichenkette in die Andere zu überführen, einzelne Zeichen ersetzt, eingefügt oder auch gelöscht werden. Stimmen die beiden Strings an einer bestimmten Stelle überein, handelt es sich um eine „Match"- Operation, die keine Kosten ($t(i,j) = 0$) verursacht und so die Distanz nicht weiter erhöht. Der Zusammenhang zwischen den verschiedenen ausführbaren Operationen wird in der rekursiven Gleichung 12.1 nach [NL07] dargestellt.

		M	A	I	K
	0	1	2	3	4
M	1	**0**	1	2	3
I	2	1	**1**	2	3
K	3	2	2	**2**	3
E	4	3	2	1	**2**

Tabelle 12.2: Levenshteindistanz zwischen „Maik" und „Mike"

$$D(i,0) = i$$
$$D(0,j) = j$$
$$D(i,j) = min \begin{cases} D(i-1,j)+1, & \text{bei Einfügung} \\ D(i,j-1)+1, & \text{bei Löschung} \\ D(i-1,j-1)+t(i,j), & \text{bei Ersetzen oder Match} \end{cases} \qquad (12.1)$$

Rechentechnisch kann dieser Algorithmus durch dynamische Programmierung mit Hilfe einer zweidimensionalen (n*m) Matrix umgesetzt werden. Mittels einer Tabelle (siehe 12.2), kann diese Vorgehensweise sehr gut dargestellt und veranschaulicht werden.

Beim diagonalen Durchlaufen der (n*m) Matrix werden bei jeder Operation die Kosten inkrementiert. So erhält die Levenshteindistanz im vorliegenden Beispiel den Wert zwei, da an zweiter Stelle ein „a" eingefügt werden kann und der letzte Buchstabe „e" gelöscht wird.

Somit kann die Ähnlichkeit bestimmt werden. Die Literatur (vgl. [NL07]) schlägt für die effizientere Bewertung eine weitere Umwandlung in ein Ähnlichkeitsmaß *sim* vor. Hierbei wird wie in Formel 12.2 dargestellt, die Edit-Distanz auf die Länge des längeren Strings (bei unterschiedlichen Längen der Zeichenketten S_1, S_2) normalisiert und im Anschluss vom Wert 1 subtrahiert.

$$sim_{ed}(S_1, S_2) := 1 - \frac{ed(S_1, S_2)}{max\{|S_1|, |S_2|\}} \qquad (12.2)$$

Das Beispiel der Tabelle 12.2 zeigt recht deutlich die Leistungsfähigkeit der Edit-Distanz, aber auch ihre Grenzen. Augenscheinlich sind die beiden, im Beispiel verwendeten, Namen möglicherweise der gleichen Person zuzuordnen, trotzdem ergibt die Distanz einen Wert von zwei. Hier zeigen sich auch die schon in Kapitel

11 beschriebenen Kompromisse zwischen „Recall" und „Precision". Bei einem zu hohen Schwellenwerte, würde dieses potentielle Duplikate nicht als solches identifiziert werden. Außerdem ist festzustellen, dass die Levenshtein- Vorgehensweise vor allem sehr empfindlich auf Buchstabendreher und unterschiedliche String-Längen reagiert und eine entsprechend hohe Distanz zwischen den beiden Zeichenketten zurück gibt.

Um die eben angesprochene Anfälligkeit auf Tippfehler (wie Buchstabendreher bzw. falscher Tastenanschlag auf der Tastatur) zu verringern, wird die so genannte „Typewriter"- Distanz (vgl. [Sar99]) verwendet. Hier wird das Ersetzen eines Zeichens entsprechend geringer bewertet, wenn die zu vergleichenden und zu ersetzenden Zeichen, z.B. auf einer „QWERTZ"- Tastatur, nahe beieinander liegen (z.B „Nike", „Mike"). Hier ist die Gefahr der einfachen Fehleingabe durch den Benutzer besonders hoch. Die Kosten für solche Ersetzungen werden entsprechend niedriger eingebracht um solche Abweichungen angemessen zu bewerten.

12.2.2 Phonetische Bestimmung der Ähnlichkeit

Das in Abschnitt 12.2.1 in Tabelle 12.2 angeführte Beispiel lässt auf eine weitere Schwachstelle des Levenshtein- Algorithmus schließen. Der Klang eines Wortes, also die phonetische Ausprägung der im Wort verwendeten Silben, erfährt keinerlei Beachtung. So wird der verwendete Name „Mike", „Maik" völlig identisch ausgesprochen. Es könnte sich also um ein Duplikat im Datenbestand handeln. Für genau solche Duplikate sind Algorithmen verfügbar, die die phonetischen Eigenschaften der jeweiligen Zeichenketten ermitteln, im Anschluss vergleichen und daraus Ähnlichkeitsmaße, basierend auf dem Klang der Silben erzeugen. Natürlich sind auch solche Vorgehensweisen nicht ganz unproblematisch, da diese nur für einen bestimmten Sprachstamm bzw. Sprachraum zuverlässig funktionieren. So versagen z.B. die Algorithmen für die englische Sprache bei speziellen deutschen Bezeichnungen. Ebenso dramatisch stellt sich die Situation z.B. bei slawischen oder jiddischen Wortstämmen dar. Werden hier nicht für den entsprechenden Sprachraum angepasste Kodierungen verwendet, so ist von einem totalen Versagen des Algorithmus auszugehen. Solche Algorithmen eignen sich vor allem bei Datenbeständen, die aufgrund audiophiler Informationen, z.B. per Telefon in einem Callcenter, übermittelt und in das Informationssystem übertragen werden.

Soundex

Der erste phonetische Algorithmus wurde 1918 (vgl. [Rep07]) im Rahmen einer landesweiten Volkszählung für den US-amerikanischen Sprachraum entwickelt.

Buchstabe	Ziffer
A,E,I,O,U, H, W, Y	0
B,F,P,V	1
C,G,J,K,Q,S,X,Z	2
D,T	3
L	4
M,N	5
R	6

Tabelle 12.3: Übersicht über die Soundex kodierten Laute (vgl. [Rep07])

Die „Soundex"-Kodierung bildet die Grundlage der meisten, heute verwendeten, phonetischen Ähnlichkeitsmetriken. Es werden sieben (siehe Tabelle 12.3) Kodierungen für die unterschiedlich auftretenden Laute benutzt. Den Startwert der Soundex-Codierung bildet der Anfangsbuchstabe. Für die nächsten drei Zeichen erfolgt die, in der Tabelle 12.3 angegebene, Transskription in die entsprechenden Zahlenwerte. Ist das zu kodierende Wort kürzer als vier Zeichen, so wird der Rest mit dem Wert „0" aufgefüllt. Treten zwei gleiche Laute und damit auch zwei gleiche Codierungen nebeneinander auf, so wird eine der beiden entfernt, so dass keine Paare von codierten Lauten vorhanden sind. Im letzten Schritt werden alle Zahlenwerte „0" entfernt. „0"- Werte, die zum Auffüllen der vier Zeichen langen Kodierung verwendet wurden bleiben erhalten. Die so entstandene Metrik kann für einen Vergleich und für die Erstellung eines Ähnlichkeitsmaßes verwendet werden.

Bei der Verwendung des schon benutzen Beispiels, ergibt die Codierung mit dem Soundex- Algorithmus für „Maik" M200. Der String „Mike" liefert Soundexcodiert ebenfalls die Metrik M200. Der gleich klingende Name konnte also mit Hilfe des Soundex-Algorithmus, aufgrund der Phonetik der Zeichenkette als Duplikat identifiziert werden, wobei das Ermitteln der Edit-Distanz diesen Aufschluss möglicherweise vorenthalten hätte.

Kölner Phonetik

Wie am Anfang dieses Abschnittes bereits beschrieben, lassen sich die Kodiertabellen für phonetische Ähnlichkeitssuche nur auf bestimmte Sprachräume anwenden. Aus diesem Grund wurde 1969 (vgl. [Pos69]) eine phonetische Kodierung für die Deutsche Sprache (siehe Tabelle 12.4) entwickelt, die unter dem Namen „Kölner Phonetik" bekannt wurde.

12.2 Ähnlichkeitsbestimmung bei Tupeln in einem Datenbestand

Buchstabe	Bedingung	Ziffer
A,E,I,J,Y,O,U	im Anlaut	0
H		Keine
B,P		1
D,T	nicht vor C,S,Z	2
F,PH,V,W		3
G,K,Q		4
C	im Anlaut, vor A,H,K,L,O,Q,R,U,X ansonsten, vor A,O,U,H,K,X,Q	
X	wenn nicht nach C,K,Q	48
L		5
M,N		6
R		7
SZ		8
C	im Anlaut, nicht vor A,H,K,L,O,Q,R,U,X folgt ansonsten, nicht vor A,O,U,H,K,X,Q nach S, Z	
D,T	vor S,C,Z	
X	nach C,K,Q	

Tabelle 12.4: Laute nach der „Kölner Phonetik" kodiert (vgl. [Pos69])

Die eben beschriebenen phonetischen Verfahren stehen zumindest für den englischen Sprachraum in fast allen verfügbaren DBMS als Funktionen zur Verfügung. Im Rahmen eines Projektes an der Fachhochschule Erfurt wurde eine Implementierung für das DBMS „MySQL" von den Autoren dieser Masterthesis (vgl. [HH07]) vorgestellt.

Wie sich zeigte gibt es zwei ganz verschiedene Ansätze um Ähnlichkeitsmaße zu erhalten. Zum einen den Ansatz zur Bewertung der Überführungskosten der einen Zeichenkette in die Zweite, zum Anderen mit Hilfe von phonetischen, sprachspezifischen Eigenschaften. Solche Metriken haben jedoch einen Nachteil. Sie reagieren vor allem auf z.B. Abkürzungen und Sonderzeichen sehr stark. Das wirkt sich natürlich auch bei der Verwendung von mehreren Tupeln, also mehreren Attributen (wie z.B. Vorname und Nachname) eines Datensatzes aus. Hierfür kann der im Folgenden vorgestellte, Token-basierte Ansatz, hilfreich sein.

12.2.3 Token-basierte Ähnlichkeitsmaße

Um die eben angesprochenen Nachteile der Ähnlichkeitsmaße, wie die hohe Anfälligkeit auf Reihenfolgeänderungen z.B. Vertauschen von Vor- und Nachname zu umgehen, werden Token-basierte (vgl. [NL07]) Verfahren verwendet. Hierbei werden die zu vergleichenden Zeichenketten in vorher festgelegte Teilstücke (so genannte Token) zerlegt. Das geschieht z.b. nach einer festgelegten Zeichenlänge oder aber auch nach definierten Trennzeichen, wie Sonder- oder Leerzeichen. Solche Vorgehensweisen stammen ebenfalls aus dem Teilgebiet des Information-Retrivals, wobei hier die Übereinstimmung von Teil-Strings mit völlig Domänenunbekannten Texten bestimmt wird und so relevante Ergebnisse ermittelt werden können.

Solche Ähnlichkeitsfunktionen basieren auf einem Vektorraum, der durch die zu vergleichenden Token aufgespannt wird. Im Anschluss werden die Vektoren auf Ähnlichkeit (mit einer geeigneten Ähnlichkeitsfunktion) verglichen. Die Token mit der höchsten Ähnlichkeit liefern höhere Werte, als die bewerteten Token mit geringerer Übereinstimmung (vgl. [Bec03]). Im Bereich des Information-Retrivals werden für die zu vergleichenden Token oft die Bezeichnungen Anfragevektor (zu vergleichenden Zeichenkette) bzw. Dokumentenvektor (Daten oder Texte aus dem Datenbestand) verwendet. Da im Kontext dieser Arbeit nur Teile des IR betrachtet werden sollen, finden diese Bezeichnungen hier keine Anwendung. Es wird hier lediglich, wie in der Literatur von Naumann et al. (vgl. [NL07]) von zwei zu vergleichenden Zeichenketten (S_1, S_2) ausgegangen. Wobei der Ähnlichkeitskoeffizient allgemein mit *sim* bezeichnet wird. Ein solcher Vektorraum für die Übereinstimmung von Token in zwei Zeichenketten, wird in Abbildung 12.2 gezeigt. Die eingezeichneten Vektoren repräsentieren die Häufigkeit der Übereinstimmung/Vorkommen der Token im Vergleichsraum. Es wird also ein Vergleich im Bezug auf das Auftreten der Token oder ihrer Eigenschaften durchgeführt.

Die zu vergleichenden Token, respektive die Eigenschaften der Zeichenkette oder auch „n-Gramme" können mit „0" oder „1" bewertet werden. Das so genannte „Boolsches Retrival" (vgl. [Kür06]). Dieses wird hier als eine vereinfachte Darstellung für Token-basierte Ähnlichkeitsmaße verwendet.

Belegung	1	0	Summe
1	a	b	a+b
0	c	d	c+d
Summe	a+c	b+d	n

Tabelle 12.5: Beispiel für mögliche Tokenbewertung nach [Kür06]

12.2 Ähnlichkeitsbestimmung bei Tupeln in einem Datenbestand

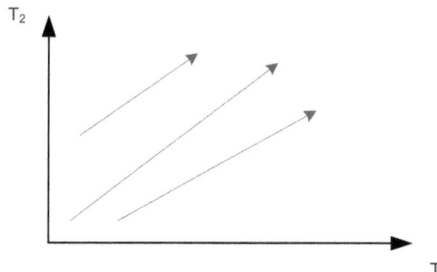

Abbildung 12.2: Vektorraummodell für die Ähnlichkeitsbestimmung

Die in Tabelle 12.5 gezeigten Eigenschaften repräsentieren die Übereinstimmungen bzw. Eigenschaftsgewichtungen von Token in einer Zeichenkette. So besitzt Belegung „a" beide vorher definierten Eigenschaften, wobei z.B. b nur eine Eigenschaft enthält. Dieser Umstand zeigt, dass auch teilweise Übereinstimmungen mit gewissen Eigenschaften oder auch negative Eigenschaften (wie z.B. Belegung d) beschrieben werden können.

Nach dieser Wichtung könnte die Ähnlichkeit der gebildeten Vektoren im trivialsten Fall durch die Summe der gemeinsamen Token der beiden Zeichenketten (S_1, S_2) wie in Formel 12.3 ermittelt werden.

$$sim(S_1, S_2) = \sum_1^n T_1 * T_2 \qquad (12.3)$$

Die Literatur weist jedoch darauf hin, dass dieser Koeffizient oft nur zu Demonstrations- und Erläuterungs- zwecken eingesetzt wird, da er stark von der Länge des zu vergleichenden Strings abhängt (vgl. [Kür06]).

Eines der populärsten Token-basierten, Vektorraum- Ähnlichkeitsmaße wird als die Jaccard- Ähnlichkeit bezeichnet. (vgl. [NL07])

Diese vergleicht die Token mit den gemeinsamen Eigenschaften, mit der Anzahl aller erzeugten Token der Zeichenketten S_1, S_2. In Bezug auf die gewichteten Eigenschaften aus Tabelle 12.5 kann das Jaccard-Maß wie in Formel 12.4 berechnet werden. Dieses erzeugt Ergebnisse im Wertebereich 0 (keine Übereinstimmung) bis zur vollen Übereinstimmung (Wertes 1) (vgl. [Kür06]).

$$sim_{Jaccard}(S_1, S_2) = \frac{a}{a+b+c} \qquad (12.4)$$

Allgemein kann der Jaccard-Koeffizient, es seien T_1, T_2 die Tokenmengen von S_1, S_2 (siehe 12.5), (in Anlehnung an [NL07]) ausgedrückt werden.

$$sim_{Jaccard}(S_1, S_2) = \frac{|T_1 \cap T_2|}{|T_1 \cup T_2|} \qquad (12.5)$$

Neben der Jaccard-Ähnlichkeit, die auch in großen kommerziellen Softwarepaketen wie z.B. SPSS (vgl. [N.N04]) Verwendung findet, wird in der Literatur auch häufig das auf „TFIDF" (engl. term-frequency/inverse-document-frequency) basierte Ähnlichkeitsmaß genannt. Bei diesem werden die Token nicht, wie in Tabelle 12.5 binär gewichtet, sondern erhalten ihre Belegung aufgrund der Häufigkeit ihres Auftretens (ihrer Frequenz) in einem Term.

Aus dieser Vorgehensweise ergibt sich jedoch die Problematik, dass häufig auftretende Token wie z.B. „und, nicht, wenn" zwar oft vorkommen, mit Sicherheit jedoch nur eine geringe Relevanz bei der Suche nach Duplikaten besitzen. Durch die Bildung und anschließende Multiplikation der inversen Dokumentenfrequenz mit der Termfrequenz $tfidf = tf * IDF$ (IDF Bildung siehe Formel 12.6 vgl.[SB06]) erhalten die Token, die häufig im zu betrachtenden Term vorkommen, ein hohes Gewicht. Token die jedoch in der betrachteten gesamten Termmenge in fast jedem Term vorkommen ein geringeres Gewicht. So ist es möglich häufig verwendete Füll- und Bindewörter erfolgreich von einer zu hohen Bewertung auszuschließen.

$$IDF(Token_i) = \log \frac{Terme}{Terme \text{ mit den Vorkommen von } Token_i} \qquad (12.6)$$

Dieser Abschnitt zeigte beispielhaft einige Ähnlichkeitsmetriken und deren Arbeitsweise. Es sind zahlreiche weitere Verfahren verfügbar. Weitere, häufig verwendete Ähnlichkeitsmaße (vgl. [Hae00]) ohne Anspruch auf Vollständigkeit sind:

- Einfache Übereinstimmung
- Cosinus Koeffizient
- Dice- Koeffizient
- Overlap- Koeffizient

Für tiefer gehende Informationen und der Verwendung der eben aufgezählten Verfahren, sei auf eine gute Zusammenfassung siehe [Hae00] verwiesen.

12.2.4 Dublettenauffindung mit Hilfe von externen Daten

In den vorhergegangenen Abschnitten wurden einige Verfahren vorgestellt, die mit Hilfe von Ähnlichkeitsbewertungen eine Aussage zum Grad der Übereinstimmungen von Zeichenketten oder Datenbanktupeln treffen. Eine weitere Möglichkeit

12.2 Ähnlichkeitsbestimmung bei Tupeln in einem Datenbestand

unter Einbeziehung der Diskurswelt, ist die Verwendung von externen Daten für die Dublettenauffindung. Hierbei kann nicht nur die Datenqualität gemessen, sondern auch Duplikate aufgedeckt, deren Richtigkeit und Vollständigkeit überprüft und ggf. angereichert werden. Abbildung 12.3 zeigt die Ähnlichkeitsbewertung und damit die Klassifikation von Duplikaten unter Einbeziehung externer Daten.

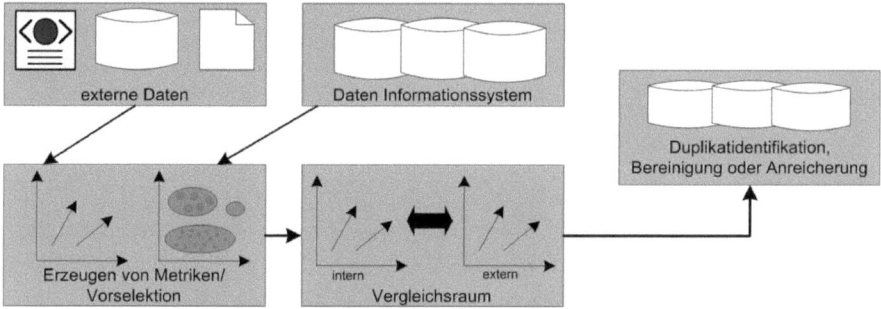

Abbildung 12.3: Dublettenidentifizierung mit Hilfe externer Daten

Bei der Dublettenfindung unter Verwendung externer Daten wird von der Richtigkeit der zu Hilfe genommenen Informationen aus der Realität ausgegangen. Diese Richtigkeit sollte überprüft und sichergestellt werden, da sonst die Qualität des Datenbestandes im schlechtesten Falle herabgesetzt werden könnte. Solche externen Daten werden z.B. von Datenanbietern wie den „Gelben Seiten", staatlichen Stellen, wie Ämtern oder auch großen Finanz- und Bonitätsdienstleistern angeliefert und zur Duplikatsauffindung genutzt. Diese angelieferten Daten können dann mit dem Datenbestand im lokalen Informationssystem verglichen werden. Doppelte Datensätze werden so als Duplikat markiert und entsprechen behandelt. Ein direkter Vergleich wird jedoch auf Grund der auch hier auftretenden Schreibweisenunterschiede zwischen Datenbestand und Diskurswelt nicht möglich sein. Aus diesem Grund bietet sich auch hier die Verwendung von Metriken an, die dann in den Vergleich einbezogen werden. Die Vorgehensweise wird in Abbildung 12.3 dargestellt. Aus dem Datenbestand, in dem Dubletten vermutet werden, werden für zu vergleichende Datensätze Metriken z.B. mit Hilfe von Ähnlichkeitsmaßen oder anderen Verfahren erzeugt. Das geschieht ebenso mit den extern angelieferten Daten. Die erzeugten Metriken bilden den Vergleichsraum, in dem, wie schon im Verlauf dieser Arbeit gezeigt, „Recalls" gemäß den eingesetzten Schwellenwerten erzeugt werden. Wie die Abbildung verdeutlicht, ist es durch die Verwendung valider, externer Daten nicht nur möglich Duplikate zu identifizieren, sondern auch die entsprechenden Informationen zu bereinigen, d.h. deren Qualität zu verbessern. Auch hier werden die Verfahren der Dublettenerkennung verwendet, um Informationen aus dem Datenbestand den entsprechenden Entitäten der Realität zuzuordnen. Das Thema Datenbereinigung, auch unter Verwendung von externen Datenquellen, wird erschöpfend vom Co-Autor dieser Arbeit (vgl. [Hel07] in dessen Masterthesis diskutiert. Auch ist es möglich z.b. fehlende Informationen, die jedoch bei einem externen Datenanbieter hinterlegt sind, dem aktuellen Datenbestand hinzuzufügen. Eine solche Vorgehensweise wird als Anreicherung bezeichnet. Voraussetzung für eine Anreicherung sind jedoch qualitativ hochwertige und bereinigte Daten.

12.2.5 Hashing

Ein weiteres Verfahren um Dupliakte oder Ähnlichkeiten von Texten oder Zeichenketten zu bestimmen und die Ergebnisse im Zuge einer Qualitätsmessung zu erfassen, ist das so genannte Hashing. Das Bilden von Hashwerten ist ein Grundprinzip der Algorithmierung und steht ebenso in fast allen höheren Programmiersprachen zur Verfügung. Hashwerte werden mit Hilfe von, hier nicht weiter diskutierten, Hashfunktionen gebildet. Konkret beschreibt ein Hashwert eine große Datenmenge mit Hilfe von einer kleineren. Das bedeutet, dass wie bei den bereits beschriebenen Ähnlichkeitsmetriken eine Klassifikation, also ein Schlüssel zur Beschreibung der Datenmenge herangezogen wird. Diese Hashwerte können miteinander verglichen und so zur Bestimmung der Ähnlichkeit verwendet werden. Da der Wertebereich der Schlüssel signifikant kleiner als der der Datenmenge, also des kodierten Textes oder der kodierten Zeichenkette ist, kann es zu so genannten Kollisionen kommen. Solche Kollisionen stellen in der Informatik das größte Problem bei der Verwendung von Hashfunktionen dar. Kollidieren Haswerte, so wird der gleiche Schlüssel für zwei unterschiedliche Zeichenketten oder Datensachverhalte verwendet.

Bei der Bestimmung von Ähnlichkeiten und der Identifikation von Duplikaten, können jedoch genau diese Kollisionen für die Markierung von potentiellen Duplikaten verwendet werden. Hier sind Kolisionen und deren Erkennung durchaus gewünscht und hilfreich. Für das Sammeln und Speichern solcher Hashwerte (deutsch: Streuwerte) ist ebenfalls eine eigene Speicherstruktur verfügbar. Diese Struktur ist analog einem Array aufgebaut. Hier werden jedoch die Indizierungen zu einer Speicherstelle (in diesem Zusammenhang Bucket genannt) nicht wie bei einem Feld über numerische Indizierungen durchgeführt, stattdessen werden Hashschlüssel für den Zugriff auf die entsprechende Speicherstelle verwendet. So kann auch eine schnelle Suche durch Indizierung in einer Datenbank oder einem Datenbestand erfolgen (siehe Abbildung 12.4). Das Konzept, Hashsignaturen und

12.2 Ähnlichkeitsbestimmung bei Tupeln in einem Datenbestand

die Kollision beim Hashing für die Duplikaterkennung zu nutzen, wird unter dem Oberbegriff „Similarity-Hashing" (vgl. [Pot06]) zusammengefasst.
Wie schon erwähnt, wird hier die Eigenschaft der Kollision für die Ähnlichkeitszuordnung verwendet. Beim herkömmlichen Hashing wird versucht durch verschiedene Maßnahmen, wie Kollissionserkennung sowie robusten und chaotischen Hashfunktionen das Auftreten eines solchen Konflikts zu vermeiden. Beim „Similarity-Hashing" werden solche ähnlichen Zeichenketten oder Dokumente einem bestimmten Bucket zugeordnet, wodurch eine Gruppierung (Clustering) gemäß der Ähnlichkeit der ausgewählten Tupel stattfindet.
Zum Thema Clustering, bei dem die Ähnlichkeitsmessung und die damit verbundene Klassifikation zu gewissen Eigenschaften eine Grundlage darstellt, wird im folgenden Abschnitt eine Einordnung im Kontext des Themas Datenqualität und Duplikatbestimmung versucht.

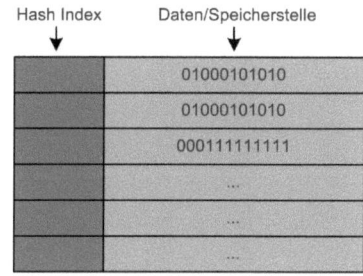

Abbildung 12.4: Aufbau einer Hashspeicherstruktur

12.2.6 Clustering

In der Literatur und im Zusammenhang mit der Erkennung von Eigenschaften von semantisch nicht eingeordneten Daten aus der realen Welt sowie vor allem im Bereich des Textminings wird immer wieder von der so genannten Clusteranalyse gesprochen. Die schon vorgestellten Ähnlichkeitsmetriken stellen die Grundlage für die Clusteranalyse dar. Außerdem ist das Bilden von Clustern elementar bei der Vorselektion von Datenbeständen und somit für das Auffinden von Duplikaten (siehe Abschnitt 12.3). Diese wird wiederum dringend für eine Performanceoptimierung bei einer konkreten softwaretechnischen Umsetzung einer Datenqualitätslösung benötigt.
Die Clusteranalyse ist für die Erkennung von Dubletten und für die Umsetzung einer adäquaten Datenqualitätslösung enorm wichtig. Aus diesem Grund Aufgrund

soll die Clusteranalyse im folgenden Abschnitt kurz vorgestellt und eingeordnet werden um einen Überblick über dieses umfangreiche, interdisziplinäre Thema der Statistik und Informatik zu geben.
Es erscheint logisch, dass ein solches Thema im Rahmen dieser Thesis nicht adäquat und erschöpfend aufgegriffen werden kann. Dem Leser wird für einen ausführlichen Überblick die einschlägig und zahlreich vorhandene Literatur (wie z.B. [Bac96], [Pyl03]) empfohlen.
Bei der Cluster-Analyse werden Datenobjekte, respektive Tupel oder Terme nach ihren Eigenschaften klassifiziert (siehe Abschnitt 11.2.3). Das Ermitteln von gemeinsamen Eigenschaften kann z.B. durch das Bestimmen der Ähnlichkeiten erfolgen. Die klassifizierten Eigenschaften der Objekte bilden zusammengefasste Cluster, die im Vergleichsraum (Abbildung 11.1) so gruppiert werden, dass innerhalb eines gebildeten Clusters die Objekte mit möglichst ähnlichen Eigenschaften erfasst werden, zwischen den verschiedenen Clustern selbst, möglichst große Unterschiede bestehen (vgl. [PD02]).

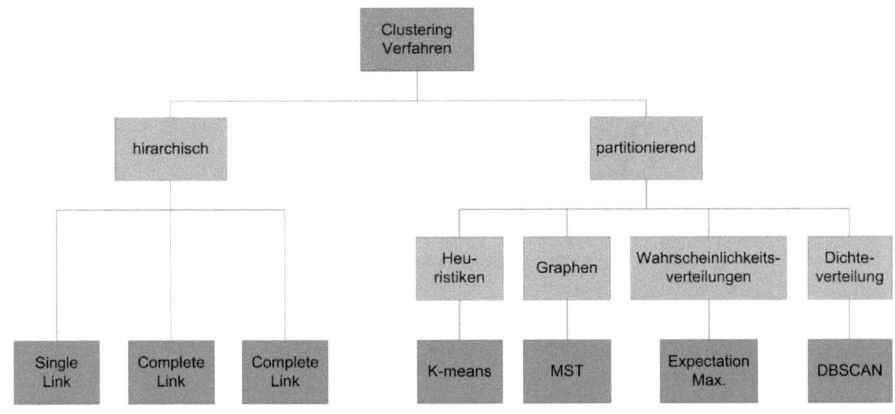

Abbildung 12.5: Mögliche Klassifikation von Clusterverfahren nach [Kür06]

Es sind eine Vielzahl an verschiedenen Verfahren und konkreten Algorithmen für das Erzeugen von Clustern verfügbar. Abbildung 12.5 nach [Kür06] stellt eine mögliche Taxonomie für die Einordnung der vielgestaltigen Verfahren dar. Die in Abbildung 12.5 dargestellten Verfahren sollen im Folgenden für einen groben Überblick erläutert und anhand konkreter Algorithmen kurz spezifiziert werden.
Primär können Algorithmen zur Clusterbildung von Daten in hierarchische und partitionierende Verfahren (siehe Abbildung 12.6 nach [Pot06]) gegliedert werden. Wie die Abbildung 12.6 zeigt, werden bei hierarchischen Verfahren Cluster gebil-

12.2 Ähnlichkeitsbestimmung bei Tupeln in einem Datenbestand

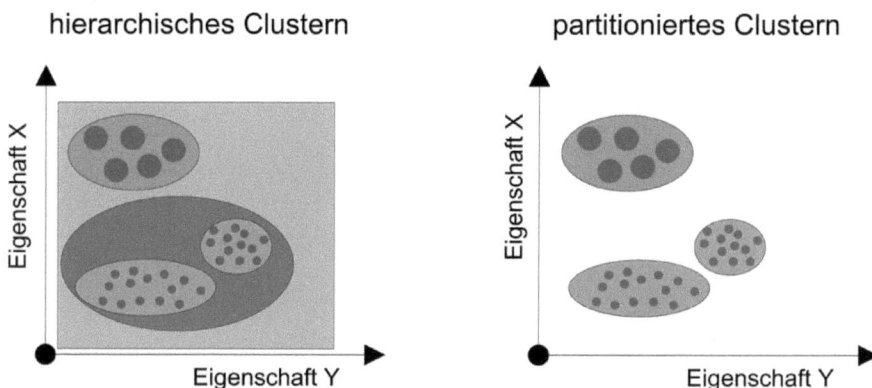

Abbildung 12.6: Gegenüberstellung von hierarchischen und partitionierenden Clusterverfahren nach [Pot06]

det, die wiederum eine Teilmenge aus anderen Clustern darstellen. So wird iterativ eine Baumstruktur während der Klassifikationserzeugung aufgebaut.

Die hierarchischen Verfahren basieren auf der Abstandsmessung der Ähnlichkeiten sowie den entsprechende Distanzfunktionen (siehe Abschnitt 12.1) eines Tupels. Gemäß deren Ähnlichkeit werden Sie als Teilmengen zusammengefasst (agglomerative, also vermehrende Verfahren) oder in Teilmengen aufgetrennt (divisive, also aufteilende Verfahren). Aufgrund der seltenen Verwendung der divisiven Verfahren werden im Folgenden nur drei agglomerative Ansätze vorgestellt. Der initiale Schritt bei den vermehrenden Clustermethoden ist bei den im Folgenden gezeigten drei Ansätzen gleich. Am Anfang wird jedem Term oder Objekt ein eigener Cluster zugewiesen. Es entstehen also eine Anzahl von Clustern analog zur Anzahl der zu untersuchenden Objekte. Diese „Ein- Element- Cluster" werden als „Singletons" bezeichnet (vgl. [Kür06]).

In Abbildung 12.7 werden alle geläufigen hierarchischen Verfahren für das Erzeugen von Clustern in der Übersicht gezeigt.

Das Single-Link Verfahren erscheint sehr einfach und findet deshalb häufig Anwendung bei der Implementierung in Applikationen zur Duplikatidentifizierung. Aufgrund seiner Verfahrensweise wird es in der Literatur auch häufig „Minimum Methode" (vgl. [Guo02]) genannt. Hierbei werden die zuvor erzeugten Singletons in jedem Durchlauf des Algorithmus zusammengefasst. Dabei wird eine Gruppierung von Objekten vorgenommen, bei denen der Ähnlichkeitsabstand minimal ist. Es werden so die nächsten benachbarten Objekte zusammengefasst.

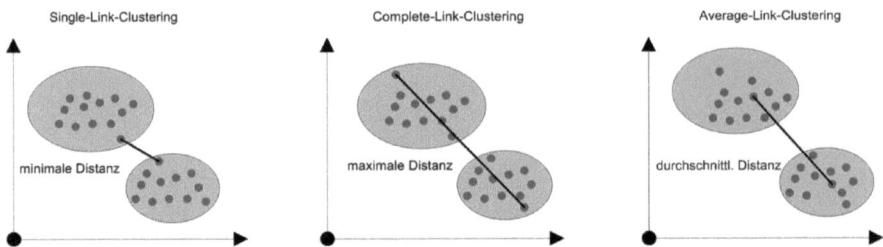

Abbildung 12.7: Hierarchische Clustering Verfahren in der Übersicht nach [Guo02]

Das „Complete-Link" Verfahren, auch als Maximum Verfahren bezeichnet, bestimmt die Unähnlichkeit von Clustern anhand des maximalen Abstandes ihrer Elemente und fasst die einzelnen Tupel so zusammen.

Der Name des dritten Verfahrens lässt die Arbeitsweise bereits erschließen. Beim „Average-Link-Clustering" wird die mittlere Distanz aller Elemente in einem Cluster mit den Elementen in einem anderen Cluster verglichen und zur Ähnlichkeitsbestimmung und Gruppierung herangezogen.

Es gibt noch zahlreiche weitere Verfahren, z.B. Centroid, Median, oder Verfahren nach Ward für das Bilden von hierarchischen Clustern. Diese stützen sich nicht auf die Abstände von einzelnen Elementen in einem Cluster, sondern verwenden Punkte der gesamten Clusterfläche (z.B. Zentrum eines Clusters) für die Bestimmung der Ähnlichkeiten.

Nach einem anderen Prinzip arbeiten die partitionierenden Verfahren. Diese spannen keinen hierarchischen Baum mit entsprechenden Untermengen auf, sondern bilden für die Menge von Objekten eine bestimmte Anzahl von Gruppierungen in denen diese Objekte angeordnet sind. Die Literatur unterscheidet für die Bildung der partitionierten Cluster grundsätzlich zwei Verfahren (vgl. [Kür06]). Je nach der Anzahl der Durchläufe der entsprechenden Algorithmen wird von „Single-Pass" bzw. vom „Relocation- Ansatz" gesprochen.

Der Single-Pass- Ansatz wählt das erste Objekt als so genannten Clusterrepräsentanten aus. Aus diesem wird die Ähnlichkeit zu allen anderen Clustern berechnet und mit einem festgelegten Schwellenwert verglichen. Wird dieser berührt, so wird das betreffende Objekt zu einem Cluster hinzugefügt. Ist das nicht der Fall wird ein neuer Cluster erzeugt. Dieser Ansatz ist aufgrund des einmaligen Durchlaufes sehr effizient, jedoch stark von der Reihenfolge und der Auswahl des ersten gewählten Objektes abhängig.

Der Reallocation Ansatz erfordert eine höhere Durchlaufzeit, da nach der Bildung der Repräsentanten und der Zuweisung von Objekten zu einem erzeugten Cluster-

12.2 Ähnlichkeitsbestimmung bei Tupeln in einem Datenbestand

repräsentanten, eine Neuberechnung für die Repräsentation erfolgt. Treten hierbei starke Veränderungen auf, werden die Objekte neu gruppiert.
Partitionierende Ansätze können wie in Abbildung 12.5 dargestellt, auf Heuristiken, der Graphentheorie und auf Wahrscheinlichkeits- oder Dichteverteilungen beruhen.
Eines der populärsten Verfahren für die Clusterbildung, auch im Hinblick auf das Auffinden von Duplikaten in einem Datenbestand, ist der auf Heuristiken basierende „k-means" Algorithmus. Dieser wurde bereits 1967 von McQueen an der Berkeley University vorgestellt (vgl. [McQ67]). Bei diesem einfachen Algorithmus werden zufällige eine Anzahl von k Anfangsclustern initialisiert. Die Objekte mit den Eigenschaften, die den zufällig gewählten Clusterzentren am nächsten liegen, werden diesen Clustern zugeordnet. Nach jeder dieser Zuordnungen werden die Zentren der bereits definierten Cluster neu berechnet und ggf. neue Zuordnungen getroffen. Im letzten Schritt werden die zuletzt gefundenen Clusterzentren (engl. „mean") noch einmal als Initialcluster verwendet und die Abarbeitung erfolgt erneut (vgl. [Kür06]).
Mit Hilfe von Graphen, können ebenfalls Cluster von Objekten gebildet werden. Ein Beispiel hierfür ist der sogenannte minimale Spannbaum (MST). Hierbei werden anhand der Eigenschaften der Objekte Bäume aufgebaut, deren Kanten die Ähnlichkeitsabstände der einzelnen Terme repräsentieren. Diese Abstände sollen minimal sein. Hierfür werden häufig Wegfindungsalgorithmen für minimale Wege benutzt. Einer der bekanntesten Algorithmen ist der „Dijkstra" Algorithmus (vgl. [Kap07]).
Bei der Vorgehensweise „Expectation Maximation" wird in einem zweistufigen Verfahren zuerst die Wahrscheinlichkeit mit der ein Objekt zu einer bestimmten Klassifzierung gehört ermittelt. Das kann z.B. auf Grundlage von verschiedenen Wahrscheinlichkeitsfunktionen, wie der Gaußschen- Normalverteilung basieren, wofür ebenso initiale Clusterzentren ermittelt werden. Im zweiten Schritt wird anhand der ermittelten Wahrscheinlichkeit die Objektverteilung zu den Clustern vorgenommen, bzw. werden die Clusterzentren entsprechend angepasst. Diese Vorgehensweise wird so lange wiederholt, bis stabile Cluster erzeugt wurden.
Als letzter Algorithmus „DBSCAN", der mit Hilfe der Verteilung von Eigenschaftsdichten arbeitet, soll hier ërwähnt werden. Dieser basiert auf der Bestimmung von Kernpunkten in einer Punktewolke. Alle von diesem Kernpunkt innerhalb einer vorgegebenen Nachbarschaft ε erreichbaren Kernpunkte gehören zu diesem Cluster. Punkte die an die ε- Umgebung stoßen werden als Grenzpunkte bezeichnet. Es werden alle Punkte auf Kernpunktfähigkeit (dem erreichen von anderen Punkten in der definierten Umgebung, die keine Grenzpunkte sind) überprüft. Erfüllen sie diese Kriterien, also liegen sie dicht genug aneinander (als Kern-

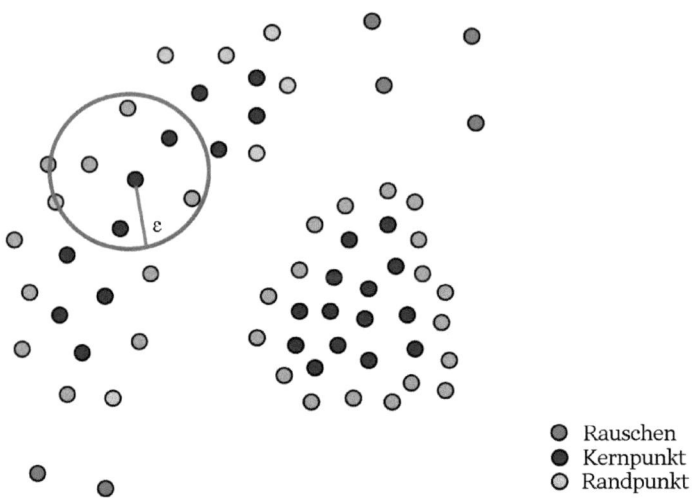

Abbildung 12.8: DBSCAN Algorithmus zur dichtebasierten Erzeugung von Clustern nach [Ste06]

oder Grenzpunkt), so gehören sie zum entsprechenden Cluster. Völlig außerhalb liegende Punkte, also nicht von einem Kernpunkt „dichteerreichbar" (so genanntes Rauschen), wird nicht in Clustern zusammengefasst (vgl. [Ste06]). Abbildung 12.8 verdeutlicht die Vorgehensweise bei „DBSCAN".

Der, bis zu dieser Stelle gegebene Überblick über Clustering-Verfahren kann nur eine grobe Übersicht über die Vielzahl an verfügbaren Methoden oder Taxonomien sein. So können Clustering-Algorithmen zusätzlich nach der Schärfe ihrer Ergebnisse bzw. dem Grad an Einsatz von „Fuzzy"-, also unscharfer Logik, klassifiziert werden. Ebenso können diese nach Ihre Effizienz evaluiert werden. Im Dienste der Kompaktheit der Darstellung im Rahmen dieser Arbeit soll auf eine weitere, detailliertere Darstellung verzichtet werden.

12.3 Vorselektion für die Dublettensuche

Im Verlauf dieses Kapitels zeigte sich bereits, dass es eine große Anzahl an komplexen Verfahren und Algorithmen gibt, um die Ähnlichkeit von Datenobjekten, Tupeln o.ä. zu bestimmen. Hierfür werden die schon erläuterten Verfahren zur Ähnlichkeitsmessung oder Clustern verwendet. Es handelt sich in einigen Fällen um hoch komplexe oder rechenintensive Algorithmen, vor allem bei Verfahren bei denen viele Iterationen für die Clusterbildung verwendet werden. Bei einer Vielzahl an zu vergleichenden Datensätzen auf Grundlage eines großen Datenbestandes kann die Performance einer Anwendung zur Duplikatssuche oder Datenqualitätsmessung empfindlich beeinträchtigt werden.

Vor allem die Abfrage von großen Datenbeständen und das anschließende Erzeugen von Ähnlichkeitsmaßen und Metriken, stellt hohe Anforderung an aktuelle Datenbanksysteme. Dieser Umstand wird im weiteren Verlauf an einem konkreten Beispiel bei der Umsetzung der Datenqualitätslösung „DCT" im Rahmen dieser Arbeit deutlich . Aus diesem Grund empfehlen verschiedene Autoren (vgl. [Nei04], [NL07]) die Menge der Vergleiche von vornherein einzuschränken, indem eine Vorauswahl, respektive Partitionierung, der zu vergleichenden Datensätze erfolgt. Dieser Abschnitt stellt einige geeignete Verfahren für die Vorselektion dar.

12.3.1 Sorted Neighborhood Methode

Das Sorted Neighborhood Verfahren ist ein sehr geeignetes Verfahren für das Vorselektieren, da es sich besonders für kardinale Skalen, die durch Metriken erzeugt werden, Verwendung findet (vgl. [Nei04]). Außerdem arbeitet dieses Verfahren zuverlässig und effizient (vgl. [NL07]).

Das 1995 von Hernández et al. in [HS95] vorgestellte Verfahren gliedert sich in drei Schritte Um die Datensatzmenge der zu vergleichenden Tupel zu reduzieren, werden die Tupel eines Datenbestandes nach einer Sortierung nur noch mit ihrer Nachbarschaft (siehe Abbildung 12.9) verglichen.

Im ersten Schritt werden Schlüssel aus relevanten Attributen eines Datensatzes gebildet. Diese werden im zweiten Schritt nach Ihrer Ähnlichkeit sortiert (z.B. unter Verwendung eines Ähnlichkeitsmaßes bei der Schlüsselbildung). Nach dieser Sortierung liegen alle n ähnlichen Datensätze nahe beieinander. Im Anschluss wird ein virtuelles Fenster über die sortierten Datensätze bewegt (siehe Abbildung 12.9). Das Fenster besitzt eine definierte Größe an w-Datensätzen. Es wird über die Datensätze geschoben. Hierbei wird jeder Datensatz $w+1$, der das Fenster betritt, mit allen im Fenster vorhandenen Datensätzen $w-1$ verglichen. Durch die entstehende starke Überlagerung können alle wahrscheinlichen Duplikaten verglichen und als solche markiert werden. Die Durchführung wird nach erreichen der Obergrenze des Fensters am letzten Datensatz beendet. Um das Fenster zu erweitern und auch potentielle, doppelte Datensätze zu ermitteln, die nie in einem Fenster erfasst werden, schlagen die Entwickler (vgl. [HS95]) die Verwendung einer „transitiven Hülle" vor. Treffend prägnant wird diese Vorgehensweise von Naumann et al. in

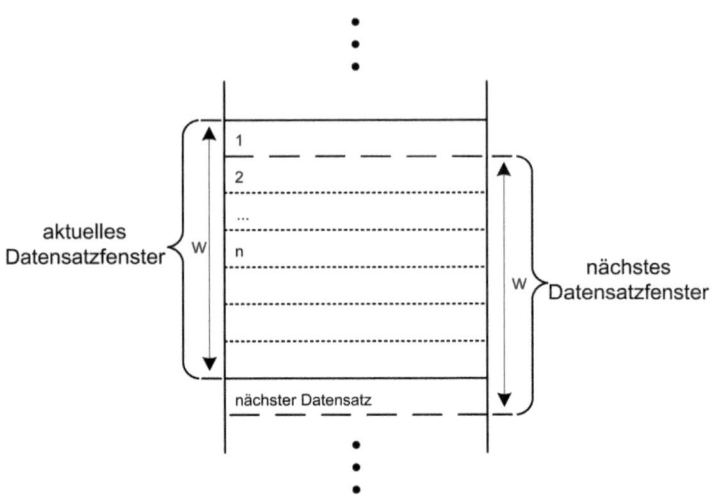

Abbildung 12.9: Ablauf der Sorted Neighborhood Methode nach [HS95]

ihrem Standardwerk (vgl. [NL07]) wie folgt beschrieben:

> „Wenn Datensätze A und B sowie B und C als Duplikate erkannt wurden, so bilden A,B,C eine Duplikatgruppe: Sie sind drei Repräsentationen des gleichen Realweltobjekts."

Sie weisen jedoch auch darauf hin, dass der Erfolg dieser Vorgehensweise stark von der Wahl des Ähnlichkeitsmaßes abhängig ist. Die Größe des Fensters hat wiederum nur sehr geringe Auswirkungen auf die Ergebnisse des Verfahrens. Wegen der großen Abhängigkeit des Erfolges von der Auswahl eines geeigneten Vorgehens zur Bildung von Schlüsseln, schlagen die Entwickler (vgl. [HS95]) die so genannte „Multipass"- Methode vor. Hierbei werden Schlüssel nach unterschiedlichen Vorgehensweisen gebildet und dann durchlaufen. So können möglicherweise falsch als „Nicht-Duplikat" gekennzeichnete Tupel bei einem weiteren Durchlauf mit anderen Schlüsseln ermittelt werden. Diese Implementierung beinhaltet des weiteren das Potential für eine parallele Verarbeitung mit höherer Performance (vgl. [HS95]).

12.3.2 Union/Find Methode

Eine weitere Verbesserung der oben vorgestellten Vorgehensweise der „Sortierten Nachbarschaft", ist die Verwendung der so genannten „Union/Find"- Methode

12.3 Vorselektion für die Dublettensuche

(vgl. [NL07]). Diese Methode vereinigt (engl. union) Tupel, welche durch einen gewählten Repräsentanten symbolisiert werden. Formel 12.7 nach [Gär03] verdeutlicht den Union-Vorgang, der eine Menge an Datensätzen vereinigt und einen Namen zurück gibt.

$$\left\{ \underbrace{\{1,5,6\}}_{\text{Repräsentant 5}}, \underbrace{\{2,3,9,8\}}_{3}, \underbrace{\{4\}}_{4}, \underbrace{\{7,0\}}_{7} \right\} \qquad (12.7)$$

Wird jetzt wie in der Beispielformel gezeigt, nach dem Wert „9" gesucht, würde der Repräsentant „3" zurückgegeben werden. In Anwendung auf die „Sorted-Neighborhood-Methode", werden nur noch die Repräsentanten, die ein Fenster durchlaufen, verglichen. Tritt hier eine große Unähnlichkeit auf, müssen die zusammengefassten Tupel nicht einzeln auf Ähnlichkeit überprüft werden. So kann die Anzahl der auszuführenden Vergleichsoperationen noch einmal wesentlich verringert werden.

12.3.3 Inkrementelle Suche

Als weitere Möglichkeit die Anzahl der Vergleiche zu senken und somit eine höhere Performance bei der Duplikatssuche zu erreichen, schlagen Naumann et al. (vgl. [NL07]) eine inkrementelle Duplikaterkennung vor. Inkrementelle Vorgehensweisen haben sich bereits bei der Sicherung von Daten oder bei der Suche nach Datensätzen etabliert. Hierbei wird von einem Datenbestand ausgegangen, der nahezu vollständig von Duplikaten bereinigt wurde, also eine hohe Qualität aufweist. Werden zu diesem Datenbestand z.B für Aktualisierungszwecke neue Datensätze nachgeladen, so müssen nur die neu hinzugekommen auf Duplizität geprüft werden. In einem operativen System, in dem Daten per Hand eingepflegt werden, könnten solche Überprüfungen bereits bei der Eingabe erfolgen um eine hohe Datenqualität mit einem möglichst geringen Anteil an Duplikaten zu erreichen.

13 Konzept der Datenqualitätsanwendung „DCT"

Nachdem in den vergangenen Kapiteln die theoretischen Grundlagen für das Messen von Datenqualität und das konkrete Auffinden von Duplikaten vorgestellt wurden, folgt in diesem Kapitel die Dokumentation eines Konzeptes zur konkreten Umsetzung einiger gezeigter Verfahrensweisen in einer leistungsfähigen Anwendung. Dieses Kapitel stellt die entwickelte Software „Data Cleaning Toolkit", kurz „DCT" sowie die zugrunde liegenden Entwicklungsmodelle und Entwürfe dar. Neben der Architektur der verwendeten Technologie, der der Anwendung als Grundlage dient, werden die Modelle der Applikation, wie auch die zum Einsatz kommenden Datenmodelle beschrieben und dokumentiert. Für eine einfache und effiziente Anwendung, wird die Applikation durch eine einfache, aber leistungsfähige und gut verwendbare Benutzeroberfläche bedient. Eingangs werden die Motivation für die Entwicklung der Anwendung, wie auch die gestellten Anforderungen diskutiert.

13.1 Zielstellung der Applikation

Die außerordentliche Notwendigkeit der Erhaltung bzw. Schaffung einer hohen Datenqualität in einem Unternehmensdatenbestand wurde im Verlauf dieser Arbeit mehrfach hervorgehoben und bewiesen. Es erscheint logisch, dass vorgestellte Konzepte und Verfahrensweisen in einer Softwaretechnischen Umsetzung angewendet werden. Die mit Co-Autor Steven Helmis (vgl. [Hel07]) entworfene und prototypisch im Rahmen dieser Masterthesis implementierte Applikation stellt das Ergebnis der thematischen Auseinandersetzung mit Datenqualität und deren Bewertung dar. Ziel der Applikationsentwicklung war es, eine leistungsfähige, modular aufgebaute und universell einsetzbare Lösung zur Datenqualitätsbewertung wie auch der Identifikation von Duplikaten mit einer adäquaten Visualisierung und Auswertung zu entwickeln. Als Quelldaten sollten hierbei vor allem verschiedene heterogene Datenbanken unterschiedlicher Datenbankmanagementsysteme dienen. Für die eigentliche Bewertung und die Verarbeitung der geladenen, heterogenen Operativdaten wird in der Arbeitsdatenbank eine „Workspace-Table" angelegt, was eine manipulationsfreie Weiterverarbeitung der Quelldaten ermöglicht. In dieser sollen, die im Folgenden beschrieben Verfahren und Funktionen zur Bewertung der Qualität im geladenen Datenbestand und zur Duplikaterkennung nach verschiedenen Gesichtspunkten durchgeführt werden. Eine entsprechende, Grafiken-gestützte Auswertung macht die ermittelten Ergebnisse für Benutzer des Systems interpretierbar. Ebenso sollten externe Referenzdaten für die Qualitätsmessung und die Dublettensuche zum Einsatz kommen. Die Anwendung soll universell als Client/Sever Anwendung ausgeführt werden. Als Zieltechnologie dient die webbasierte PHP-Skriptsprache. Die Arbeitsdatenbank, wie auch Applikationsdatenstrukturen werden im freien DBMS „MSSQL 2005 Express" verfügbar gemacht. Mit Hilfe von einzurichtenden Konnektoren soll so auf externe, verteilte und über das Internet verfügbare Quelldatenbanken zugegriffen werden. Interpretierbarkeit und Übersichtlichkeit der erzeugten Ergebnisse stand im Vordergrund der Auswertung und Visualisierung am Ende des Bewertungsprozesses.

13.2 Anforderungsanalyse

Für die Entwicklung des „DCT" wurde eine umfangreiche Analyse der eigentlichen Anforderungen an den zu implementierenden Prototypen durchgeführt. Diese sollen im folgenden Abschnitt dargestellt werden und orientieren sich in ihrer Struktur vornehmlich an den Richtlinien des „Reqirements Engineering", also der Anforderungsanalyse für die Softwareentwicklung, die im Referenzwerk von Balzert et al. (vgl. [Bal00]) dargestellt sind. Aus Gründen der Übersichtlichkeit wird jedoch nur ein Teil der von Balzert et al. geforderten Inhalte eines vollständigen Pflichtenhefts (engl. Software Requirement Specification, kurz SRS) in diesem Abschnitt dargestellt.

13.2.1 Zielbestimmung

Während der Planungsphase für die Umsetzung der Anwendung „DCT- Data Quality Toolkit", wurden Zielbestimmungen für den Funktionsumfang, die prototypische Umgebung, wie auch die Architktur der Anwendung definiert. Dieser Abschnitt fasst die Ziele der Software zusammen, grenzt aber auch den Funktionsumfang gegenüber anderen umgebungstypischen Features ab.
Kernfunktionen des „DCT":

- Auswahl und Import von Daten aus Quelldatensystemen

- Datenprofiling, Datenqualitätsmessung, Datenqualitätsübersicht

13.2 Anforderungsanalyse

- Identifikation von potentiellen Duplikaten
- Plausibilitäts- und Validitätskontrolle anhand von externen Referenzdaten
- Verwalten von heterogenen Quelldatenverbindungen
- Datenausgabe für Export und Reportzwecke

13.2.1.1 Pflichtkriterien

In der prototypischen Implementierung des „DCT" stehen Funktionen zum Einrichten und Verwalten von Verbindungen für heterogene Datenquellen zur Verfügung. Die Verbindungen können bearbeitet und gelöscht werden. Im Anschluss ist es möglich die gewählten Daten aus den zuvor eingerichteten Verbindungen in das System als Grundlage für die spätere Datenqualitätsbewertung zu laden. Für den Fall einer späteren Aktualisierung der Quelldaten muss es möglich sein den Ladevorgang beliebig oft zu wiederholen. Nach dem Laden in die Anwendung ist es möglich eine Qualitätsübersicht nach verschiedensten Gesichtspunkten zu erhalten, eine übersichtliche, graphische Darstellung ist hierbei obligatorisch. Zur Evaluation der Datenqualität durch den Programmnutzer stehen Aufbau (Muster) der Datensätze, originale Ansicht der Daten, Vollständigkeit, Differenzen und vollkommen kongruente Datensätze zur Ansicht bereit. Die im System verfügbar gemachten Tupel sind auf das Vorhandensein von möglichen Duplikaten mit einschlägigen Algorithmen zu testen und im Anschluss in einer Übersicht über die potentiellen Dubletten darzustellen. Eine Funktion zur Prüfung der Konsistenz der ausgewählten Daten anhand valider, externer Quellen und die Ausgabe möglicher Inkonsistenzen runden den Funktionsumfang des entwickelten Prototypen ab.

13.2.1.2 Abgrenzungskriterien

Der zu implementierende Prototyp stellt keine vollständigen Funktionalitäten für einen Ladevorgang einer typischen Data- Warehouse- Anwendung bereit. Vor allem das inkrementelle Laden, wie auch das Halten von umfangreichen Metainformationen wird nicht implementiert. Laden und das Protokollieren von Informationen findet nur in dem, für die Datenqualitätsbewertung, hinreichenden Rahmen statt. Ein automatisiertes Bereinigen von qualitativ minderwertigen Datenbeständen soll nicht erreicht werden. Das Reporting für eine entsprechende Fachabteilung, die sich für die Sicherung der Qualität im Datenbestand zuständig zeichnet, wird nur rudimentär verfügbar gemacht und beinhaltet keinen vollständigen Bericht für eine Bereinigungsgrundlage. Data- und Textmining Funktionalitäten werden nicht implementiert. Die Benutzbarkeit der Anwendung zielt auf einen Domänenexperten der Datenqualität bzw. Datenbankadministration und nicht auf einen Endanwender ab.

13.2.2 Anwendungseinsatz

Die Anwendung „DCT" wird für eine schnelle und leistungsfähige Überprüfung eines heterogenen Datenbestandes konzipiert. Hierbei wird eine Verbindung mit den gewünschten Quelldaten hergestellt, die im Anschluss in das System importiert werden. Auf Grundlage der importierten Daten ist es möglich mit der Applikation die Vollständigkeit, die Güte der Daten, die Konsistenz im Vergleich zu Referenzdaten, wie auch das Maß an Duplikaten zu bestimmen.

Die Anwendung soll einfach zu bedienen sein und gültigen Richtlinien der Usability von modernen Webanwendungen entsprechen. Dennoch wird sie für einen Benutzer entworfen, der hinreichende Kenntnisse im Bereich Datenbanken sowie der Datenqualitätsbewertung- und sicherung hat. Ein Benutzer mit solch Domänen spezifischen Wissen ist notwendig, um Ergebnisse richtig und effizient interpretieren zu können und auf deren Grundlage mit Hilfe des „DCT" Entscheidungen für das Verbessern und Erhalten der Datenqualität zu treffen. Dieser Benutzer soll im weiteren Verlauf als Datenqualitäts- Engineer (kurz DQ-Engineer) bezeichnet werden.

Abbildung 13.1 zeigt die möglichen Use-Cases, also den zu planenden und implementierenden Funktionsumfang der Applikation, stark abstrahiert. Der DQ-Engineer wird als benutzender Akteur betrachtet. Datenquellen aus DBMS für externe Daten sowie die Workspacedatenbank, die die importierten Tupel, wie auch die für das Ausführen der Geschäftslogik benötigten Datenmodelle enthält, werden ebenfalls als Akteur modelliert.

Es wurden fünf primäre Use-Cases herausgestellt. Nach dem Anlegen und Verwalten von Verbindungen für Quell- und externe Daten und dem Laden der Tupel in den Workspace, ist es dem Systembenutzer möglich, ein Datenprofiling mit den entsprechenden Funktionalitäten durchzuführen, Duplikate aufzuspüren sowie eine Konsistenzprüfung anhand valider externer Daten durchzuführen. Die jeweiligen Erweiterungen, die jeder dieser Uscases beinhaltet, sind im UML-Diagramm Abbildung 13.1 dargestellt.

13.2.3 Anwendungsumgebung

Die Umgebung der Anwendung wird durch die Betriebsbedingungen für einen möglichen, späteren Produktiveinsatz der Software vorgegeben. Hierzu gehören

13.2 Anforderungsanalyse

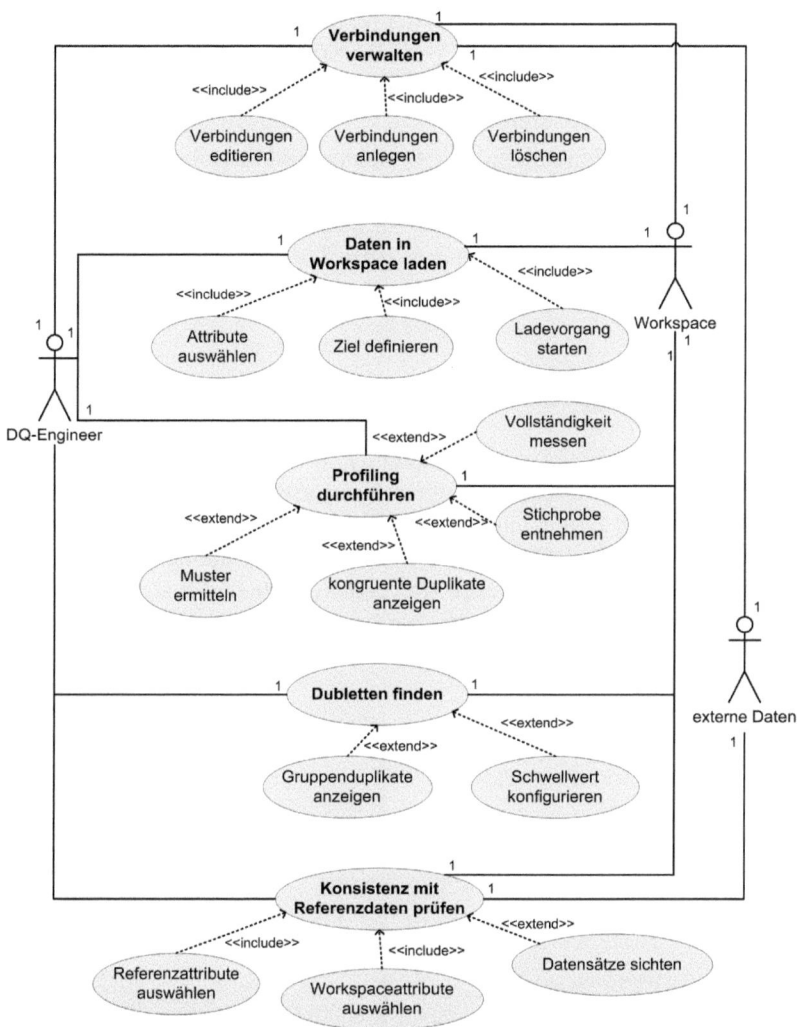

Abbildung 13.1: DCT-UseCases in UML-Notation

vor allem die Schnittstellen für die Kommunikation der Applikation mit anderen Systemen und zum Export von ermittelten und gemessenen Informationen.
Als Schnittstelle für das Importieren der zu bewertenden Informationen werden Konnectoren bereitgestellt. Diese ermöglichen es, Verbindungen zu unterschiedli-

chen „DBMS" aufzubauen. Im Rahmen der prototypischen Implementierung, werden die Datenbanksysteme „MySQL", sowie „MSSQL 2005" unterstützt. Die detaillierte Implementierung und Bereitstellung mit Hilfe einer Abstraktionsschicht, wird im Abschnitt 13.3 konkretisiert.

Als Export steht das Extrahieren von Berichten und Informationen via HTML-Export, also die „Druck"- bzw. „Speichern"-Funktion des jeweiligen verwendeten Browsers zur Verfügung. Informationen zur Datenqualität und den gefunden Duplikaten können so abgespeichert und in einen Datenqualitätsbericht einbezogen werden.

13.2.4 Anwendungsfunktionen

Dieser Abschnitt beschreibt die zu implementierenden Funktionen der Anwendung. Hierbei werden die schon gezeigten Use-Cases im Hinblick auf die spätere Implementierung und Benutzung des „DCT" konkretisiert. Einen Überblick über die Funktionalitäten des „DCT"- Prototypen, wird in Abbildung 13.2 gegeben. Die im Use-Case Diagramm entworfenen Anwendungsfälle finden sich hier höher differenziert in den Hauptfunktionen der Applikation wieder.

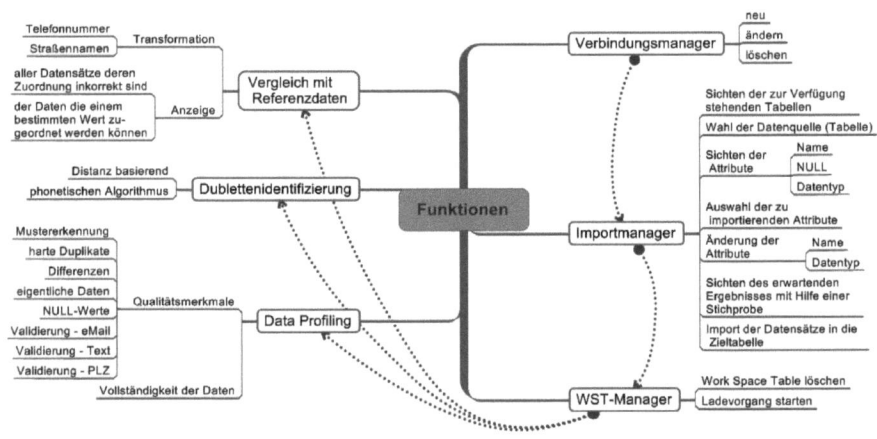

Abbildung 13.2: Funktionsübersicht „DCT"

Es können sechs übergeordnete Funktionalitäten herausgestellt werden.

13.2.4.1 Verbindungsmanager

Der Verbindungsmanager des „Data Cleaning Toolkit" stellt die Grundlage für den Import der zu bewertenden Datensätze dar. In diesem erfolgt die Verwaltung aller Verbindungen zu externen Datenquellen. Die Kommunikation zwischen anderen Datenbanksystemen steht in diesem Manager zur Konfiguration zur Verfügung. Diese Verbindungen können neu angelegt, geändert und gelöscht werden. Vor allem die Zugangsdaten wie Ports, Benutzernamen und Kennwörter für die Anmeldung an den Quelledatenbanken werden im Verbindungsmanager verwaltet und sind konfigurierbar. Das Konnektieren auf „MSSQL 2005 Express", wie auch „MySQL" ist im prototypischen Entwicklungsstadium möglich.

13.2.4.2 Importmanager

Für den Datenimport der im Verbindungsmanager ausgewählten Datenquellen ist der Importmanager verantwortlich. Nach der Auswahl der konfigurierten Quelle erscheint es sinnvoll eine Vorauswahl der wirklich benötigten Daten zu treffen. Hierbei werden die Sichten auf die Tabellen der Verbindungen dem Benutzer präsentiert. Dieser wählt dann eine Tabelle für den Import in das „DCT" aus. Des Weiteren ist es praktisch, die Auswahl auf einige relevante Attribute zu begrenzen, da z.B. Referenzsschlüsselspalten einer Datenbank im Rahmen einer reinen Qualitätsbewertung ungeeignet erscheinen. Nach der Attributauswahl ist es möglich, die Zielattribute für das Importieren in die Arbeitsdatenbank (engl. Workspace) zu definieren. Die Namen des Zielattributes, auf welches das Quellattribut gemappt wird, wie auch der Datentyp sind konfigurierbar. Entsprechendes Domänenwissen des Benutzers im Bereich Datenbanken ist erforderlich, um Inkompatibilitäten zu vermeiden. Nach der Zieldefinition, wird das erwartete Ergebnis mit Hilfe einer zufälligen Stichprobe aus dem Quelldatenbestand für den Benutzer angezeigt. Nachdem dieser das zu erwartende Ergebnis evaluiert hat, kann er den Ladevorgang in die Arbeitsdatenbank starten.

13.2.4.3 WST-Manager

Mit dem initialen Ladevorgang aus einer Datenquelle in den Workspace, wird eine dynamisch generierte Arbeitstabelle (engl. Workspacetable) in der Arbeitsdatenbank erzeugt. Sie bildet die Grundlage für das Bewerten der Qualität und das Auffinden von Duplikaten. All diese Aktionen finden lediglich auf Grundlage dieser Arbeitstabelle statt. Die operativen Quellsysteme bleiben daher vor allem aus Sicherheits- und Performancegründen unberührt. Der Workspacetable-Manger, kurz WST-Manager präsentiert eine Übersicht mit allen angelegten Arbeitstabellen. Diese können ebenfalls gelöscht werden. Auch ist es hier möglich die Daten aus den zugewiesenen Verbindungen nachzuladen. Das kann bei einer Änderung des Quelldatenbestandes notwendig werden. Der WST-Manager stellt des weiteren die drei folgenden Funktionen für die jeweilig angewählte Workspace-Tabelle zur Verfügung. Er ist also Ausgangspunkt für den DQ-Engineer, um das Profiling, die Duplikatssuche und das Vergleichen mit Referenzdaten durchzuführen.

13.2.4.4 Data Profiling

Beim Data Profiling wird ein Datenbestand nach verschiedenen Qualitätsmerkmalen bewertet und beurteilt (vgl. [NL07]). Dies wird durch den DQ-Engineer durchgeführt und stellt einen elementaren Schritt bei der Bewertung der Qualität in einem Datenbestand dar. Daraus können geeignete Maßnahmen für die Sicherung der Datenqualität im betreffenden Bestand abgeleitet werden. Neben, im Folgenden noch näher betrachteten, Qualitätsmerkmalen wird die Vollständigkeit des ausgewählten Datenbestandes gemessen, grafisch und strukturiert dargestellt. Somit kann dem DQ-Engineer ein erster Eindruck von der Qualität im betreffenden Operativsystem vermittelt werden. Des weiteren kann der Datenbestand auf verschiedene Qualitätsmerkmale getestet werden. Des weiteren können verschiedene andere Optionen für das Erkunden des Datenbestandes gewählt werden. Dazu gehört unter anderem die so genannte Mustererkennung. Daten gespeichert und repräsentiert durch Attribute liegen in einem bestimmten Format vor. Dieses Format folgt einem oder mehreren verschiedenen Mustern. Die Musterfunktion des „DCT" extrahiert die Regeln, nach denen die Muster im Datenbestand existieren und stellt alle auftretenden Muster abstrahiert dar. So kann der Benutzer die Art der Datenrepräsentation und die verschiedenen Ausprägungsformen der Informationen im Datenbestand erforschen. Für die Vollständigkeit und damit die Qualität ist das Auftreten von "NULL"- Werten und Differenzen im Datenbestand relevant. Es ist auch möglich für das Evaluieren des Datenbestandes stichprobenartige Datensätze in Ihrer originalen Form zu.

Außerdem können Validierungen für verschiedene Formate durchgeführt werden. So wurden Funktionen implementiert, die anhand verschiedener Merkmale einer Zeichenkette bestimmen können, ob es sich um einen gültigen Text, Email oder Postleitzahlen (deutsche Postleitzahlenbereich) -Datensatz handelt. Auch kann im Rahmen des Profilings das Maß des Auftretens von harten Duplikaten, also völlig kongruenten Datensätzen, ermittelt werden.

13.2.4.5 Dublettenidentifizierung

Ebenfalls aus dem WST-Manager erreichbar ist die Funktionalität zum Auffinden von Duplikaten. Diese Funktion stützt sich auf einige in Kapitel 12 beschriebene Verfahren zur distanzbasierenden und phonetischen Dublettenidentifikation. Nach der Auswahl der zu prüfenden WS-Tabelle, ist zusätzlich die Prüfung auf ausgewählte Attribute der Tabelle zu beschränken. Hierbei können beliebig viele Attribute auf Duplizität geprüft werden. Nach der Verarbeitung und Durchführung der Algorithmen zur Duplikatssuche, werden alle potentiell doppelt vorhanden Tupel der gewählten Tabelle dargestellt.

13.2.4.6 Vergleich mit Referenzdaten

Datenqualität ist auch von der Genauigkeit und Richtigkeit der Repräsentation gegenüber der Diskurswelt, also der möglichst richtigen Beschreibung der realen Entitäten abhängig. Die Richtigkeit von Informationen in Informationssystemen und Datenbeständen kann durch Plausibilitätskontrollen (trivialer Fall: Alter gegen Geburtsdatum) auch unter Verwendung valider externer Daten durchgeführt werden. Anhand dieser ist es möglich eine Gegenprüfung gegen die Daten in der „WS"-Tabelle durchzuführen. Hierbei müssen bei unterschiedlicher Repräsentation der Daten durch unterschiedliche Eingabemuster (z.B. Straßennamen abgekürzt usw.) die beiden Datenbestände vor einem Plausibiltätsvergleich entsprechend aneinander angeglichen werden um so valide Qualitätsaussagen treffen zu können. Solche Funktionen sind für Straßennamen und Telefonnummern im „DCT" verfügbar. Der DQ-Engineer muss vor der Kontrolle auf Plausibilität ein manuelles Mapping der beiden Datenbestände vornehmen. D.h. da es sich um einen semantischen Vergleich von Informationen handelt müssen die zu vergleichenden Spalten einander zugeordnet werden, da automatisiert nur sehr schwer festgelegt werden kann um welche semantische Repräsentation es sich handelt. (Bsp.: „Straßenname" und „Street" repräsentieren in der Diskurswelt die gleiche Entität. Dieser Zusammenhang muss im „DCT" definiert werden.)

13.2.5 Anwendungsdaten

Dieser Abschnitt gibt einen Überblick über die im „DCT" erfassten und verarbeiteten Daten. Hierbei können die anfallenden Daten in Workspace-Daten und Applikations- (Meta-)betriebsdaten unterteilt werden. Diese beiden Arten von Daten unterscheiden sich durch ihre Erzeugung in der Anwendung. Während Applikationsdaten die Basis für die Durchführung der in der Anwendung implementierten Geschäftslogik bilden, werden die Workspacedaten auf Grundlage von Referenzdaten oder Daten aus Quellsystemen dynamisch in der Datenbank erzeugt und dann weiterverarbeitet. Abbildung 13.3 zeigt einen Gesamtüberblick über alle Daten die in der Anwendung anfallen bzw. verwendet werden.

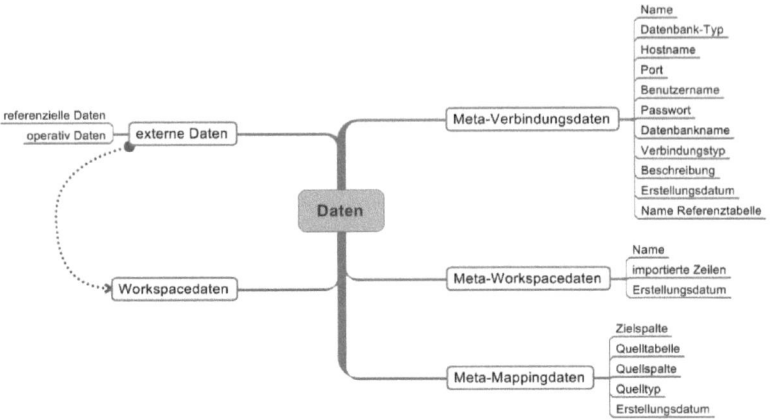

Abbildung 13.3: Übersicht über die anfallenden Daten des „DCT"

13.2.5.1 Meta-Verbindungsdaten

Die Verbindungsdaten werden für die Verknüpfung der „DCT"-Anwendung mit den verschiedenen heterogenen Datenbanken benötigt, auf deren Basis die Datenqualitätsbewertung bzw. die Tests mit Referenzdaten erfolgen sollen. Hier sind vor allem Zugangsdaten von den entsprechenden Datenbanken sowie die verschiedenen Typen der unterstützten DBMS hinterlegt. Für eine effiziente Verwaltung und die Darstellung im richtigen Kontext der Anwendung, werden außerdem beschreibende Informationen gespeichert.

13.2.5.2 Meta-Workspacedaten

Die Metadaten für den Workspace beschreiben die importierten Quelldaten in die dynamisch angelegte Workspacetabelle. Für ein eventuelles Nachladen werden hier die Verknüpfungen zwischen den entsprechenden Verbindungsdaten zum Quellsystem und der Workspacetabelle vorgehalten. Außerdem geben diese Angaben Aufschluss über Zeit und Menge des Imports in die Arbeitsdatenbank der Anwendung.

13.2.5.3 Meta-Mappingdaten

Für das Zuordnen von Attributnamen und deren Datentypen sowie der Rekonstruktion der originalen Parameter für die spätere Verwendung, werden die Meta-Mappingdaten im System vorgehalten. Diese speichern jeweils die originalen Attributdaten der Quellsysteme und lassen das Vergeben von neuen Bezeichnungen, wie auch Datentypen während dem dynamischen Anlegen der Workspacetables zu. Diese Funktionen sind für Recordmapping/Recordmerging relevant, dass im Rahmen eines weiteren Ausbaus der Applikation benutzt werden könnte.

13.2.5.4 Workspacedaten

Workspacedaten des „DCT" sind aufgrund ihrer dynamischen Erzeugung nicht umfangreich beschreibbar. Diese sind generischer Natur und basieren auf Quelldaten bzw. Angaben des „DQ-Engineers" bei der Auswahl des Mappings. Als Bezeichnungen, wie auch Datentypen finden alle gängigen Formate und Typen Verwendung, die mit den Konventionen des verwendeten Zieldatenbanksystems (siehe 13.3) konform gehen und unterstützt werden. Inkompatibilität der Quell- und Zieldaten im Hinblick auf das Mapping, müssen durch den Systembenutzer entsprechend umgangen werden. Die Anwendung informiert und unterstützt den Benutzer hierbei.

13.2.5.5 Externe Daten

Externe Daten bilden die Quelle für Referenzen, mit Hilfe derer die Plausibilität der Operativsysteme überprüft wird. Die Basisdaten der Quellsysteme bilden den zu bewertenden Grundstock auf deren Basis die Qualitätsmessung bzw. die Identifikation von potentiellen Duplikaten erfolgt. Ein mit dem „DCT" erstellter Bericht zur Datenqualität bezieht sich auf diese Quelldaten der Produktiv/Operativ- Systeme.

13.3 Technologiemodell

Das Ziel der Entwicklung des „DCT"-Prototypen war es, eine vollständig webbasierte Datenqualitätsanwendung zu implementieren. Solche Webanwendungen werden ähnlich einer Website mit Hilfe eines Browsers auf einem Client-Rechner angezeigt. Die Verarbeitung der Geschäftslogik, die die Darstellung antreibt, geschieht auf dem Webserver, der die Anwendung bereit stellt. Die Speicherung der Daten erfolgt in einem DBMS, dass die Informationen an die Applikationsschicht transferiert. Es handelt sich also um eine klassische 3-Tier Architektur. Im Falle des „DCT" werden jedoch auch aktive Elemente auf dem darstellenden System selbst erzeugt bzw. aktualisiert. Dies wird durch die Verwendung der serverseitigen Skriptsprache „JavaScript" realisiert. Diese Technik wird in der IT als „Ajax" (Sammlung von Techniken und Skriptsprachen für die dynamische, clientseitige Aufbereitung von Informationen im Internet) im Zusammenhang mit „Web 2.0" bezeichnet. Abbildung 13.4 zeigt die allgemeine Funktionsweise einer klassischen Webanwendung.

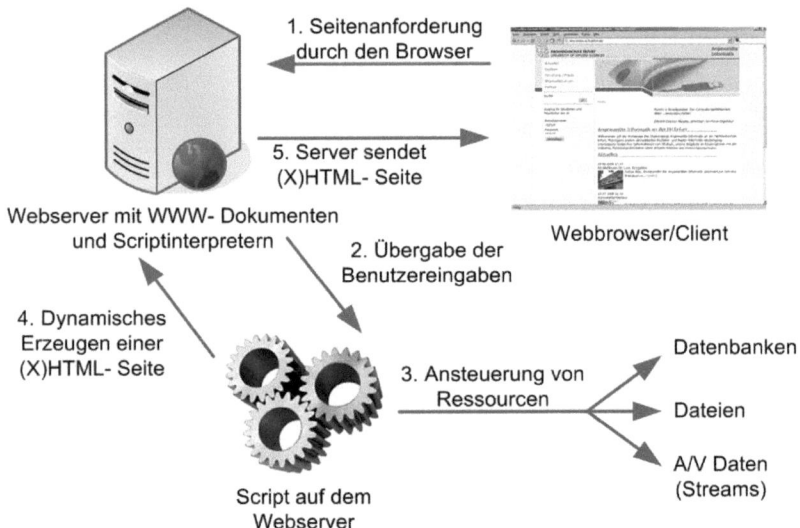

Abbildung 13.4: Client-Server-Architektur von Webanwendungen

Die Vorteile einer solchen Umsetzung liegen auf der Hand. Es ist nicht nötig spezielle Implementierungen zur Realisierung einer Client-Server-Architektur vorzunehmen. Außerdem ist eine Installation auf verschiedenen Clients, die die Anwendung benutzen sollen, nicht nötig. So kann eine vereinfachte Distribution der Anwendung vorgenommen werden. Auch im Bezug auf eine kommerzielle Weiterbenutzung z.B. im Rahmen eines Applikation-Service-Abkommens (ASP), erscheint eine webbasierte Lösung günstig. Außerdem werden zunehmend Informationen über das Internet verfügbar gemacht und es entstehen Informationssysteme die, weltweit vernetzt, Daten anbieten. Vor allem diese Informationen sind mit erheblichen Qualitätsproblemen (vgl. [NL07]) behaftet da diese in keinem validen und standardisierten Raum erzeugt werden. Da Datenquellen im Internet direkt verfüg-

13.3 Technologiemodell

bar sind, ist es für eine Webapplikation, wie das „DCT" nur ein trivialer Schritt, solche Internetinformationen oder Datenbanken (wie auch schon in Abbildung 9.3 dargestellt) für eine Datenqualitätsbewertung oder für das Auffinden von Dubletten einzubinden. Es sind viele verschiedene Technologien, proprietäre, wie auch openSource, für das Umsetzen von Webanwendungen auf dem Markt verfügbar. Der im Rahmen dieser Masterthesis entwickelte Prototyp des „DCT" verwendet verschiedene Technologien für das Bewältigen der definierten und modellierten Aufgaben. Als Datenbank, die die Metainformationen, wie auch die Workspacetabellen vorhält und für die Applikation zur Verfügung stellt, wird das proprietäre, aber dennoch frei zu verwendende, DBMS „Microsoft SQL 2005 Express" benutzt, da in diesem Verfahren der dynamischen Programmierung (siehe Abschnitt 13.4.4) zur Verfügung stehen. Zur dynamischen Verarbeitung der Daten und dem anschließenden Darstellen für den Clientbrowser kommt die populäre Scriptsprache PHP in der neuesten Version 5 zum Einsatz. Für die Durchsetzung eines vollständig objektorientierten und nach Datenmodell, Präsentation und Anwendungslogik (engl. Model-View-Controller, kurz MVC) getrennten Programmierparadigmas kommt das sehr neue und leistungsfähige „ZendFramework" zur Anwendung. Für eine zusätzlich strukturiertere Kapselung von Präsentation und Design der Applikationsoberfläche wird die kompilierende Templateengine „Smarty" verwendet. Für das Durchsetzen erhöhter Bedienbarkeit, das Minimieren von Datenverkehr und das Verhindern von unnötigen Nachladevorgängen zwischen Webserver und Webbrowser werden aktuelle „Web 2.0" Technologien wie „Ajax" und „Java Script" zur dynamischen Verarbeitung auf Clientseite verwendet. In Abbildung 13.5 werden die verwendeten Technologien und deren Interaktion, wie auch die Einordnung visualisiert.

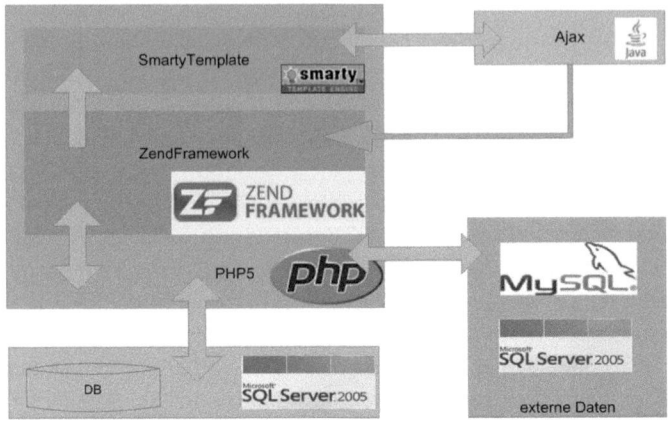

Abbildung 13.5: Technologiemodell des „DCT"

Auf eine nähere Einführung in die Grundlagen dieser Webtechnologien soll im Rahmen dieser Thesis verzichtet werden. Ein einführender Überblick wurde im Zusammenhang mit der verfassten Bachelorarbeit (vgl. [Hol05]) gegeben. Für einen umfassendere Einführung wird die einschlägige, vielfältig verfügbare Literatur (vgl. [Gam07], [Kra04], [UKJ07]) empfohlen.

13.4 Datenbankmodell

Dieser Abschnitt beschreibt die konzeptionelle Entwicklung des, dem „DCT" zugrundeliegenden, Datenbankschemas. Die folgenden Modelle werden, wie später implementiert vollständig normalisiert (dritte Normalform) in Tabellen und Diagrammform dargestellt. Zur besseren Übersicht über die Beschaffenheit und die Verwendung der Attribute in der modellierten relationalen Datenbankstruktur wird die Backus-Naur-Form (BNF) herangezogen.

13.4.1 Tabellen und Attribute

Für das Herstellen der modellierten Funktionalität und zum Sichern der Funktionsfähigkeit, wurden die Entitäten im relationalen DBMS, durch Tabellen repräsentiert, mit den folgenden Eigenschaften (Attributen) entworfen.

13.4 Datenbankmodell

13.4.1.1 meta_connection

Die Datenbanktabelle 13.1 „meta_connection" wird zum Vorhalten von Verbindungsinformationen verwendet.

meta_connection		
Attribut	**Datentyp**	**Beschreibung**
id_meta_connection	int	Primärschlüssel
name	nvarchar(50)	Name der Verbindung
adapter	nvarchar(50)	Adapterauswahl für das Verbinden mit verschiedenen DBMS
host	nvarchar(50)	Name oder IP-Adresse des Datenbankhosts
username	nvarchar(50)	Datenbankbenutzername für den Zugang
password	nvarchar(50)	Datenbankpasswort für den Zugang
port	nvarchar(50)	Port an dem das DBMS Anfragen entgegen nimmt
dbname	nvarchar(50)	Name des zu verbindenden DB-Schemas
type	int	Art der Verbindung
ref_table	nvarchar(50)	Tabelle des verbundenen Schemas als Referenz
description	nvarchar(2000)	freier Beschreibungstext
created_date	datetime	Erstellungsdatum der Verbindung

Tabelle 13.1: Datenbanktabelle „meta_connection"

13.4.1.2 meta_ws_table

Die Tabelle 13.2 „meta_ws_table" findet für das Speichern der Metainformationen von Ladedaten und auch der Verbindung von Workspace und Mapping Verwendung.

13.4.1.3 meta_mapping

Diese Tabelle (13.3) wird zum Speichern der Zuordnungsinformationen von Herkunfts- und Zieldaten, wie auch der Verbindungen zu den Workspacetabellen verwendet.

meta_ws_table		
Attribut	**Datentyp**	**Beschreibung**
id_meta_ws_table	int	Primärschlüssel
id_meta_connection	int	ID als Referenz auf die Tabelle meta_connection
name	nvarchar(50)	Name der WS-Tabelle
import_row	int	Anzahl der importierten Zeilen
created_date	datetime	Erstellungsdatum der Verbindung

Tabelle 13.2: Datenbanktabelle „meta_ws_table"

meta_mapping		
Attribut	**Datentyp**	**Beschreibung**
id_meta_mapping	int	Primärschlüssel
id_meta_ws_table	int	ID als Referenz auf die Tabelle meta_ws_table
target_column	nvarchar(50)	Zielspalte für das Laden in die WST
source_table	nvarchar(50)	Name der Quelltabelle
source_column	nvarchar(50)	Name der Quellspalte
source_type	nvarchar(50)	Datentyp der Quellspalte
created_date	datetime	Erstellungsdatum der Verbindung

Tabelle 13.3: Datenbanktabelle „meta_mapping"

13.4.2 Entity-Relationship-Modell

Der Entwurf der Arbeitsdatenbank für das „DCT" und die anschließende Implementierung per SQL-Skript in das DBMS „MS SQL 2005 Express" erfolgte auf Grundlage der in Abbildung 13.6 gezeigten Entity-Relationship (ER) Modellierung. Es ist zu beachten, dass die Tabellen für den Import von externen Daten in den Workspace hier keinerlei Berücksichtigung finden, da diese dynamisch von der Applikation beim Import mit Hilfe des Verbindungsmanagers/Datenimportmodul (siehe 13.5) im DBMS angelegt werden.

13.4 Datenbankmodell

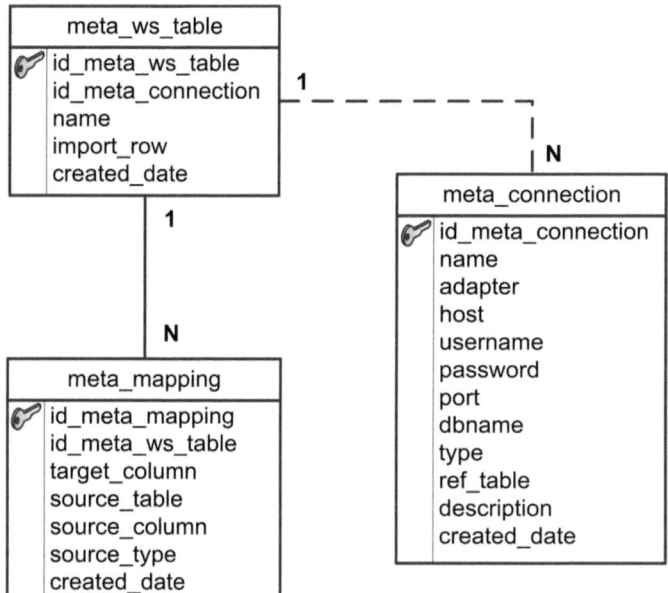

Abbildung 13.6: Entity-Relationship-Modell des „DCT"

13.4.3 DataDictionary

Mit Hilfe des folgenden Data Dictionary werden die Eigenschaften der Attribute in den implementierten Tabellen näher spezifiziert. Während der Modellierungsphase wurde es zur Übersicht über die Datenstrukturen verwendet, auf deren Grundlage die Erstellung des ER-Modells stattfand.

Verbindungsdaten = *Connection*

Connection = $id + (name) + adapter + host + username + password + port + dbname + (type) + (ref\_table) + (description) + created\_date$

Meta_Mapping = $id + (idwst) + (target\_column) + (source\_table) + (source\_column) + (source\_type) + created\_date$

Meta_ws_table = $id + idconnection + (name) + (import\_row) + created\_date$

13.4.4 Prozeduren und gespeicherte Funktionen

Um komplexe Abfragen, Qualitätsbewertungen und resourcenintensive Vergleichsoperationen möglichst effektiv auszuführen, sollen solche speziellen Funktionalitäten in die Programmierbarkeit der Datenbank ausgelagert werden. Diese werden direkt in der Datenbank ausgeführt und benötigen keine zusätzlichen Ressourcen für das Abwickeln in der Applikation. Um dynamische Parameter an solche Funktionen und Prozeduren zu übergeben, die erst zur Laufzeit der Applikation feststehen, wird ein „DBMS" mit der Unterstützung für dynamisches SQL benötigt. Aus diesem Grund wurde „MS SQL Express 2005" gewählt, da dies zur Zeit das einzige freie System auf dem Markt mit diesem Funktionsumfang darstellt. Vor allem die Funktionen zur Identifikation von Duplikaten und dem Erzeugen von Metriken, wie Soundex- und Levenshteinalgorithmus wurden als Datenbankfunktionen ausgeführt. Ebenso werden Validierungen wie Postleitzahl, Emailadresse und Telefonnummern (vgl. [Hel07]) hier durchgeführt. Prozeduren unterstützen das Auffinden von Mustern sowie die Gruppierung von Daten. Konkrete Umsetzungsweisen auf Basis der Datenbankprogrammierbarkeit werden in Kapitel 14 gezeigt. Tabelle 13.4 enthält eine Übersicht mit kurzen Funktionsbeschreibungen aller Prozeduren und Funktionen.

13.5 Applikationsarchitektur

Nachdem im vorhergehenden Abschnitt die Struktur des Datenbankschemas erläutert wurde, geht dieser Abschnitt auf die Planung und Entwicklung, der auf der Datenbankstruktur aufsetzenden Applikation ein. Die Architektur, die sich aus der Umsetzung und Planung der Webanwendung ergibt, wird in Abbildung 13.7 dargestellt und im Folgenden erläutert.
Wie in Abschnitt 13.4, der Dokumentation zur entwickelten Datenbankstruktur gezeigt, werden alle benötigten Betriebsdaten für die Anwendung im Metadaten-Repository, der Arbeitsdatenbank gespeichert. Hier werden auch die in das System geladenen Daten operativer und referenzieller Art gespeichert. Der Import dieser Daten kann aus unterschiedlichen heterogenen Quellen erfolgen. Diese werden durch den Verbindungsmanager, der Abstrakt auf verschiedenartige DBMS zugreifen kann, verwaltet. Die eingerichteten Verbindungen erlauben den Zugriff auf die Daten der entsprechenden Quelle. Diese Daten können mit Hilfe des Dateiimportmoduls in das Metadatenrepository eingelesen werden. Hierfür werden Arbeitstabellen erzeugt, die die ausgewählten Zeilen und Spalten der Quelle enthalten. Die Verwaltung des Workspace, wie auch der Applikationsdatentabellen wird durch eine Metadaten- und Workspacemanagement-Schicht dynamisch verwaltet. Eine

13.5 Applikationsarchitektur

Datenbank gespeicherte Prozeduren und Funktionen		
Name	**Typ**	**Beschreibung**
checkColumn	Prozedur	Stellt die Profilinginformationen zusammen
showPatternGroup	Prozedur	Gruppiert die in Funktion „showPattern" ermittelten Muster und errechnet den prozentualen Anteil
getStreetName	Funktion	Wandelt Straßennamen in ein einheitliches Format
levenshtein_distance	Funktion	Ermitteln die Edit-Distanz zwischen zwei Strings
showPattern	Funktion	Ermittelt die Muster in denen Zeichenketten vorliegen
soundex_ger	Funktion	Ermittelt die phonetische Kodierung eines Strings
trans_phone	Funktion	Wandelt Telefonnummern in internationales Format
validAlphaNumeric	Funktion	Überprüft Eingabestring auf korrekte alphanumerische Zeichen
validEmail	Funktion	Prüft auf korrektes Format einer Emailadresse
validPLZ	Funktion	Prüft auf korrektes Format einer deutschen Postleitzahl
validText	Funktion	Prüft auf korrektes Format eines Textes

Tabelle 13.4: Datenbanktabelle „Entwickelte Prozeduren und Funktionen"

sehr detaillierte Beschreibung solcher Architekturen im Fokus des „DCT" ist in der Masterthesis des Mitentwicklers [vgl. [Hel07]] enthalten. Die Kernfunktionen zur Bewertung der Qualität, Duplikatidentifikation und der Plausibilitätskontrolle mit Hilfe von Referenzdaten sowie dem Verwalten der Workspacetabellen werden in der so genannten Master-Daten-Management-Schicht durchgeführt. Diese bildet den Kern, der zur Verfügung stehenden Funktionen. Das Master-Daten-Management gliedert sich in vier verschiedene Module, die für unterschiedliche Aufgaben des DQ-Engineering verwendet werden. Alle Workspace-Tabellen werden im „Workspace-Table-Manager" verwaltet. Neben administrativen Aufgaben kann von hier aus das Data Profiling, die Duplikatssuche (respektiv Record Linkage, hier synonym verwendet) sowie das Recordmerging (im konkreten Fall zusammenführender Vergleich von Operativ- und Referenzdaten) auf die jeweilig ausgewählte „WS"-Tabelle ausgeführt werden. Die konkrete Verfahrenweise, wie

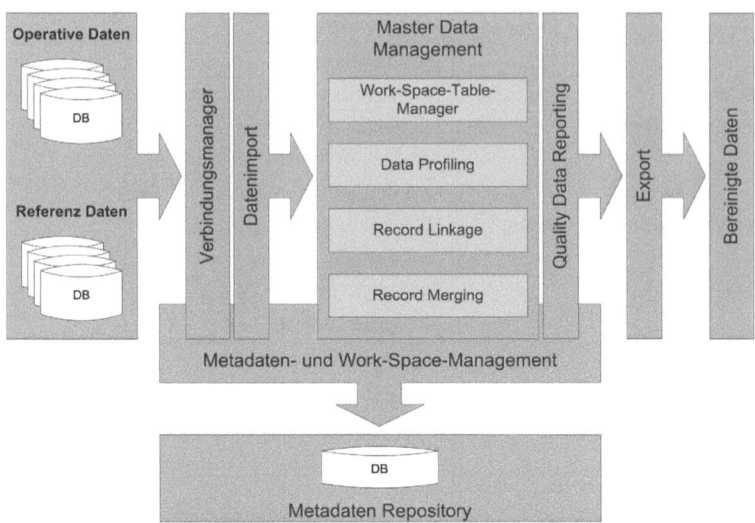

Abbildung 13.7: Architektur der Anwendung „DCT"

auch ausgewählte Implementierungsbeispiele am „DCT" werden in Kapitel 14 beleuchtet. Nach dem Durchführen von Identifikations- und Evaluationsaufgaben werden Ergebnisse im System anschaulich dargestellt und können im Anschluss in entsprechenden Qualitätsreports über die Analyseergebnisse informieren. Ein adäquates Berichtswerkzeug für das Erzeugen und den Export von Reportdokumenten wie z.B. „PDF" oder für die weitere Verarbeitung im „CSV"- Format ist zum Zeitpunkt der Fertigstellung dieser Masterthesis zwar im Architekturmodell des „DCT" geplant, jedoch nicht umgesetzt. Ein solches Reportmodul soll jedoch in der Zukunft das Leistungsportfolio der Anwendung vervollständigen. Solche automatisierten Berichte, wie auch die auf der Auswertung des „DCT" aufbauenden Expertise eines DQ-Engineers, können für die Bereinigung der Daten durch die entsprechende autorisierte Fachabteilung in einem Unternehmen durchgeführt werden.

13.6 Applikationsstruktur

Nach dem die Anwendung und die zu entwickelnde Architektur abstrakt modelliert wurde, soll an dieser Stelle eine Strukturierung nach dem schon in Abschnitt 13.3 angesprochenen „MVC"-Paradigma, wie auch die konkrete objektorientierte

13.6 Applikationsstruktur

Sicht in Form einer Klassenhierachie gezeigt werden. Die Aufbauorganisation für

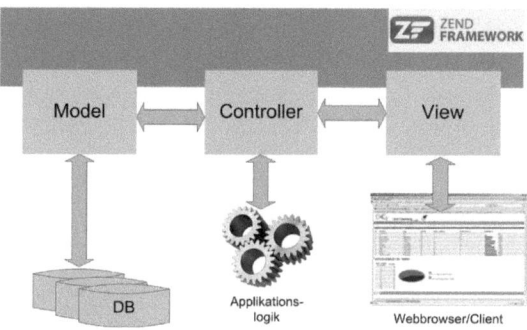

Abbildung 13.8: Struktur einer „MVC" Webanwendung

die Strukturierung des Programmcodes und der einzelnen Klassen, die die Funktionalitäten für das „DCT" modular implementieren, werden durch das verwendete „Zend Framework" vorgegeben. Das Zend Framework ermöglicht es (vgl. [N.N07]) die Anwendung „DCT" vollständig nach Modell, Sicht und Anwendungslogik getrennt zu entwickeln. Abbildung 13.8 zeigt hierbei die Funktionsweise des Frameworks. Die Kommunikation zwischen Datenbank und der Anwendung wird in so genannten Model-Klassen untergebracht. Die Anwendungslogik (Controller) greift auf die Methoden der Model-Klassen zurück, um die Daten für eine anwendungslogische Verarbeitung zu erhalten. Nach dieser Verarbeitung im Controller können Informationen mit Hilfe der Sicht auf dem Client ausgegeben oder Daten mit Hilfe des Models zurück in die Datenbank geschrieben werden. Benutzeranforderungen an den Client (View) werden an den Controller weitergegeben und dort entsprechend verarbeitet. In Abbildung 13.9 werden alle entworfenen Controller, Models und Views dargestellt.

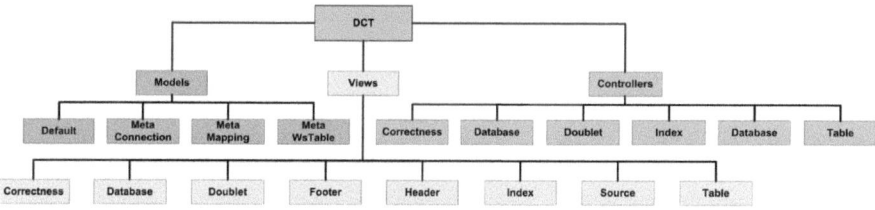

Abbildung 13.9: MVC-Struktur des „DCT"

Models

Es existiert für jede Datenbanktabelle genau ein Modell, um auf diese Tabelle der Datenbank zuzugreifen. Zusätzlich wurde das „DefaultModell", entworfen um standardisierte Abfragen wie z.B. das Zählen von Ergebnissmengen und das Abfragen von allgemeinen Datenbankinformationen auszulagern und so generisch zu verwenden.

Controllers

Es wurden Controller für das Durchführen aller wichtigen Programmfunktionen des „DCT" entworfen und implementiert. Der „Connection-Controller" steuert den Verbindungsmanager des „DCT" und stellt die Verbindungen mit den Datenquellen her. Der „Database-Controller" implementiert die Funktionen zur Auswahl der zu importierenden Attribute und zum Erstellen der Workspace-Tabellen. Die Übersicht über die Workspacetabellen und deren Verwaltung wird durch den „Table-Controller" realisiert. Von hier aus erfolgt der Aufruf für das Profiling, dass ebenfalls in diesem Controller implementiert ist. Die Duplikatsidentifikation und das Prüfen auf Referenzdaten wird durch die Controller „Doublet" und „Correctness" implementiert. Der „Index-Controller"- steuert die Interaktion zwischen den einzelnen Komponenten des Systems.

Views

Für alle Ausgaben, die von einem Controller generiert werden und die dem Benutzer präsentiert werden sollen, sind Views realisiert. In diesen Views ist das Präsentationslayout implementiert und hier werden Benutzereingaben an die Controller weitergegeben. Es sind Views für die Datenbankverbindung, den Workspacemanager, das Profiling, die Dublettesuche und die Plausibilitätskontrolle vorhanden. Header- und Footerdesign komplettieren das Erscheinungsbild der Applikation.

Objektorientiert kann das „DCT" wie im Klassendiagramm in Abbildung 13.10 beschrieben werden. Hier sollen zusammenfassend die modellierten und implementierten Klassen und deren Methoden sowie die Beziehungen zwischen den Klassen gezeigt werden. Im Dienste der Übersichtlichkeit, wird darauf verzichtet die Klassen die durch das „Zend Framework" zur Verfügung gestellt und in der Anwendung benutzt werden, darzustellen. Auch wird auf eine umfassende Beschreibung der einzelnen Methoden der Klassen verzichtet. Ausgewählte Implementierungsteile werden in Kapitel 14 dargestellt.

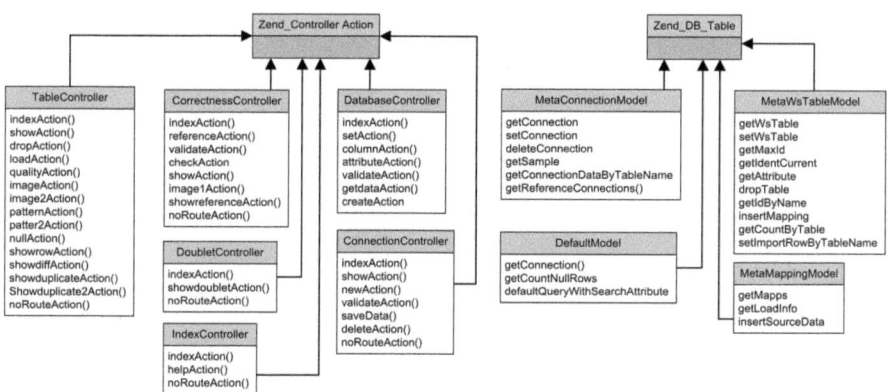

Abbildung 13.10: Klassendiagramm der Anwendung „DCT"

13.7 Entwicklung einer Benutzeroberfläche

Das für die Bedienung einer so komplexen Anwendung, wie einem Werkzeug zur Bewertung der Datenqualität, dass Expertenwissen eines DQ-Engineers benötigt wird, erscheint logisch. Dennoch sollte sich eine solche Anwendung leicht und intuitiv bedienen lassen und für den Benutzer keine langen Zeiten der Einarbeitung in die Benutzung der Anwendung mit sich bringen. Aus diesem Grund wurden einige bereits stark etablierte Verfahren für die Benutzung der Anwendung und des Screendesigns implementiert. Vor allem die aktuellen „Web 2.0"- Technologien ermöglichen es Webanwendung nahezu wie eine Desktopsoftware zu bedienen und Ihr ein entsprechendes „Look and Feel" zu verleihen. Für die Umsetzung des Layouts wurde ein klassisches einspaltiges Design mit drei Zeilen, Header, Contentbereich und Footer (siehe Abbildung 13.11) verwendet. Das Menü für das Bedienen der Hauptmodule der Anwendung, befinden sich im Kopf der Applikation. Dieses Menü ist permanent während der Benutzung sichtbar und lässt die Navigation via Hyperlink zu den anderen Programmteilen zu.

Im Content-Bereich werden alle Informationen, die der Benutzer für die Bedienung, wie auch das Bewerten der Datenqualität benötigt, übersichtlich in Tabellenform dargestellt. Im Bereich von Formularen werden optische Trennung zur Repräsentation von sachlichen Zusammenhängen dargestellt. Die Mausnavigation in Tabellen wird durch ein aktives Hervorheben der aktuellen Mauszeigerposition unterstützt. Für das Aufrufen der Datenqualitätsfunktionen wird aus dem Workspace-Table-Manager die gewünschte „WS"-Tabelle mit einem Mausklick

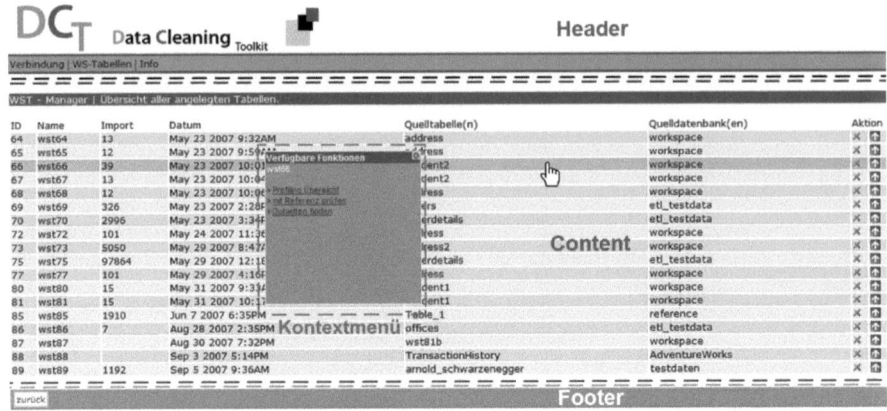

Abbildung 13.11: Screendesign des „DCT"

selektiert. Daraufhin öffnet sich ein Kontextmenü (Abbildung 13.11) und stellt die drei Datenqualitätsmodule „Profiling", „Referenzprüfung" und „Dubletten" zur Verfügung. Datenqualitätseigenschaften, die direkt auf einer Tabellenspalte aufgerufen werden, werden in der entsprechenden tabellarischen Übersicht ebenfalls per Kontextmenü mit einem Linksklick zur Verfügung gestellt.

Das graphische Mapping für das Löschen und bearbeiten erfolgt mit aussagekräftigen und selbsterklärenden Symbolen. Beispielsweise werden die Funktionen des Ladens von Daten oder das Entfernen von Workspace-Tabellen im rechten Bereich (siehe Abbildung 13.11) mittels solcher Symbole dargestellt.

Ein weiteres Konzept, dass zur einfachen Bedienung wie auch zu einer erhöhten Übersichtlichkeit bei der Benutzung des „DCT" beiträgt, ist die Verwendung von, auf „JavaScript" und „Ajax" basierenden Fenstern. Diese stellen die Detailinformationen, wie z.B. gefundene Duplikate oder die Kategorisierung der Datenqualität nach den zuvor ausgewählten Gesichtspunkten dar. Es kann ein Vergleich mit anderen Informationen zum Datenbestand erfolgen, da die Fenster geöffnet und per „Drag-and-Drop" frei positioniert werden können. In Abbildung 13.12 wird die Verwendung der frei positionierbaren Fenster deutlich.

Für das Anzeigen von kurzen Hilfe-Informationen, wird auf so genannte „Tool-Tips" zurück gegriffen. Diese öffnen beim Überfahren einer Datenqualitätsinformation, wie z.B. den ermittelten Mustern, neben dem Mauszeiger eine Legende mit weiteren erklärenden Informationen. Ein solcher Tooltip wird in Abbildung 13.13 dargestellt.

13.7 Entwicklung einer Benutzeroberfläche

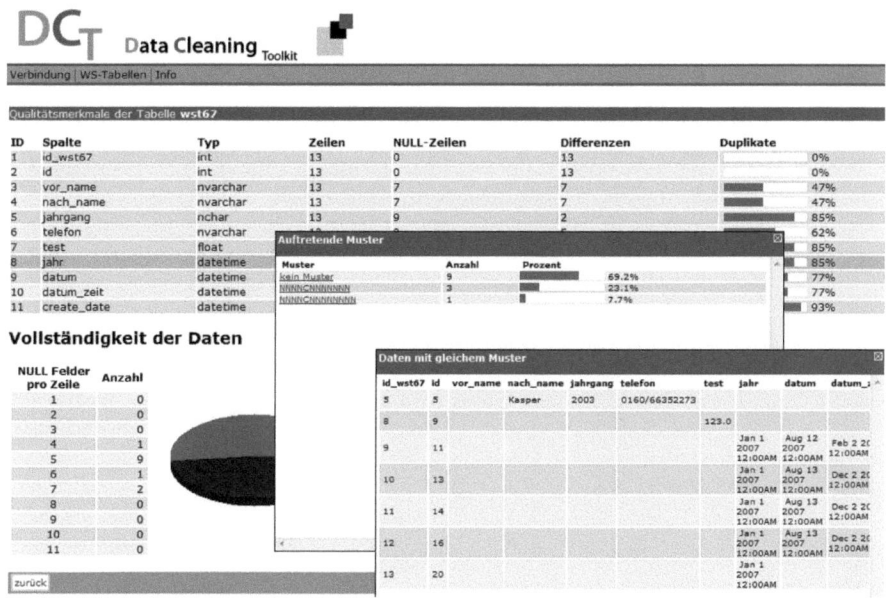

Abbildung 13.12: Frei positionierbare Fenster des „DCT"

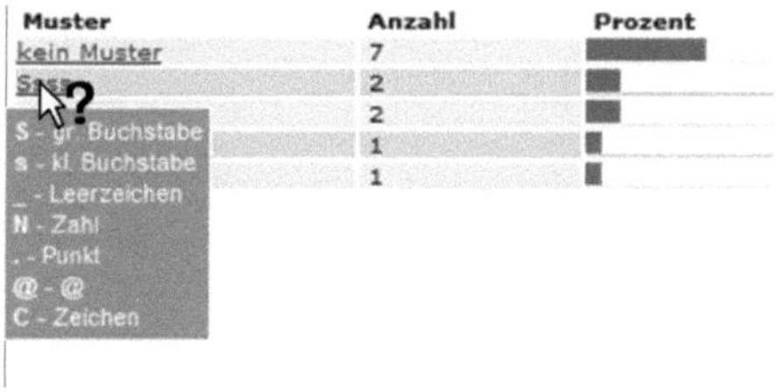

Abbildung 13.13: Tooltip zur visuellen Unterstützung der Bedienung

Durch die eben gezeigten Konzepte und deren Einarbeitung in die „DCT"-Anwendung ist es für den DQ-Engineer mit geringem Aufwand möglich, schnelle und valide Datenqualitätsaussagen zum ausgewählten Datenbestand zu treffen.

14 Implementierung, ausgewählte Algorithmen- und Datenstrukturen

Der letzte Teil dieser Arbeit zeigt einige ausgewählte, konkrete Applikationsumsetzungen, die im bisherigen Verlauf bereits global beschrieben bzw. theoretisch diskutiert wurden. Im Dienste der Anschaulichkeit werden vor allem Screenshots der betreffenden Programmfunktionen gezeugt. Für die Erläuterung von Algorithmen wird ein Pseudocode zur Darstellung verwendet. Einige Programmteile werden für eine kompakte Darstellung in diesem Kapitel nur rudimentär beschrieben. Diese finden detailliertere Beachtung in der Thesis des Mitentwicklers und Co-Autors Steven Helmis (vgl. [Hel07]). Bei der Beschreibung der Funktionen wird die entworfene und in 13.5 vorgestellte Architektur deutlich.

14.1 „DCT"- Der Verbindungsmanager

Der Verbindungsmanager des „DCT" verwaltet alle Datenverbindungen zu den externen Daten. Hierbei werden Referenz- wie auch Operativdaten administriert. Nach dem Aufruf des Verbindungsmanagers wird eine tabellarische Übersicht (siehe Abbildung 14.1) über alle bereits angelegten Verbindungen vom System dargestellt. Diese, in der „meta_connection"- Tabelle gespeicherten Informationen, werden mit Hilfe des „Connection"-Controllers vom System dargestellt. Neben dem Anlegen von neuen Verbindungen können vorhandene bearbeitet und gelöscht werden. Diese Funktionalitäten werden über die entsprechenden Methoden (Actions) „new", „delete" und „save" (siehe 13.10) bereitgestellt.

Für das Bearbeiten bzw. Neu-Anlegen einer Verbindung stellt das System eine Eingabemaske (Abbildung 14.2) für alle zum Aufbau einer Verbindung benötigten Angaben dar.

Da das „DCT" so ausgeführt ist, dass es in der vorliegenden prototypischen Implementierung mit den Datenbankmanagement Systemen „MySQL" und „MSSQL" kommunizieren kann, ist die Auswahl eines so genannten Adapters notwendig. Der Adapter repräsentiert eine Abstraktionsschicht, die durch die Architektur des „Zend Frameworks" zur Verfügung gestellt wird. So ist es möglich bei der Umsetzung generisch vorzugehen ohne besonderes Augenmerk auf spezielle SQL-

14 Implementierung, ausgewählte Algorithmen- und Datenstrukturen

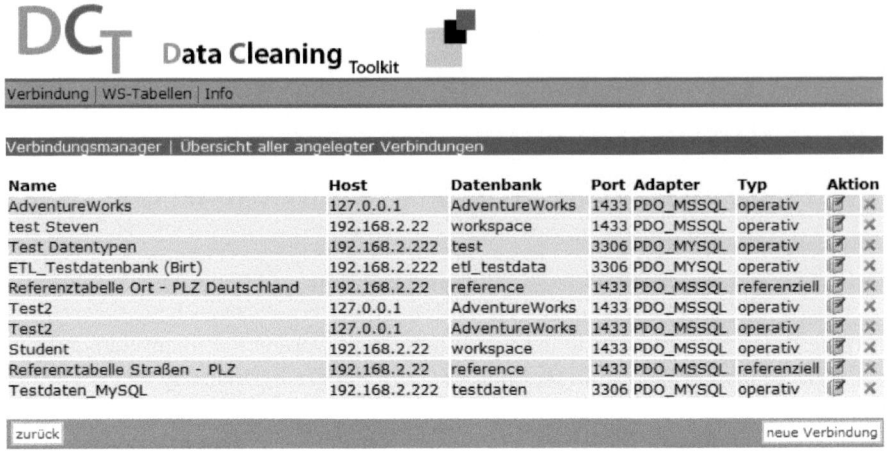

Abbildung 14.1: Verbindungsmanager Übersicht des „DCT"

Abbildung 14.2: „DCT- Verbindung bearbeiten"

Dialekte der unterschiedlichen „DBMS" zu legen. Je nach ausgewähltem Adapter wird mit Hilfe der geerbten Eigenschaften und Methoden aus den Model-Klassen des „Zend Framework" auf die Datenbanken zugegriffen. Des weiteren muss der Verbindungstyp für die etwaige Verwendung im „DCT" ausgewählt werden. Hier stehen die Arten „operativ" und „referenziell" zur Verfügung. Bei der Auswahl

14.1 „DCT"- Der Verbindungsmanager

als Referenz und der zusätzlichen Definition einer Referenztabelle in der Verbindung ist es möglich, die eingerichtete Verbindung als Quelle für die referenzdatenbasierte Plausibilitätskontrolle (siehe 14.4) zu verwenden. Die Auswahl „operativ" als Quellentyp ermöglicht es, Daten aus der Quelle in eine Workspacetabelle (vgl. Abschnitt 14.2) für die anschließende Weiterverarbeitung zu importieren. Der Klick auf eine operative Verbindung im Verbindungsmanager, ruft den Database-Controller auf. Dieser selektiert die in der Verbindungsdatenbank vorhandenen Tabellen und stellt diese in einem Auswahl- Feld dar (Abbildung 14.3). Nach der Auswahl einer Tabelle durch den Benutzer werden vom System die in der Tabelle vorhandenen Attribute (Spalten) ausgewählt und ebenfalls in einem solchen Feld angezeigt. Hier kann der Benutzer ein oder mehrere Attribute für das anschließende Laden auswählen. Nach der Bestätigung mit der „Speichern"-Schaltfläche wird die Attribute-Action im Database- Controller aufgerufen.

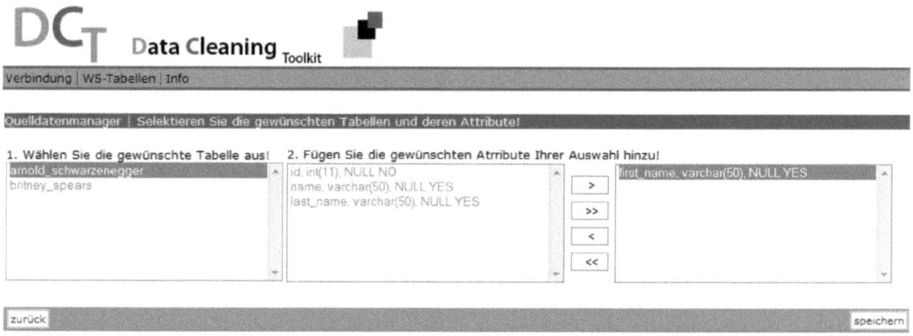

Abbildung 14.3: Auswahl zu importierender Tabellenattribute

Diese zeichnet sich für das Anlegen der benötigten Attribute in der dynamisch zu erzeugenden Workspacetabelle verantwortlich. Hier kann der Spaltenname sowie der Zieldatentyp definiert werden. Ein „JavaScript" gestütztes Textfeld (siehe Abbildung 14.4), mit den im Arbeitsdatenbanksystem „MSSQL 2005 Express" verfügbaren Datentypen, vereinfacht die Definition des Datentyps für den Benutzer. Nach dem Festlegen von Namen und Zieldatentypen wird dem Benutzer eine Zusammenfassung von Verbindungsinformationen, Quell- und Zieldefinitionen sowie einer Stichprobe der zu importierenden Datensätze angezeigt (Abbildung 14.5). Nach einer abschließenden Kontrolle der Angaben durch den DQ-Engineer kann der Ladevorgang mit einem Klick auf die entsprechende Schaltfläche initiiert werden.

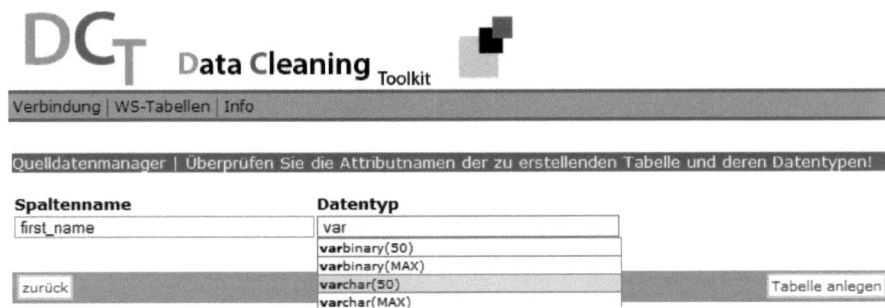

Abbildung 14.4: Bennenung der Zielattribute und Datentypendefinition

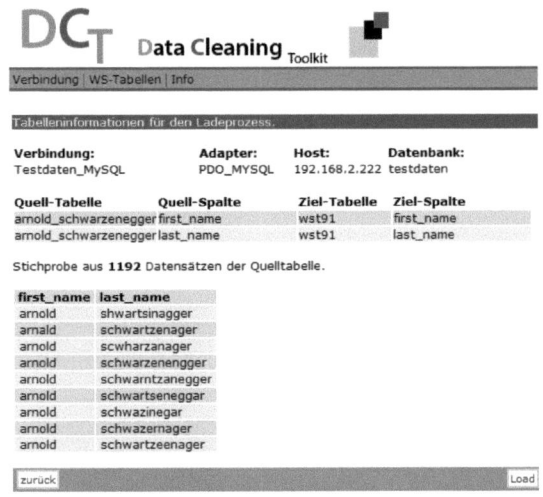

Abbildung 14.5: Zusammenfassung vor dem Laden in den Workspace

14.2 „DCT"- Der Workspace-Table Manager

Der Workspace-Table Manager (Screenshot in Abbildung 14.6) des „DCT" ist der zentrale Anlaufpunkt für den Beginn der qualitativen Bewertung der zuvor als Verbindung eingerichteten und ins System geladenen Datenbestände. Alle vom System angelegten Workspace-Tabellen werden hier tabellarisch mit einigen wichtigen Metainformationen angezeigt. Das Nachladen und das Löschen dieser Daten ist aus diesem Modul direkt möglich. Mit einem Klick auf die gewünschte Tabelle

14.3 „DCT- Data Profiling"

kann das Datenprofiling, das Prüfen mit Referenzwerten oder auch die Dublettensuche aufgerufen werden. Die drei Datenqualitätsmodule werden in den folgenden Abschnitten beschrieben und am Beispiel der konkreten Anwendungsumsetzung gezeigt.

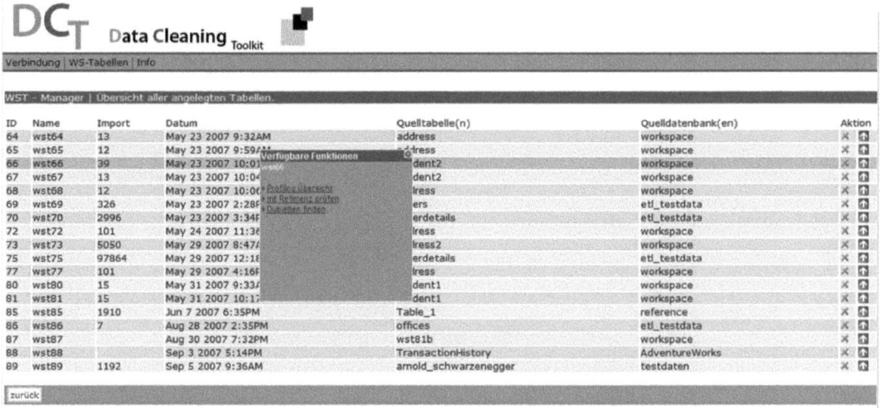

Abbildung 14.6: Zugriff auf die DQ-Funktionen des „DCT" via WST-Manager

14.3 „DCT- Data Profiling"

Mit dem Aufruf „Profiling Übersicht" wird mit Hilfe des Kontextmenüs auf der gewünschten Workspacetabelle, vom System eine Datenqualitätsübersicht, wie in Abbildung 14.7 angezeigt. Diese gibt Aufschluss über die Qualität der einzelnen Spalten in der Workspacetabelle. Neben dem Namen und dem Datentyp werden die Anzahl der Zeilen sowie die Differenzen zwischen diesen angezeigt. Differenzen sind hierbei alle Zeilen, die mit verschiedenen Zeichen belegt sind. Eine Prozentangabe, die durch ein Balkendiagramm veranschaulicht wird, stellt das Maß an harten Duplikaten pro Spalte dar.

Durch den Aufruf dieser Qualitätsübersicht wird mit Hilfe des implementierten Table-Controllers eine in der Datenbank gespeicherte Prozedur „checkColumn" angestoßen. Diese führt die Qualitätsbewertung über alle Spalten der Tabelle durch. Der Ablauf dieser Prozedur kann in Kurzform wie folgt beschrieben werden:

1. Spaltennamen und Attribute ermitteln
2. Attribute und Zeilen zählen

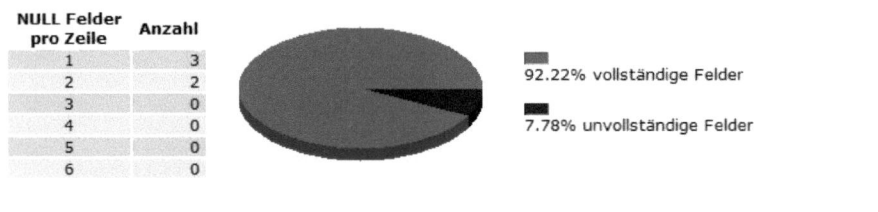

Abbildung 14.7: Datenqualitätsübersicht des „DCT"

3. NULL-Einträge für die ermittelte Spalte zählen
4. Text und alphanumerischen Spalten für die entsprechende Behandlung ermitteln
5. harte Duplikate ermitteln, Prozentangabe errechnen

Die errechneten Prozentangaben, werden dazu verwendet die Vollständigkeitsdiagramme der Profiling- Übersicht zu erzeugen um so einen anschaulichen Überblick über das Maß der gepflegten Daten zu erhalten.

Neben den Qualitätsmerkmalen in der Übersicht stehen dem DQ-Engineer auch spaltenspezifische Funktionen, wie z.B. das Anzeigen der auftretenden Muster, zur Verfügung. Diese Funktion erlaubt einen Überblick über die syntaktische Struktur der Daten in der ausgewählten Spalte. Das Auftreten von einzelnen speziellen

14.3 „DCT- Data Profiling"

Zeichen, Ziffern oder Buchstaben kann so direkt abgelesen werden. Die Häufigkeit des Auftretens eines bestimmten Musters wird ebenso angezeigt (Abbildung 14.8), wie deren prozentuale Verteilung (zur Verfügung gestellt durch die Prozedur „showPatternGroup"). Mit einem Klick auf das gewünschte Muster werden alle Datensätze, die diesem ermittelten Muster entsprechen in einem separaten Fenster dargestellt. Die Erkennung der Muster im Datenbestand erfolgt gemäß dem im Pseudocode (Algorithm1) gezeigten Algorithmus.

Input : instring
Output : pattern

```
1  begin
2      //Variablen-Initialisierung;
3      SET ⟶ pattern ='';
4      SET ⟶ i = 0;
5      //Abarbeiten des Eingabestrings;
6      while (i < LEN(instring)) do
7          if (instring[i] == Grossbuchstabe) then
8              SET  pattern = pattern+ ' S '
9          if (instring[i] == Kleinbuchstabe) then
10             SET  pattern = pattern+ ' s '
11         if (instring[i] == Leerzeichen) then
12             SET  pattern = pattern+ ' _ '
13         if (instring[i] == Ziffer) then
14             SET  pattern = pattern+ ' N '
15         if (instring[i] == Punkt) then
16             SET  pattern = pattern+ ' . '
17         if (instring[i] == @) then
18             SET  pattern = pattern+ ' @ '
19         if (instring[i] == TrennoderSonderzeichen) then
20             SET  pattern = pattern+ ' C '
21         i++;
22 end
```

Algorithmus 5 : Skalarwertfunktion showPattern

Außerdem können für jede ausgewählte Spalte alle vollständig kongruenten sowie alle unterschiedlichen Datensätze, also die Differenzen dargestellt werden.

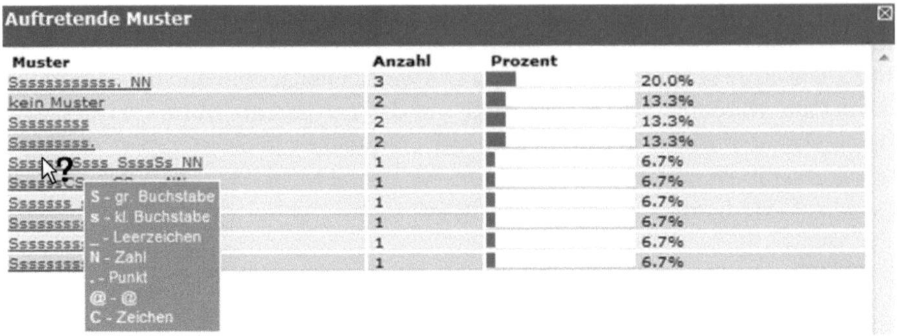

Abbildung 14.8: Musterermittlung im „DCT"

Benötigt der DQ-Engineer einen Überblick über alle Daten in der Workspacetabelle oder eine Stichprobe, können diese ebenfall aufgerufen und dargestellt werden. Für die Bewertung der Qualität in einem Datenbestand spielen auch die nicht belegten Felder, die NULL- Werte eine Rolle. Nach Auswahl der gewünschten Spalte können, via Kontextmenü, aus der Profilingübersicht alle Datensätze mit nicht belegten Werten (Screenshot in Abbildung 14.9) angezeigt werden.

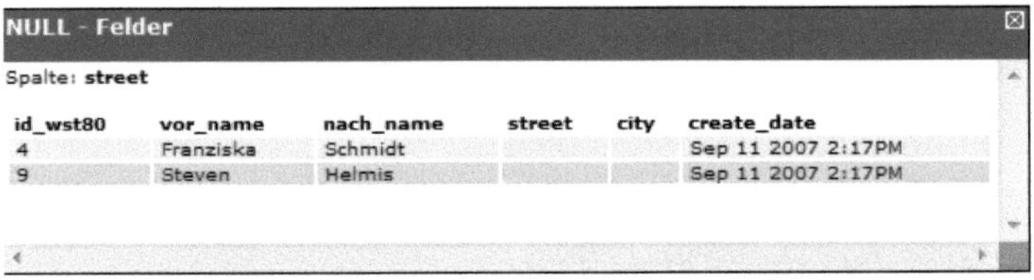

Abbildung 14.9: Anzeigen aller Datensätze mit nicht belegten Werten in einer definierten Spalte

14.4 „DCT"-Plausibilitätskontrolle

Die Funktion „mit Referenzdaten prüfen", wird ebenfalls im „WST-Manager" mit Hilfe des Kontextmenüs auf der gewünschten Tabelle gestartet. Nach dem Aufruf dieses Programmmoduls wird eine Auswahlliste mit allen als Referenztabelle zur verfügungstehenden Datenquellen angezeigt. Diese wurde zuvor im Verbindungsmanager unter Angabe der gewünschten Tabelle als Verbindung angelegt und mit

14.4 „DCT"-Plausibilitätskontrolle

dem Typ „referenziell" gespeichert. Nach der Auswahl der gewünschten Referenzdatenbank muss ein Mapping der Attribute zwischen Workspace-Tabelle und Referenztabelle erfolgen. Hierbei wird definiert, welche Spalte im Workspace mit welcher Spalte in der Referenz gegengeprüft werden soll. Eine solche Auswahl wird in Abbildung 14.10 dargestellt. Nachdem die Zuordnung getroffen wurde, kann der

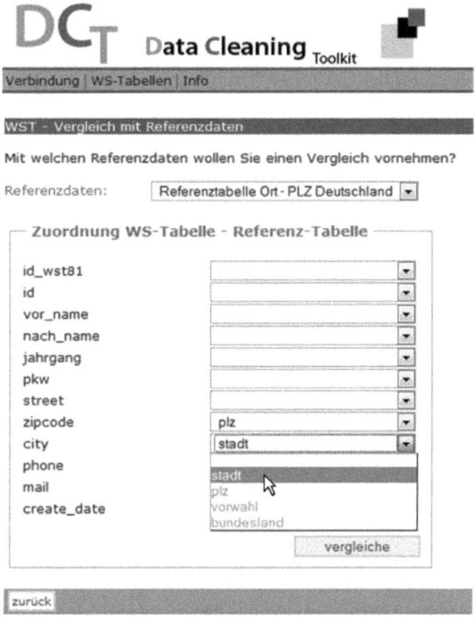

Abbildung 14.10: Mapping zwischen Referenz- und Workspacetabelle

Vergleich auf Plausibilität auf Basis von Referenzdaten beginnen. Ein Problem kann sich jedoch aus der Tatsache ergeben, dass die Datensätze in Workspace- und Referenztabelle unterschiedlichen Schreibweisen unterworfen sind. So kann z.B. die Bezeichnung einer Straße abgekürzt mit einem Punkt oder auch ausgeschrieben in den zu vergleichenden Datenbeständen abgelegt sein. Im „DCT" stehen für diesen Fall einige Formatierungsfunktionen, so z.B. für Straßennamen und Telefonnumern (vorgestellt in [HH07]), bereit. Diese werden auf Wunsch vor dem Vergleich über die gewählten Attribute ausgeführt. Straßennamen und Telefonummern werden von den Datenbankfunktionen „trans_phone" und „getStreetName" transformiert. Nachdem der Vergleich durchgeführt wurde, werden alle Datensätze bei denen Inkonsistenzen gefunden wurden in einer Tabelle angezeigt. Die sich widersprechenden Werte werden rot markiert dargestellt. Ein Balkendiagramm im unteren Bereich der Anwendung (Abbildung 14.11) zeigt das Verhältnis zwischen der gesamten Zeilenanzahl, allen aufgetretenen Fehlern (z.B. Eintrag in der Refrenzdatenbank nicht vorhanden oder NULL-Wert aufgetreten) sowie allen gefundenen Inkonsistenzen zwischen Workspace und Referenz. Ein Klick auf einen verglichenes Attribut zeigt die vorhandenen Referenzen zu diesem Eintrag an (siehe Abbildung 14.11).

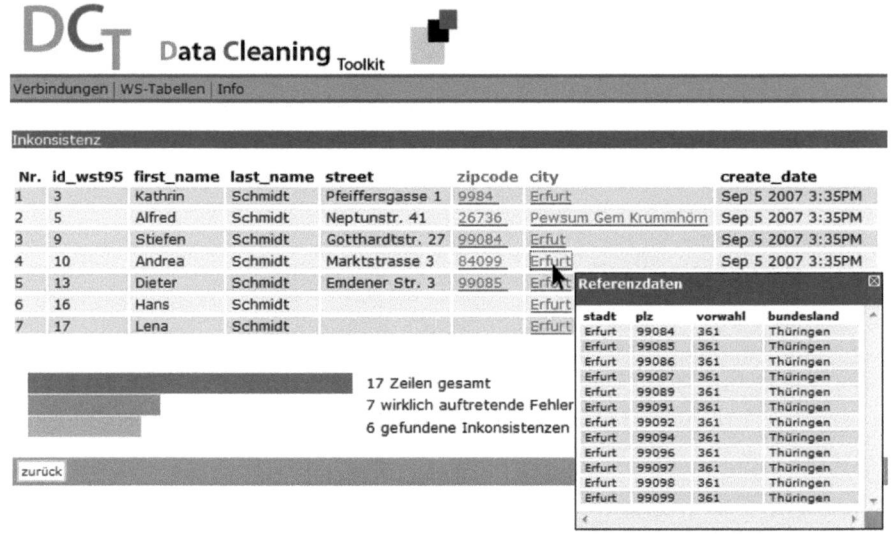

Abbildung 14.11: Gefundene Inkonsistenzen beim Referenzdatenvergleich

14.5 „DCT"- Auffinden von Duplikaten

Das Modul „Dublettensuche" der „DCT"-Anwendung, bedient sich der im Verlauf dieser Thesis schon betrachteten Ähnlichkeitsmaße nach Levenshtein sowie der phonetischen Metrik für den deutschen Sprachraum. Das Identifizieren von potentiellen Duplikaten erfolgt in der Anwendung in zwei Stufen. Nach dem Start aus dem „WST"-Manager erzeugt die gespeicherte Funktion „soundex_ger", die phonetischen Metriken für ein oder mehrere ausgewählte Attribute der Workspacetabelle (siehe Abbildung 14.12).

14.5 „DCT"- Auffinden von Duplikaten

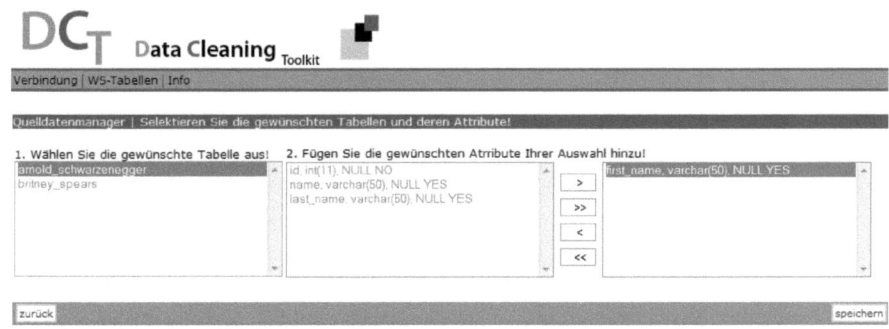

Abbildung 14.12: Auswahl der Attribute für den Test auf Dubletten

Input : instring
Output : soundex_ger

1 **begin**
2   *//Variablen Initialisierung*;
3     $SET \longrightarrow soundex\_de = instring$;
4     $SET \longrightarrow i = 1$;
5   *//Zwei gleiche aufeinanderfolgende Zeichen löschen*;
6   **while** $(Lange(soundex\_de) >= i)$ **do**
7   **if** soundex_de an Stelle i = soundex_de an Stelle i+1 **then**
8   *Delete Char an Stelle i+2*;
9   **if** soundex_de an Stelle i =
        Buchstabe gemäß Kölnerphonetik **AND** Bedingung erfüllt **then**
10   *Ersetze Stelle i durch Ziffer gemäß Definition*;
11         $i++$;
12 **end**

Algorithmus 6 : Skalarwertfunktion soundex_de

Der Ablauf für das Berechnen der Metrik, auf Grundlage der Phonetik für den deutschen Sprachraum, ist im Pseudocode von Algorithm 2 dargestellt. Die Abarbeitung folgt der in Kapitel 12 vorgestellten „Kölner Phonetik". Die Belegung der Zeichen mit den entsprechenden Ziffern erfolgt gemäß der dort gezeigten Tabelle 12.4. Hierbei wird der String Zeichen für Zeichen durchlaufen und auf die Bedingungen der „Kölner Phonetik" überprüft. Treten die in Tabelle 12.4 dargestellten Fälle ein, so wird der String an dieser Stelle durch eine entsprechende Ziffer ersetzt.

Nach dem Erzeugen aller Metriken werden die Datensätze mit gleichen Werten in der Datenbank mit Hilfe einer „GroupBy"-Klausel zu Dublettegruppen gruppiert . Im Anschluss werden die durch „soundex_ger" vorselektierten Tupel mit einer Edit-Distanz Metrik versehen. Dies geschieht durch eine datenbankgespeicherte Funktion (vgl. Algorithm 3). Diese erzeugt seriell für jedes Zeichen der zu vergleichenden Strings die minimalen Kosten für die Levenshtein-Distanz. Diese Vorauswahl an potentielle Duplikaten wird im Anschluss mit den Distanzen aller Duplikatgruppen verglichen. Eine Implementierung für das DBMS „MySQL" wurde in [HH07] vorgestellt. Diese findet ebenso tarnsformiert auf das im „DCT" verwendete DBMS „MS SQL Express 2005" Anwendung. Einige freie Implementierungsvarianten werden im Internet von [Gil07] vorgestellt.

Kommen bei diesem Vergleich noch potentielle Duplikate aufgrund des Unterschreiten eines Distanzschwellenwertes hinzu, die noch nicht per „Soundex" erkannt wurden, werden diese zum Ergebnispool hinzugefügt. So entsteht eine Art Partitionierung und eine damit verbundene Vorselektion der zu vergleichenden Tupel. Auf diese Art und Weise ist es möglich, die zu vergleichende Operationsmenge aufgrund eines reduzierten Datenstammes einzugrenzen. Alle potentiell doppeltvorhandenen Datensätze der ausgewählten „WST" werden im Anschluss an die Identifikation in der Anwendung dargestellt (Screenshot in Abbildung 14.13).

Potentielle Dubletten

id_wst81	id	vor_name	nach_name	jahrgang	pkw	street	zipcode	city	phone
2	2	Robert		2003		Alfred-Hess-Str.	99094		
16	16	Robert							
1	1	Steven		2003	Mazda	Gotthardtstraße	99084	Erfurt	
5	5	Steven		2003		Gotthardtstr.	99084	Erfurt	
6	6	Steven		2003		Gotthardtstrasse	99084	Erfurt	
7	7	Steven		2003	Mazda	Gotthardtstr.	99084	Erfurt	
8	8	Steven		2003	mazda	Gotthardtstr.		Erfurt	
9	9	Steven							
10	10	Steven				Gotthardtstr.	99099		
22			teer						

Abbildung 14.13: Anzeige aller potentiellen Duplikate im „DCT" (Daten unkenntlich gemacht)

14.5 „DCT"- Auffinden von Duplikaten

Die in diesem Kapitel am konkreten Beispiel vorgestellten Funktionen unterstützen den DQ-Engineer bei der Erstellung von Datenqualitätsberichten und schaffen einen Überblick über die tatsächlich vorherrschende Qualität im Datenbestand. Ein Datenprofiling, das Prüfen mit Referenzdaten wie auch das Aufspüren von Duplikaten kann in einem einzigen Werkzeug effizient durchgeführt werden. Die erzeugten Ergebnisse können im Rahmen eines Datenqualitätsberichtes und für die Entscheidung über geeignete Qualitätssicherungsmaßnahmen im analysierten Datenbestand genutzt werden.

Input : String A, String B
Output : Levenshteindistanz

1 **begin**
2   **declare** Länge A, Länge B ; **declare** Distanz ;
3   **set** Länge A = Anzahl der Zeichen von String A ;
4   **set** Länge B = Anzahl der von String ;
5   **set** d = leere Zeichenkette ;
6   **if** *Länge A = 0* **then**
7   **set** Distanz = Länge B ;
8   **return** Distanz ;
9   **if** *Länge B = 0* **then**
10   **set** Distanz = Länge A ;
11   **return** Distanz ;
12   **set** i = 0 ;
13   **while** *i <= Länge A* **do**
14   **set** d = leerer String der Länge A ;
15   **set** i = i + 1 ;
16   **set** i = 0 ;
17   **while** *i <= Länge B* **do**
18   **set** d = leerer String der Länge B ;
19   **set** i = i + 1 ;
20   **set** i = 1 ;
21   **while** *i <= Länge A* **do**
22   **set** sAi = Zeichen i von String A ;
23   **set** j = 1 ;
24   **while** *j <= Länge B* **do**
25   **set** SBj = Zeichen j von String B ;
26   **if** *sAi = sBj* **then**
27   **set** cost = 0 ;
28   **else**
29   **set** cost = 1;
30   **set** d = Minimum (
ASCII(Teilstring(d,j*(Länge A+1)+i,1))+1,
ASCII(Teilstring(d,(j-1)*(Länge A+1)+i+1,1))+1,
ASCII(Teilstring(d,(j-1)*(Länge A+1)+i,1))+cost) ;
31   **set** j = j + 1 ;
32   **set** i = i +1 ;
33   **set** Distanz=ASCII(Teilstring(d, Länge A*(Länge B+1) + Länge B+1,1) ;
34   **return** Distanz ;
35 **end**

Algorithmus 7 : Skalarwertfunktion levenshtein_distance

15 Fazit und Ausblick

Wie sich im Verlauf dieser Arbeit herausstellte, haben Unternehmen der Wirtschaft zunehmend mit immer größer werdenden Datenbeständen und den damit auftretenden Datenqualitätsproblemen, insbesondere aber mit Duplikaten zu kämpfen. Die Entstehung solcher Probleme kann ganz unterschiedlich motiviert sein. Trotz der vielschichtigen Gründe für die Entstehung solcher Probleme wird versucht Lösungen und Ansätze zur möglichst weitreichend, automatisierten Beseitigung von Datenqualitätsmängeln zu schaffen. Jedoch ersetzen solche Verfahren nicht einen senisibilisierten Datenqualitätsexperten, der Bezug auf den Datenbestand eines Unternehmens über Domänenwissen verfügt. Außerdem ist eine vollständige Verhinderung, wie auch maschinelle Beseitigung von Datenqualitätsproblemen nicht möglich. Sichere und schnelle Qualitätsberichte und leistungsfähige Werkzeuge zur Kontrolle von Plausibilität und Duplikaten-Daten können eine wertvolle Unterstützung für einen Datenqualitätsbeauftragten darstellen. Im Rahmen dieser Arbeit wurden gängige Verfahren zur Auffindung von Duplikaten und zur perfomanten Umsetzung dieser evaluiert und dargestellt. Des weiteren entstand die vollständig webbasierte Datenqualitätslösung „Data Cleaning Toolkit- DCT". Die prototypische Implementierung zeigt einige Möglichkeiten der webbasierten Integration von Daten, für eine anschließende Bewertung der Qualität mit Hilfe von „Data Profiling", Plausibilitätskontrolle mit validen Referenzdaten, wie auch das Aufspüren von Dubletten mit Hilfe von phonetischen und distanzbasierenden Algorithmen. Der entstandene Prototyp zeigt auch die Leistungsfähigkeit und Vorteile der eingesetzten Webtechnologien, die beweisen, dass sie eine solide Grundlage für die Umsetzung einer mächtigen Datenqualitäts- und Bereinigungslösung bilden können.
Für einen produktiven Einsatz bedarf es jedoch noch weiterer Entwicklung an der Anwendung, die den Rahmen dieser Arbeit übersteigen würde. So wäre z.B. ein leistungsfähiges Berichtsmodul zur automatisierten Generierung von Datenqualitätsberichten und anschaulichen Grafiken essentiell für eine kommerzielle Nutzung. Außerdem konnten im Rahmen der Recherche eine große Anzahl an leistungsfähigen Verfahren für „Profiling", Referenzprüfung und Dublettenfindung kennengelernt werden, die die Lösung in Hinblick auf Performance und Funktionssicherheit bereichern würden. Vor allem die Laufzeiten für aufwändige Vergleichsoperationen zeigen die enorme Wichtigkeit einer intelligenten Vorauswahl

von Datensätzen für die anschließende Bewertung. Die heraus gearbeiteten Verfahren für das Bewerten und Verbessern der Datenqualität könnten in Kombination mit einer weiter fokussiert Entwicklung im Werkzeug einfließen und so eine mächtigere Lösung für das Bewerten der Qualität in heterogenen Datenbeständen schaffen. Dennoch kann das „DCT" in absehbarer Zeit und den gegeben Ressourcen keine der großen, kommerziellen Datenintegrationslösungen ersetzen oder ein gleiches Niveau an Ausstattung anbieten. In der Zukunft soll dieser Prototyp jedoch kontinuierlich weiterentwickelt werden, um eine marktreife Lösung für den Mittelstand, vor allem mit verteilten Daten und hohem Anteil an heterogenen Informationen anbieten zu können. Gerade bei diesen Zielgruppen mangelt es jedoch an der nötigen Sensibilität für Probleme mit Daten. Die Kosten der Probleme sind jedoch auch hier signifikant.

Eine leichte und sichere Anwendung jenseits der großen kommerziellen Lösungen kann die notwendige Sensibilität schaffen und solche Probleme kleinerer und mittlerer Unternehmen (KMUs), mit einem hohen Maß an IT-Anwendung lösen. Auch die weitere Forschung im Hinblick auf leistungsfähige Algorithmen und deren effiziente Umsetzung, mit Hilfe von aktuellen Webtechnolgien, stellt eine interessante Herausforderung dar, bei der es sich lohnt weitere Forschungs- und Entwicklungsarbeit zu leisten.

Trotz kontroverser Diskussion und dem allgemeinen Verständnis für Qualität z.B. im Verlauf des Produktionsprozesses, wird der Qualität der Daten zu wenig Beachtung geschenkt. Im Hinblick auf einen ständig wachsenden IT-Integrationsgrad in allen Bereichen der Wirtschaft und der damit verbundenen exponentiellen Steigerung der Datenmenge, werden sich diese Probleme in Zukunft in den Fokus der Betrachtung nicht nur bei Entscheidern der Wirtschaft, sondern auch im Rahmen von Forschung und Entwicklung der Informationstechnologie drängen.

Diese Arbeit, wie auch die des Co-Autors (vgl. [Hel07]) versucht der Notwendigkeit, der Beleuchtung des Themas Rechnung zu tragen und die Sensibilisierung für die Qualität der Daten zu erhöhen. Das soll auch mit Hilfe eines, themenbezogenes Grundwissen vorausgesetzt, einfachen Werkzeuges erreicht werden um damit einen Beitrag für höhere Qualität in Datenbeständen zu leisten.

Literaturverzeichnis

[Bac96]   Johann Bacher. *Clusteranalyse. Anwendungsorientierte Einführung.* Oldenbourg, 2 edition, 1996.

[Bal00]   Helmut Balzert. *Lehrbuch der Softwaretechnik*, volume 1 Software Entwicklung. Spektrum, Akad. Verlag, 2 edition, 2000.

[Bec03]   Peter Becker. Information retrieval und text mining- vorlesung im ss 03. Online im Internet unter http://www2.inf.fh-bonn-rhein-sieg.de/p̄becke2m/retrieval-ss03/ (Stand: 30.07.2007), 2003.

[Blo05]   Frank Block. Dq pq - die wechselwirkung zwischen daten-und prozessqualität. Online im Internet unter: http://dgiq.de/_data/pdf/GIQMC.pdf Stand: 28.6.2007, Oktober 2005.

[Cod83]   E. F. Codd. A relational model of data for large shared data banks. *Commun. ACM*, 26(1):64–69, 1983.

[DMMW03] Stefan Dessloch, Albert Maier, Nelson Mattos, and Dan Wolfson. Information integration - goals and challenges. *Datenbank-Spektrum*, 3(6):7–13, 2003.

[Eck07]   Silke Eckstein. Informationssysteme in der bioinformatik. Online im Internet http://infbsdb1.idb.cs.tu-bs.de/eckstein/ISBI2007/isbi2007_7_InfoIntegr_1_6auf1.pdf (Stand 20.Juni 2007), 2007.

[EN02]   R. Elmasri and B. Navathe. *Grundlagen von Datenbanksystemen.* Addison-Wesley/Person Studium, 3 edition, 2002.

[Fuh06]   Norbert Fuhr. Information retrieval- vorlesung sommersemester 2006. Online im Internet unter: http://www.is.inf.uni-due.de/courses/ir_ss06/index.html (Stand 20.7.2007), 2006.

[Gad05]   Andreas Gadatsch. Grundkurs geschäftsprozessmanagement. page V, 2005.

[Gam07] Johannes Gamperl. *Ajax Grundlagen, Frameworks, APIs.* Galileo Computing, 2007.

[Gil07] Michael Gilleland. Levenshtein distance, in three flavors. Online im Internet unter:http://www.merriampark.com/ld.htm (Stand 01.08.2007), 2007.

[Gär03] Bernd Gärtner. Theoretische informatik sommersemester 2003. Online im Internet unter: http://www.ti.inf.ethz.ch/ew/courses/TI_03/ (Stand: 31.7.2007), 2003.

[Guo02] Yike Guo. Data mining : Intelligent data analysis for knowledge discovery. Online im Internet unter: http://wwwhomes.doc.ic.ac.uk/ȳg/course/ida2002/ (Stand: 31.7.2007), 2002.

[Hae00] Karin Haenelt. Ähnlichkeitsmaße für vektoren. kursfolien. Online im Internet unter: http://kontext.fraunhofer.de/haenelt/kurs/folien/Haenelt_Vektor Aehnlichkeit.ppt (Stand: 30.7.2007), 22.11.2004 (1. Fassung 15.11.2000).

[Hel07] Steven Helmis. Webbasierende datenintegration - datenbereinigung und konsolidierung von heterogenen datenbeständen. Masterthesis, FH Erfurt, 2007.

[HH07] Steven Helmis and Robert Hollmann. Prototypische implementierung verschiedener algorithmen zum auffinden von potentiellen doppeleinträgen in einem datenbestand als grundlage für den etl-prozess. Technical report, University of Applied Sciences Erfurt, 2007.

[Hil06] Knut Hildebrand. Die bedeutung der stammdatenqualität für betriebliche informationssysteme. Online im Internet unter: http://dgiq.de/_data/pdf/GIQMC_2006/Track 1 - IQ und darueber hinaus/Knut Hildebrand/Hildebrand - Hochschule Darmstadt.pdf, 23. November 2006.

[Hin02] Holger Hinrichs. *Datenqualitätsmanagement in DataWarehouse-Systemen.* PhD thesis, Carl von Ossietzky Universität Oldenburg, 2002.

Literaturverzeichnis 191

[Hol05] Robert Hollmann. It-basierte lehrveranstaltungsevaluation- einsatz des integrierten werkzeuges evasys an der fh erfurt. Bachelorarbeit, Fachhochschule Erfurt, 2005.

[HS95] Mauricio Hernández and Salavatore Stolfo. The mergepurge problem for large databases. Technical report, Columbia University, 1995.

[Kap07] Sarah Kappes. Vorlesung mit integrierter Übung einführung in operations research für wirtschaftsingenieure. Online im Internet unter:http://www.math.tu-berlin.de/kappes/or.html (Stand 31.7.2007), 2007.

[Kür06] Jens Kürsten. Systematisierung und evaluierung von clusteringverfahren im information retrieval. Master's thesis, Technische Universität Chemnitz, 2006.

[Kra04] Jörg Krause. *PHP5 Grundlagen und Profiwissen*. Hanser Wissenschaft München, 2004.

[Leh03] Wolfgang Lehner. *Datenbanktechnologie für Data-Warehouse-Systeme*. dpunkt.verlag, 2003.

[Lew90] Theodor Lewandowski. *Linguistisches Wörterbuch*. Quelle & Meyer, Heidelberg, 1990.

[LS03] Yang W. Lee and Diane M. Strong. Knowing-why about data processes and data quality. *Journal of Management Information Systems*, 20(4):13–39, 2003.

[McQ67] J.B. McQueen. Some methods for classification and analysis of multivariate observations. In *Proceedings of 5-th Berkeley Symposium on Mathematical Statistics and Probability, Berkeley*, 1967.

[Mün95] Bruno Münzer. Aspekte der datenqualität - analyse vorhandener ansätze und weitergehende systematik des qualitätsbegriffes. Master's thesis, Universität Konstanz, 1995.

[Nei04] Mattis Neilin. *Identifizierung von Realwelt-Objekten in multiplen Datenbanken*. PhD thesis, Technischen Universität Cottbus, 2004.

[NJ03] M. Neiling and S. Jurk. The object identification framework. Online im Internet unter:

http://citeseer.ist.psu.edu/article/neiling03object.html Stand: 14.07.2007, 2003.

[NL00] Mattis Neiling and Hans-Joachim Lenz. Data fusion and object identification. In *Proceedings of the Intl. Conf. on Advances in Infrastructure for Electronic Business, Science, and Education on the Internet*, l'Aquila. Italien, 31. Juli 2000. SSGGR.

[NL07] Felix Naumann and Ulf Leser. *Informationsintegration: Architekturen und Methoden zur Integration verteilter und heterogener Datenquellen*. Dpunkt Verlag, 1. edition, Oktober 2007.

[N.N03] N.N. Europäische unternehmen leiden unter profitabilitätseinbußen und niedriger kundenzufriedenheit durch schlechte datenqualität. Online im Internet unter: http://www.haffapartner.de/archiv/sas/240603sas.htm (Stand: 20. Juni 2007), 24.Juni 2003.

[N.N04] N.N. *SPSS 13.0 Base Benutzerhandbuch*. SPSS GmbH, 2004.

[N.N07] N.N. Zend framework documentation. Technical report, Zend Technologies, 2007. Online im Internet unter: http://framework.zend.com/manual/ (Stand:30.8.2007).

[PD02] Frank Puppe and Alexander Dreßler. Vorlesung: Wissensmanagement-systeme. Online im Internet unter: http://www6.informatik.uni-wuerzburg.de/teach/ws-2002-2003/wms/uebungen/index.php#Skript (Stand: 31.7.2007), 2002.

[Pos69] H-J. Postel. Die kölner phonetik - ein verfahren zur identifizierung von personennamen auf der grundlage der gestaltanalyse. *IBM-Nachrichten*, 19:925–931, 1969.

[Pot06] Martin Potthast. Hashing-basierte indizierungsverfahren im textbasierten information-retrieval. Diplomarbeit, Universität Paderborn, Juni 2006.

[Pyl03] Dorian Pyle. *Business Modeling and Data Mining*. Morgan Kaufmann, 2003.

[RD00] Erhard Rahm and Hong-Hai Do. Data cleaning: Problems and current approaches. *IEEE Bulletin of the Technical Committee on Data Engineering*, 23(4), December 2000.

Literaturverzeichnis 193

[Rep07] Dominic John Repici. Understanding classic soundex algorithms. Online im Internet, 22.01.2007 2007. www.creativyst.com/Doc/Articles/SoundEx1/SoundEx1.htm.

[RLH96] Gunther Reinhart, Udo Lindemann, and Joachim Heinzel. *Qualitätsmanagement - Ein Kurs für Studium und Praxis*. Springer- Verlag, Berlin - Heidelberg, 1996.

[Roh06] Jan Phillipp Rohweder. Roche diagnostics misst die qualität der kundendaten. *IS-Report*, 11:22–25, 2006.

[Sar99] Sunita Sarawagi. Cleaning methods in data warehousing. Online im Internet unter: http://www.it.iitb.ac.in/~vijay/seminar/dwhclean.ps.gz (Stand: 28.07.2007), Dezember 1999.

[SB06] Tobias Scheffer and Steffn Bickel. Lernen aus texten. Online im Internet unter: http://www2.informatik.hu-berlin.de/Forschung_Lehre/wm/mldm2006w/Text2006.pdf (Stand 31.7.2007), 2006.

[SL90] Amit P. Sheth and James A. Larson. Federated database systems for managing distributed, heterogeneous, and autonomous databases. *ACM Comput. Surv.*, 22(3):183–236, 1990.

[Ste05] Ralf Steyer. *XML mit Java*, chapter 2, page 22. entwickler.press, 2005.

[Ste06] Benno Stein. Vorlesung web-technologie (fortgeschritten). Online im Internet unter: http://www.uni-weimar.de/medien/webis/teaching/lecturenotes/webtec-advanced/ (Stand:31.7.2007), 2006.

[Stu06] Julia Stumpenhagen. Wertorientiertes datenqualitätsmanagement im compliance-kontext (basel ii). Online im Internet unter: http://dgiq.de/_data/pdf/GIQMC_2006/Track Management der Informationsqualitaet/Julia Stumpenhagen/DQ_wertorientiertes Management_Basel_II.pdf (Stand 20.6.2007), 23. November 2006.

[UKJ07] Geor Urban, Alexander Köller, and Bernd Jungbluth. *Microsoft SQL Server 2005- Das Entwickler Handbuch*. Microsoft Press, 2007.

[Ver98]   Alexander Verbeck. *TQM versus QM: wie Unternehmen sich richtig entscheiden.* vdf Hochschulverlag, 1998.

[Wan00]   Richard Y. Wang. Raising the bar for data quality in the new millennium. Online im Internet unter:, November 2000.

[Wie97]   Gio Wiederhold. Mediators in the architecture of future information systems. In Michael N. Huhns and Munindar P. Singh, editors, *Readings in Agents*, pages 185–196. Morgan Kaufmann, San Francisco, CA, USA, 1997.

[Wik07]   Wikipedia. Qualität. Online im Internet unter: http://de.wikipedia.org/wiki/Qualität, 20. Juni 2007.

[WS96]   Richard Y. Wang and Diane M. Strong. Beyond accuracy: What data quality means to data consumers. *Journal of Management Information Systems*, 4:5–33, 1996.

16 Anhang

Zeichen	Kontext	Symbol
A,E,I,J,Y,O,U	im Anlaut	0
H		-
B,P		1
D,T	nicht vor C,S,Z	2
F,PH,V,W		3
G,K,Q		4
C	im Anlaut, vor A,H,K,L,O,Q,R,U,X	
	ansonsten, vor A,O,U,H,K,X,Q	
X	wenn nicht nach C,K,Q	48
L		5
M,N		6
R		7
S,Z		8
C	im Anlaut, nicht vor A,H,K,L,O,Q,R,U,X folgt	
	ansonsten, nicht vor A,O,U,H,K,X,Q	
	nach S, Z	
D,T	vor S,C, Z	
X	nach C,K,Q	

Tabelle 16.1: Kölner Phonetik Ersetzungsregeln

Input : String A, String B
Output : Levenshteindistanz

1 **begin**
2   **declare** Länge A, Länge B, Distanz
3   **set** Länge A = Anzahl der Zeichen von String A
4   **set** Länge B = Anzahl der Zeichen von String B
5   **set** d = leere Zeichenkette
6   **if** *Länge A = 0* **then**
7   **set** Distanz = Länge B
8   **return** Distanz
9   **if** *Länge B = 0* **then**
10   **set** Distanz = Länge A
11   **return** Distanz
12   **set** i = 0
13   **while** *i <= Länge A* **do**
14   **set** d = leerer String der Länge A
15   **set** i = i + 1
16   **set** i = 0
17   **while** *i <= Länge B* **do**
18   **set** d = leerer String der Länge B
19   **set** i = i + 1
20   **set** i = 1
21   **while** *i <= Länge A* **do**
22   **set** sAi = Zeichen i von String A
23   **set** j = 1
24   **while** *j <= Länge B* **do**
25   **set** sBj = Zeichen j von String B
26   **if** *sAi = sBj* **then**
27   **set** cost = 0
28   **else**
29   **set** cost = 1
30   **set** d = Minimum (
31   ASCII(Teilstring(d,j*(Länge A+1)+i,1))+1,
32   ASCII(Teilstring(d,(j-1)*(Länge A+1)+i+1,1))+1,
33   ASCII(Teilstring(d,(j-1)*(Länge A+1)+i,1))+cost)
34   **set** j = j + 1
35   **set** i = i + 1
36   **set** Distanz = ASCII(Teilstring(d, Länge A * (Länge B+1) + Länge B+1, 1)
37   **return** Distanz
38 **end**

Algorithmus 8 : Levenshteindistanz

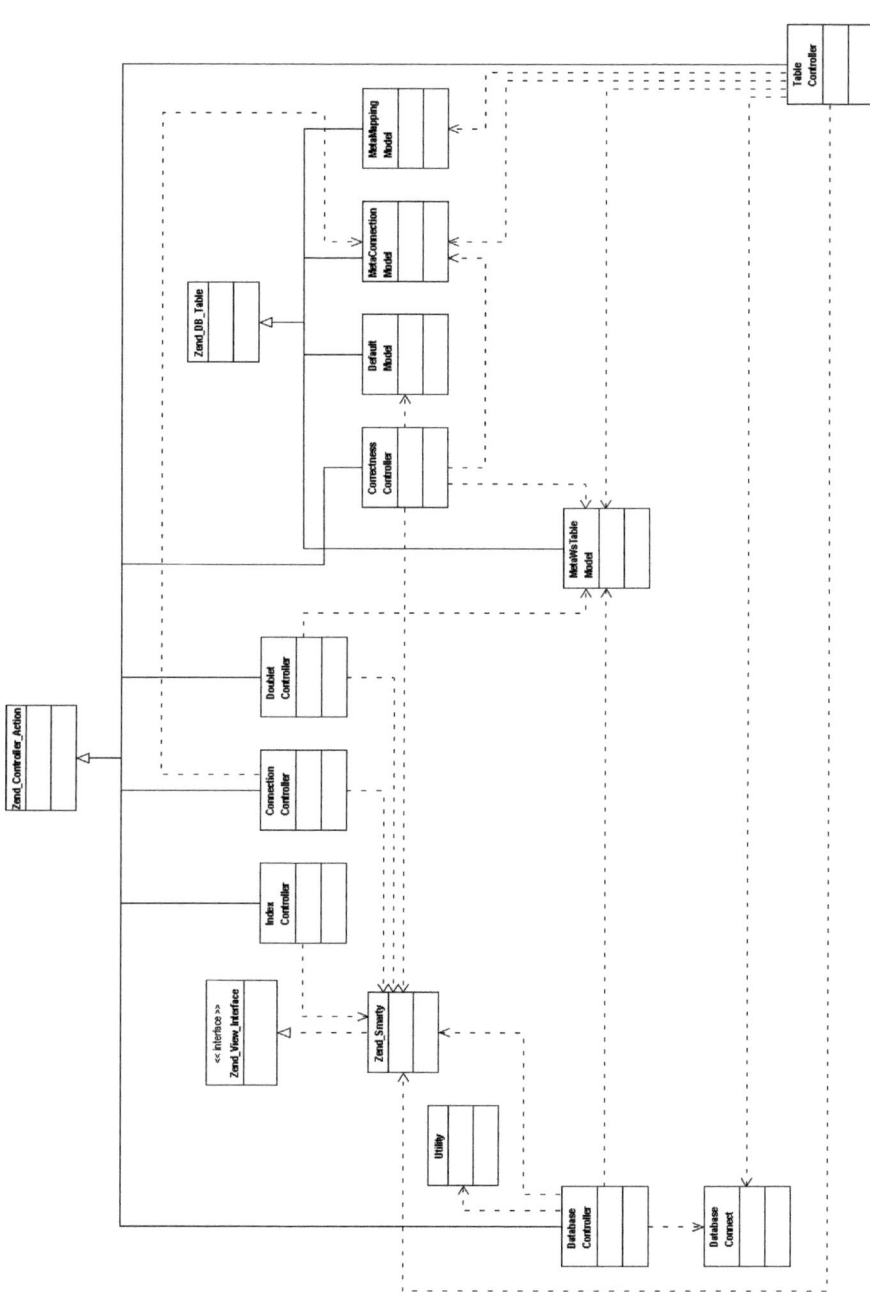

Abbildung 16.1: DCT Klassendiagramm

WWW.VIEWEGTEUBNER.

Vieweg+Teubner Research
Wir veröffentlichen Ihre wissenschaftliche Arbeit

Mit unserem neuen Programm Vieweg+Teubner Research möchten wir der Fachwelt herausragende wissenschaftliche Arbeiten aus Technik und Naturwissenschaft präsentieren. Wir veröffentlichen Dissertationen, Habilitationen, Tagungs- und Sammelbände sowie Schriftenreihen – gerne auch Ihre.

Wir bieten Ihnen:
- Qualitative Begutachtung und Auswahl der Manuskripte
- Deutsche und englische Publikationen
- Veröffentlichung auch von kleinen Auflagen
- Kurze Produktionszeiten von 6-8 Wochen
- Erstellung Ihrer Pflichtexemplare mit Sonderausstattung gemäß Ihrer Promotionsordnung
- Vielseitige Marketing-Aktivitäten und verlegerisches Know-how aus über 400 Jahren Erfahrung
- Schnelle, weltweite Verfügbarkeit als klassisches Buch und als E-Book (SpringerLink)
- Dauerhafte Lieferbarkeit
- Starkes Verlagsprogramm in den Fachgebieten: Bauwesen, Elektrotechnik, Informatik und IT, Maschinenbau und KFZ, Mathematik, Naturwissenschaften

Möchten Sie Autor bei Vieweg+Teubner werden? Kontaktieren Sie uns!
Christel A. Roß | christel.ross@viewegteubner.de | Tel.: +49(0)611.7878-326

TECHNIK BEWEGT.

MIX
Papier aus verantwortungsvollen Quellen
Paper from responsible sources
FSC® C105338

If you have any concerns about our products,
you can contact us on
ProductSafety@springernature.com

In case Publisher is established outside the EU,
the EU authorized representative is:
**Springer Nature Customer Service Center GmbH
Europaplatz 3, 69115 Heidelberg, Germany**

Printed by Libri Plureos GmbH
in Hamburg, Germany